中国翻译家的故事

上海时代教育出版研究中心 研发

方梦之 袁丽梅 主编

上海译文出版社

《中国翻译家的故事》撰稿人名单

（以撰写篇数降序排列，篇数相同者以姓名拼音顺序排列）

黎难秋	方梦之	贺爱军	潘佳宁	范先明	计亚男
金 波	林 英	刘 佯	陆 颖	马晓冬	戚萍洋
戎林海	茹 静	司徒伟智	孙吉娟	孙琴安	辛红娟
杨全红	袁丽梅	张 汩	赵巩翠		

前 言

　　三年前，我和庄智象教授主编《中国翻译家研究》（三卷本）（上海外语教育出版社，2017），从翻译史研究的角度遴选了古往今来近百位代表人物，详加记叙和论述。过往的翻译史以文学翻译和文学翻译家为中心，对社会科学翻译和科技翻译往往语焉不详，甚或一笔带过。我们认为，翻译史研究要进一步深化，必须挖掘与我国社会进步、经济发展、科学昌盛密切相关的翻译史料和翻译家，呈现被忽略、被掩蔽的史实，实现由文学翻译史研究向思想文化交流史研究的转向。由此，《中国翻译家研究》整理了一批除文学翻译家之外的、对我国社会文化有重要影响的经译家（佛经翻译家和圣经翻译家）、科技（包括理学、工学、农学、医学等）翻译家、社科（包括政治、经济、哲学、法学、语言学、社会学等）翻译家。

纵观历史，翻译家们以译笔来抒发启圣兴邦的使命感，表明人生抱负，传达对原作的恭敬和认同。鲁迅先生秉持着"改良思想，补助文明"的使命感走上翻译道路；朱生豪怀着崇高的信念，为了实现人生目标，以生命为代价去从事翻译工作，贫病交加，十年译莎三十一部半；叶笃庄在时代动荡中深陷囹圄，在高墙铁窗内译完了《人类的由来及性选择》……近人谈翻译之艰辛，译者态度之认真时，常以严复"一名之立，旬月踟蹰"为楷模；而古贤李之藻在与来华葡萄牙传教士傅泛际译《名理探》时，有"只字未安，含毫几腐"的故事，更令人肃然起敬。王佐良先生由此总结了中国翻译家的三大独特传统：一是有高度的使命感，为了国家民族的需要不辞辛苦地去找重要的书来译；二是不畏难，不怕难书、大书、成套书；三是做过各种实验：直译、意译、音译、听人口译而下笔直书等。

在《中国翻译家研究》的编选过程中，我们浸润于先贤们皓首穷经、矢志不渝的翻译精神，感佩于他们"焚膏油以继晷，恒兀兀以穷年"、百折不挠地跋涉与攀登、终于达到光辉顶点的事迹。对此，庄智象先生提出把研究继续下去，选编《中国翻译家的故事》，将先贤的动人故事汇于一总，以示后学。这一选题正中下怀，然而，想法很美好，践行却不易，三四年过去了，总算稍具雏形。其间困难有三：一是材料难寻。翻译大家们习惯于"隐身"，对翻译过程中的顺遂和困顿、喜乐和愁苦很少留下文字，偶见前言后跋，留有片言只语，只是鳞爪。并且，研究翻译史或翻译家的学者历来重视翻译思想挖掘的深度和翻译理论提炼的高度，"故事"之类往往被摒弃在庙堂之外。二是编纂不易。辑点点滴滴散落的故事或许容易，但要创新理念，编一册立意高远，既诉诸情、又诉诸理的主客体融通的丰润华章实为难事。三是作者难觅。翻译史方向的学者比比皆是，有教授头衔和博士学位者亦不在少数，但大多长于谈虚论玄、垂条结繁，善写备证细心、流源分明的论文，而疏于以练达之笔，状写人物的情怀和德行。

翻译家在推动中华文明、促进中外交流方面起着至关重要的作用。他们是翻译活动中最活跃的因素，然而在中华历史书写中却往往是隐形的。他们似乎习惯被遮蔽，以至于历史很少察觉到他们翻译之外的气息。但是，作为翻译家，他们有艺术家的气质和秉赋，也有科学家细心严谨、坚忍不拔的品质。在他们身上有着艺术和科学的完美结合、理想和现实的和谐统一。他们是思想细腻、生性敏感、感情热切的生命体，他们内在的能量就是掀动漫漫生命长河、实现翻译理想的原动力，因此，在他们的人生旅途中，不乏令人动容的、明月流辉的故事。我们认可这些故事的价值，并期望它们被世人看见，借此将翻译家们的精神发扬光大。同时，通过关注翻译大家的个性发展、精神追求和道德品质，我们也期望能为当前各级各类学校外语课程注入价值教育，厚植爱国情怀。

本书以不同历史时期的翻译实践家为主体，共收24位，他们同为翻译家，然而术有专攻，各有所长，其中大部分人的名字跟思想家、哲学家、文学家、社会活动家、科技专家或新兴学科奠基人等头衔连在一起。本书所收人物从16世纪的徐光启起，至现今健在的、年逾九秩的钱绍昌，时间跨度达500余年，翻译的语种含英语、俄语、日语、德语和法语。我们矢志钩考，根据史实史料，辟左右陈杂，辑励志故事，执文化坚守，致力于为翻译爱好者提供精神食粮。由于人物涉及的专业面广，卷帙浩繁，疏漏之处在所难免。计划中拟写而未写者尚有人在，为今后续篇留下余地。

方梦之

2024年1月30日

目 录

科学翻译先驱徐光启

黎难秋

徐光启(1562—1633)毕生致力于数学、天文、历法、水利等方面的研究，博学强识，勤奋著述，尤精农学。他以数十年之精力，潜心探究农业科学，总结中国历代农学著作和当时农业生产经验，吸收西方科学技术，编著成科学巨著——《农政全书》。全书共60卷，50余万字。除此之外，徐光启还编撰了60余种书籍，主要有《崇祯历书》《测量法义》《勾股义》《九章算法》《徐氏庖言》等。同时，他还是一位沟通中西文化的先行者，译有《几何原本》《泰西水法》等西方科技著作，为17世纪中西文化交流做出了重要贡献。

一、科举入仕　科学奠基

徐光启，字子先，号玄扈，上海人，祖上数代居沪，家境自曾祖父始多有起落。1553 至 1557 年，倭寇不断侵扰东南沿海，徐家自此中落。父亲徐思诚喜爱读书且博闻强识，对徐光启产生了一定的影响。家中辛勤的农业劳作则使徐光启终生关注农业的良种与水利，热衷著译农书。可以说，徐光启对农业科技的长期关注与钻研，实源于少年时所体会到的农村的艰辛生活。

幼年的徐光启经常听到人民英勇抵抗倭寇的故事，他在13岁时便"读书间及兵传"，父思诚亦"喜言兵，弗禁"。后来徐光启关注并学习西洋炮台技术，提倡训练新兵与军垦屯田，并在负责抵御清兵入关时，展示出卓越的军事才能。

万历九年（1581年），弱冠之年的徐光启考中了秀才。第二年开始，他便为乡中授课，生活勉强自给。直至万历二十四年（1596年），徐光启五次参加乡试，均未考上举人。其间曾有赵焕（官家后裔）聘请徐光启做家教，他因此得以阅读赵家的许多藏书，其中包括李时珍《本草纲目》与万历二十年（1592年）刚出版的程大位《算法统宗》等。他一边阅读一边辑录了许多关于天文、数学、农田、水利等的资料，有时还结合实际进行研究。徐骥《文定公行实》称徐光启"惟好学，惟好经济。考古证今，广咨博讯……如历法、算法、火攻、水法之类，皆探两仪之奥，资兵农之用，为永世利"。

1593年，徐光启在广东韶州首次遇见传教士郭居静。从这位来自意大利的耶稣会会士口中，徐光启初次听闻了西洋科学知识。万历二十四年（1596年），东家赵焕任广西浔州府（今广西壮族自治区桂平市）知府，邀徐光启同往继续担任家教。这次西行途中，徐光启充分了解了江苏、浙江、江西、广东、广西诸省的农业与水利，为后来长期从事农业水利研究打下了基础。

万历二十五年（1597年），赵焕为儿子赵公益捐了一个监生，得以赴中举名额较多的顺天府参加乡试。因念徐光启教子有方，赵焕遂让徐光启一起赴京参加他的第六次乡试。起初，阅卷人仍把徐光启圈在榜外，后主考官焦竑复查，"从落卷中获先文定卷，击节赏叹，阅至三场，复拍案叹曰，'此名世大儒无疑也'，拔置第一。"明代科举分三场：第一场考八股文，被认为是主科；第二场考应用文；第三场考时政论说。徐光启的优势正在第二场与第三场。因他平时读书注重经邦济民之学，致力于"学以致用，以济于民"，无心钻研八股那套无用的死板程式，因此之前屡次落榜。此次幸遇伯乐，方中解元。

中举之后，徐光启仍一边教课一边读书，并有了更多时间阅读农学、算学等书籍。万历三十一年（1603年），长江三角洲一带浚河筑塘，开发水田，对此，徐光启积极建言献策，给上海邑侯刘一爌写了一篇《量算河工及测验地势法》，以致又耽误了会试。但这也反映了中举后的徐光启仍关心农田水利及算学测量等实用知识。

万历三十二年（1604年）三月，徐光启第三次赴京会试，名列第88位，跻身于被录取的331名进士中，又因业师黄体仁所荐，得以参加翰林院考试，并考选为翰林院庶吉士。庶吉士一般由科举进士中排名前列且具潜质者担任，号称"储相"。由此，徐光启进入了明代政府的储才之地，从而也有了在传统仕途上平步青云的机会。但在翰林院的三年中，除了学习馆课、撰写策论以外，徐光启还是将业余时间主要投入在了科学研究上，他"习天文、兵法、屯盐、水利诸策，旁及工艺数字，学务可施于用者"。

当时，徐光启的上疏也多涉工程、军事等时务，并提出诸多改革建议，如《缓举三殿及朝门工程疏》《拟上安边御虏疏》等。在后一疏中，他指出安边御虏的主要途径在于"设险阻，整车马，选将帅，练戎卒，严节制，信赏罚"诸事；又深叹"唐宋以来，国不设农官，官不庇农政，士不言农学"，因此认为农业与安边御房二事"最重又最急"。

潜心浸润实学的同时，徐光启也深受西方科学与宗教的影响。彼时意大利耶稣会会士利玛窦已在北京传教，徐光启经常"以间游从请益，'每布衣徒步，晤于（利氏）邸舍，讲究静谧，承向冲虚'"。其实，早在1600年，徐光启即与利玛窦在南京相识，并由此接触到西方的科学技术成果。徐光启也是较早的天主教徒之一，与李之藻、杨廷筠同被称为中国基督教三柱石。入京为朝官后，徐光启与利玛窦的交往更加紧密，徐光启甚至在利玛窦的住宅附近租一房屋居住读书，以便随时向利玛窦请教。与利玛窦的交游往来，使徐光启认识到西方科学技术的先进之处，更坚定了他"西学补益王化"的济世理想，为此，徐光启积极吸收几何学等西方科学理论与技术。利玛窦在1605年的信中记叙道："他（徐光启）把从我们这里所听见的好事和有益的事，或是关于圣教道理，或是关于西方科学……都笔录下来，预备编辑成书，他已经开始听我们讲授逻辑学和几何学……"

二、译书震世　撰著传世

考中进士（1604年）至督修历法（1629年）的20余年是徐光启人生的第二阶段，其间他勤勉学习西学、翻译西书，业余时间撰写专著。万历三十二年（1604年），他已开始为利玛窦所著《二十五言》润色并撰写跋语。不久，他认识到利玛窦的学问实分为两类：一类为利氏积极宣传的"修身事天"学问，即基督教教义；另一类则是他不太愿传授的"格物穷理"知识，即科学技术。徐光启所关心的正是经世致用的西方"格物穷理"学问。

万历三十四年（1606年），随着二人之间的交流不断深入，利玛窦逐渐意识到，徐光启"既自精心，长于文笔，与旅人辈交游颇久"，于是"私计得与对译，成书不难"。而徐光启素有"请其象数之书，更以华文"的夙愿，对翻译西书表现出极大的热情与决心。由是，二人开始着手翻译"度数之宗"《几何原本》，由利玛窦口述，徐光启执笔，二人"反复展转，求合本书之意，以中夏之文重复订政，凡三易稿"。迄万历三十五年（1607年）春，前6卷译毕刊刻，徐光启由此成为国人译述西方科学书籍之鼻祖。

利玛窦曾在多处回忆与徐光启合作译书的经过："去年（即1607年，笔者注），这位绅士（徐光启）和我一起把欧几里德《几何原本》译成中文。徐进士还为这部书撰写了一篇文辞典雅的序文，由他亲手书写刻本付印，你可以看出他的书法之美。"两人仅用了8个月的时间便已完成6卷《几何原本》的合作翻译，可见"二人工作之勤奋及配合之密切"。

《几何原本》前6卷刊刻后，徐光启又以其理论体系来说明测量、勾股等实际应用的原理，先后编撰了《测量法义》《测量异同》《勾股义》等重要著作。在这些数学著作中，徐光启高屋建瓴地指出："法而系之义也"。"法"是具体的测量法和结论，"义"则是普遍的数学原理和规律。借助《几何原本》的理论体系，徐光启先是在《测量法义》中阐明了西方测量法的原理，之后又于《测量异同》中将我国传统的测量法与西法相比较，"推求异同"并补充中国古代

"旧篇所有今译所无者"。此后，又指出《周髀算经》和《九章算术·勾股篇》"第（只）能言其法，不能言其义"的缺陷，并在《勾股义》中解释了勾股测量法的基本原理，提出了新的证明方法，为我国古代这一伟大的算学成就进一步添砖加瓦。

除了数学领域之外，徐光启还在农学、兵学、水利、历学等方面孜孜不倦地学习、会通中西科学技术，《泰西水法》《灵言蠡勺》《睡答》《画答》等重要著作相继问世。此外，徐光启于1627年增订此前所辑《农书》，"躬执耒耜之器，亲尝草木之味"，著成60卷、50余万字的皇皇巨著《农政全书》，将古典农业科学与农业治理政策熔为一炉，撰为中国农业科学史上最为完备、杰出的总结性代表作。

作为西学东渐浪潮中引进西方科学技术的先驱者，徐光启广译西书，著书立说，是为实事求是地发展实际生活中的农田水利、天文军事等强国化民之策，"摒弃明心见性之空谈，为修己治人之实学"，以益世用。

三、创设历局　译编历法

明代以来，钦天监以中法《大统历》推算天象屡屡失误，这使得重视"天意"的统治阶级很是不满。《明史·历志》记载："景泰元年正月辛卯，卯正三刻月食。监官误推辰初初刻，致失救护"；成化"十五年十一月戊戌望，月食。监推又误"；"弘治中，月食屡不应，日食亦舛"；"正德十二、三年，连推日食起复，皆弗合"；嘉靖"十九年三月癸巳朔，台官言日当食，已而不食"；万历"二十五年月甲戌夜月食，监官推算差一日”。

针对钦天监推验天象多次失误的问题，官员开始提出改历的建议。成化“十九年，天文生张升上言改历”，结果“钦天监谓祖制不可变，升说遂寝”。然而，天象的预测事关“天意”，单凭“祖制”是无法让统治者高枕无忧的。万历四十一年（1613年），南京太仆寺少卿李之藻上西洋历法，略言：“迩年台谏失职，推算日月交食，时刻亏分，往往差谬，交食既差，定朔定气，由是皆舛。伏见大西洋国归化陪臣庞迪我、龙化民、熊三拔、阳玛诺等诸人，慕义远来，读书谈道，俱以颖异之资，洞知历算之学，携有彼国书籍极多。久渐声教，晓习华音。其言天文历数，有我中国昔贤所未及道者……观其所制窥天窥日之器，种种精绝……伏乞敕下礼部，亟开馆局，首将陪臣庞迪我等所有历法，照依原文，译出成书，其于鼓吹休明，观文成化，不无裨补也。”

随着改历观念日渐普及，开局修历的需求也日益迫切。崇祯二年（1629年）五月朔日食，钦天监以《大统历》推测再次严重失准，而徐光启以西法预测又得证实。五月初十，徐光启代表礼部再次上疏请敕修历（《礼部为日食刻数不对请敕修改疏》）。农历七月十四，徐光启奉命全权负责督修历法，七月二十一，徐光启再上疏开列修改历法相关事宜乞裁，十一月初六，历局正式成立，设在宣武门内原首善书局，“专事翻译历书”，中国最早的科技翻译机构就此登上历史舞台。

徐光启奉旨开设历局重修历法后，明确提出要用西法修历，启用精通西学的李之藻和传教士邓玉函等人。在《历书总目表》中，徐光启提出，对待西方天文学“欲求超胜，必须会通；会通之前，先需翻译……翻译既有端绪，然后令甄明大统、深知法意者参详考定，熔彼方之材质，入大统之型模。"徐光启认为，在《大统历》不能满足天文观测之需时，有必要大规模翻译西书，为"超胜"做准备。他主张借用西方的天文知识为"材质"，来重新研究和改造《大统历》，使中西融合而获新的历法，而不是照搬西法。

从崇祯二年（1629年）到六年（1633年）的五年间，徐光启全心投入了历法的改革。不论是西方天文学著作的翻译、仪器的制作，还是人事安排、日常的经费开支，都做出了通盘的考虑。1633年徐光启去世，由山东参政李天经继任，主持历局工作，最终于1634年编成《崇祯历书》，"屡测交食凌犯俱密合"，标志着我国天文学进入新阶段。

修历过程中，徐光启躬行践履，亲自撰写的有《历书总目》一卷、《治历缘起》八卷与《历学小辩》一卷。他与龙华民、邓玉函合作译撰的则有《测天约说》二卷、《大测》一卷、《元史揆日订讹》一卷、《通率立成表》一卷、《散表》一卷，与罗雅谷、李之藻合作译撰了《历指》一卷、《测量全义》二卷、《比例规解》一卷、《日躔表》一卷。徐光启校订过的历书则多得难以统计。崇祯六年（1633年）九月二十九，他在《历法修正告成书器缮治有待请以李天经任历局疏》中说到，新成诸书共60卷，其中30卷"略经臣目手"，另外30卷"内经臣目者十之三四，经臣手者十之一二"，可见经其校阅修订之历书数量很大。徐宗泽所著《奉教阁老著作的佚存》一文中还列有多种天文历算著作，可惜难以区分其中哪些是徐光启所译或所撰。

　　《崇祯历书》的译编，为国人传播了许多西方天文学新知识。其中，《恒星历指》最早输入西方的量等区分；《大测》一书最早介绍了平面三角学与球面三角学；《割圆八线表》最早翻译介绍了西方三角函数表。此外，《崇祯历书》还首次引入天文学推算中的几种误差，如蒙气差（清蒙气差）、视差（地之半径差）、时差（日差）等；首次提出了磁子午与真子午的区别，而且及时介绍了西方发明不久的望远镜，以及用望远镜观测天文现象的新发现，如"银河"："问：天汉何物也？曰：古人以天汉非星……远镜既出，用以仰窥，则为无数小星。"

　　因徐光启谢世，修历并未实现"超胜西法"，但实现了中西会通。《崇祯历书》在中国原有历法历书的基础上，应用并吸收了许多西方天文学知识，其中不少已是当时西方先进的天文学知识。日本学者桥本敬造著文认为，万历年间传教士译传中国的尚属于古代天文学知识，但至徐光启督修历书，已用自制的天文望远镜证实了哥白尼先进的天文学说。《崇祯历书》的《五维历指》卷一《七政序次新图》第一图，已是第谷的近代天文学体系，卷四则介绍了第谷对火星长达25年的观测，卷五对第谷的"金星天以太阳为中心"作了图解。总之，《崇祯历书》应用的已是当时西方较先进的知识体系了。

　　清代阮元撰《畴人传》指出，"自利氏东来，得其天文数学之传者，光启为最深，洎乎督修新法，殚其心思才力，验之垂象，译为图说，洋洋乎数千万言，反复引申，务使其理其法，足以人人通晓而后已，以视术士之秘其机械者，不可同日语矣。"

四、科学译祖　会通超胜

1. 传播西方科学知识

徐光启在我国科学翻译史上创造了多项第一，掀开了明末清初第一次科学翻译浪潮的大幕，被后人公认为我国科学翻译的译祖。

徐光启译介的许多科学知识，在当时的中国是最先进的。如前所述，《几何原本》首传西方几何知识及其严密的逻辑推理思想；《测量法义》首次译介了西方陆地测量相关知识；《泰西水法》首次引入西方水利工具以及水库建造方法，并模糊地提出了力学的概念；《灵言蠡勺》首次介绍了西方心理学知识；《崇祯历书》则引入了大量西方天文学知识。

梁启超在《饮冰室文集》卷六十四中称徐光启"是头一位翻译欧文书籍的人"；蔡元培称赞他"所介绍西学范围颇广，数学天文历法地理水法农药火器，无一不切于实用，而为科学之先导"，又说："然使非文定在三边念已启其端，则十九世纪后半期以来之进展，或亦不能如是之容易，然则文定提倡之功，诚有不可磨灭者矣。"

胡适在《考证方法的来历》中谈到，中国近三百年来思想学问皆趋于精密、细致与科学化，一般学者均认为，系受利、徐等译传西洋算学与天文学的影响，又如"顾亭林考证古音著作，有音学五书；阎若璩之考证古文尚书，有古文疏证，此种学问方法（考据方法）"也完全是受到利、徐考证古有测量方法与勾股计算的影响。

2. 确立近代科学译名

梁启超评徐光启所译《几何原本》"字字精金美玉，为千古不朽之作"；陈彬龢著文曰："梁启超称公（徐光启）'对于数学天文学论理学，皆有深刻修养，著书甚多。'外国将几何原书译本提出，推为古今翻译界中第一流作品'。"《四库全书总目提要》则评《几何原本》译本为"光启反复推阐，文句显明，以是弁冕西术，不为过矣"。

　　徐光启译述《几何原本》时，因为具备了深厚的算学知识，所以他创造的许多数学译名，成为了沿用至今的术语名词。其中一字未变且意义与现在数学术语相同的有 20 余个，例如"点、线、直线、面、平面、曲面、直角、垂线、钝角、锐角、界、形、直径、直线形、三边形、四边形、多边形、平行线、对角线、罄折形、相似、外切等等"。

　　最为巧妙的是徐光启为翻译书名创造的译名"几何"。《几何原本》的拉丁文书名 *Euclidis Elementorum Libri XV*，照原意应译为《欧几里得原本十五卷》，当然"十五卷"可以省略，但《欧几里得原本》仍不像数学书的书名。徐光启创造性地选用了"几何"一词，将其译为《几何原本》。"几何"一词中文中原只含"多少"之意，如"人生几何""价值几何""曾几何时"等。徐光启为何选用"几何"一词，众说纷纭，本文不予赘述。但现在"几何"一词已被中国数学家们公认为数学一个学科分支的名称，即"几何学"。不仅如此，"几何"一词早已东传朝鲜、日本，为两国的数学家所借用。

3. 会通超胜的翻译思想

　　徐光启译述西方科学书籍，在笔述时并不迷信西方传教士口译之词。他从翻译第一本书《几何原本》开始，就对译文"重复订改，凡三易稿"。初刻本出版后，他又进行二校三校。一直到晚年译编《崇祯历书》时，对所译历书仍是"每卷必须七、八易稿"。

在修历过程中，徐光启逐渐形成了成熟的翻译思想。崇祯三年（1630年）五月十六，他在《修改历法请访用汤若望罗雅谷疏》奏曰："故臣等窃以为今兹修改，必须参西法而用之，以彼条款，就我名义……臣等藉诸臣之理与数，诸臣又借臣等之言与笔，功力相倚，不可相无。"此时，徐光启已认识到，译文须符合中文规范，使内在之理数与外显之言语相互协调，直译与意译有机结合。

崇祯四年（1631年），在进呈《历书总目表》时，他说："臣等愚心，以为欲求超胜，必须会通；会通之前，先须翻译。"也就是说，翻译是基础，会通是桥梁，超胜是目的。徐光启认为，对待西方科技的态度并非是全盘接纳，而应在积极翻译并学习的基础上，将其与中国传统学说相融通，最终实现中国科技超胜西方。400多年后，他提出的"翻译—会通—超胜"的思想仍是今天科技翻译工作者的指导思想。

徐光启对待科学翻译事业不畏艰辛，晚年修译历书更是呕心沥血、鞠躬尽瘁。他督修历书，在历局事务十分繁重的情况下，只能晚上挑灯整理译稿。崇祯三至四年（1630年—1631年），在"疾困支离"的情况下，他仍带病反复润色译稿。崇祯五年（1632年），徐光启已经入阁，公务益繁，自感"犬马之力已殚"，但公事之余仍"归寓夜中，篝灯详绎，理其大纲，订其繁节"。翌年（1633年）十月初七，徐光启终于在编译历书的岗位上病故，为科学翻译事业"鞠躬尽瘁，死而后已"。

参考文献

[1] 陈彬龢. 徐文定公三百周年纪念[N]. 申报，1933–11–23.

[2] 陈展云. 划时代的徐文定公[J]. 宇宙，1933(8).

[3] 方豪. 中国交通史·下册[M]. 长沙：岳麓书社，1987.

[4] 纪志刚. 汉译《几何原本》的版本整理与翻译研究[J]. 上海交通大学学报(哲学社会科学版)，2013, 21(03)

[5] 梁家勉. 徐光启年谱[M]. 上海：上海古籍出版社，1981.

[6] 桥本敬造. 从《崇祯历书》看科学革命的一个过程[J]. 科学史译丛，1984(3).

[7] 汤开建、张中鹏. 徐光启与利玛窦之交游及影响[R]. "世界大变迁视角下的明代中国"国际学术研讨会，2011–06–26.

[8] 王青建. 科学译著先师徐光启[M]. 北京：科学出版社，2000.

[9] 徐光启. 徐光启集[C]. 王重民 辑校. 上海：上海古籍出版社，1984.

[10] 徐宗泽. 明清间耶稣会士译著提要[M]. 北京：中华书局，1949.

陕西奇人王徵

黎难秋

王徵(1571—1644)一生仕途坎坷，但在科学研究与传译科技知识两方面成就卓著。他早年喜爱古器和机械，研制过水力、风力和载重机械，以及用于军事的弩机、发动机等，写成《新制诸器图说录最》，后与传教士一起编译《远西奇器图说录最》(3卷)，该书首次译介了西方力学知识，其中部分机械工程译词沿用至今。

一、仕途虽舛　制器却繁

王徵，生于明隆庆五年 (1571 年)，字良甫，号葵心，又号了一道人、了一子与支离叟，入天主教后，教名为斐理伯(Philippe)，陕西泾阳人。"父应选，号浒北，以经算教授乡里，著有《算数歌诀》《浒北山翁训子歌》各一卷"。王徵自幼聪慧，又得益于父亲的教诲，很早就表现出了数学与工程方面的天赋。他 7 岁从名师，熟读经书，16 岁时已是补弟子员。

王徵 15 岁时"文章骏发，立志落落，不与众伍，敦大节，肆力学问"。他一生主张"为学便是实学，休为语言文字之王，作人须作端人，无矜聪明才辩之质"。所谓"不与众伍，肆力学问"，即指王徵不屑与只知钻营科举的腐蠹为伍，而是致力于钻研经世致用的实学。

万历二十二年（1594 年），24 岁的王徵中举，此后他更多关注农务蔬食，日以务农著书为业，长年醉心于各种机械的发明创造，尤其欣赏传说中诸葛亮所制的"木牛流马"，为此屡次错过钻研八股博取功名的机会。直至天启二年（1622 年），他第十次进京上"公车"，才考取了第三甲第二十二名进士，此时他已经 52 岁了。

仕途虽舛，但王徵在屡次进京赶考期间与西方传教士相识，彼此切磋格物穷理知识，颇为合契。

考取进士后，王徵于天启三年至七年（1623 年—1627 年）间，先后担任直隶广平府与直隶扬州府推官，即两任司理官员。但两次任官均因父母离世，丁忧去职返乡，在职时间都很短暂。虽然前后两次为官时间不长，但王徵勤政爱民，深入底层为百姓排忧解难，深受百姓爱戴。

在广平任推官时，他为农民兴修水利，浚清江河水闸，灌溉良田多达千顷。当时正值白莲教案发，各地大兴冤狱株连百姓无数。王徵及时平反冤狱，释放了许多无辜平民。不久，王徵即因丁母忧返回陕西，与此同时，他邀请正在山西传教的法国耶稣会会士金尼阁转赴陕西传教。正是在陕西的这几年，王徵协助金尼阁编著了《西儒耳目资》，并于天启六年（1626 年）首次出版。这一年冬天，丁母忧三年结束，王徵再次入京。

当时，传教士邓玉函、汤若望、龙华民等人，正候旨修历，寓居京中。王徵入京后向他们请教西学，乃知西方的一些工程机械要比中国的更加先进。在王徵的请求下，邓玉函与之合作译述了《远西奇器图说录最》。

崇祯四年（1631年），经教友登莱巡抚孙元化举荐，王徵出任山东按察司佥事，监督辽海军务。这次为官时间更为短暂，上任仅数月，辽人孔有德等人发动兵变，登州城落入叛军之手，王徵与孙元化等均被捕，后脱离虎口逃回北京。但孙元化等人却遭崇祯帝"弃市"，王徵则侥幸仅判"遣戍"，后又遇赦返乡。原本就对官场不甚热衷的王徵，自此更是"功名懔同石火，胸次一似海天，景天台畔设幽闲居一所终焉"。

王徵虽然仕途不顺，但在研制机械方面却成就卓越。他深受其舅父张鉴的影响，张鉴精于制造易弩、火弩、机括与战车等机械，长年目睹舅父所制各种精巧机械，使得王徵自青少年时代便对机械制造产生了浓厚的兴趣。"因思所载化为奇肱、璇玑、指南及诸葛氏木牛流马，更枕石阵，连弩诸奇制，每欲臆仿而成之。"为了制造各种机械，他"累岁弥月，眠思坐想，一似痴人"。

王徵于工程一道孜孜以求，独立创制了许多灵巧机械，他的以下自述或可证明其自制奇器之多，谓："间尝不揣固陋，妄制虹吸、鹤饮、轮壶、代耕及自转磨、自行车诸器，见之者，亦颇称奇。"又有"或自舂自解，或生响生风，诸奇妙器，无不备具"之语，足见其制器之繁。

二、译介奇器　泽被四方

王徵结识传教士后，读到艾儒略译述的《职方外纪》一书，深为其中所述的西方"奇器"所吸引，如从山下"盘水至山城"的奇器，昼夜运转而不赖人力；又有自动浑天仪，"其七政各有本动，凡列宿运行之迟疾，一一与天无二"，且仪器由玻璃制作，可以透视其机械结构，凡此种种，无不令王徵叹为观止。醉心创制机械多年的王徵自然想尽快了解并学得西方的机械制造技术，他向在京的几位传教士请教，并借来许多西方科技书籍，但他只粗识拉丁字母，无法独立阅读书中内容，于是竭力请求传教士将其中内容译为中文。邓玉函告诉他，要读懂制器之书需先通晓物理与重(力)学，制造机械更须先知晓算学与测量，建议他先学习徐光启所译之《几何原本》。

王徵年轻时就有算学基础，因此阅读《几何原本》数日后，便"晓其梗概"。于是，邓玉函"取图器制说全帙，分类而口授"，王徵则"信笔疾书，不次不文，总期简明易晓，以便人人览阅"。在与邓玉函共同译成的《远西奇器图说录最》(以下简称《录最》)一书序言中，王徵写道："奇器图说，乃远西诸儒携来彼中图书，此其七千余部中一支，就一支中，此特其千百之什一耳。"可见王徵已知，传教士金尼阁二次来华时曾携带西书 7000 余部，重学类图书仅为其中一个学科的图书，且此类图书还有许多种。据此推断，《远西奇器图说录最》未必仅译自一本外文原书，极可能是依据数本外文原书编译而成的。

《录最》全书共 3 卷。第 1 卷"先论重之本体，以晓立法所以然，凡六十一条"，即论述力学相关知识，共分 61 条。内容含地心引力、重心、多种几何图形重心的计算、重心与稳定的关系、多种物体的比重与引力等。

第 2 卷"论多色器具之法",即叙述多种简单机械的原理与计算,共计 92 条。其中前 8 条为一般知识,第 9 至 48 条介绍天平、杠杆、等子的原理与计算;第 49 至 71 条叙述定滑轮、动滑轮、滑轮组与齿轮组等的原理与计算;第 72 至 92 条,讨论螺旋(藤线)与斜面的原理与计算。第 1 卷与第 2 卷均由邓玉函口译,王徵笔述。

第 3 卷为 54 种器械的图说,各图说"附以铭赞,乃徵所作,亦具有思致"。其中含起重图说 11 图、引重图说 4 图、转重图说 2 图、取水图说 9 图、转磨图说 15 图、解木图说 4 图、解石图说 1 图、转碓图说 1 图、书架图说 1 图、水日晷图说 1 图、代耕图说及水铳图说 4 图。

方豪所著《中西交通史》在介绍《录最》内容时,先介绍了第 1 卷的"导言九则",即 "(一)正用",列举治机械学必须先学习的 7 个学科;"(二)引取",即列举参考书 18 种;一直到 "(九)全器图说",即第 3 卷所述的器械图说。方豪论说:"三卷内容,与导言所预拟者颇多歧异","按导言所列诸目,书中未必皆有解。统观全编,可见成书之仓促;故脱落删节,随处皆有,盖其着意在图也。"但方豪也说,现"原刻本今罕见"。

笔者所看到的是 1887 年刻本(已易名《机器图说》),后有钱熙照跋(钱熙照 1844 年《守山阁丛书》也曾收入《远西奇器图说录最》)。该刻本前的"凡例",即方豪所述的第 1 卷"导言"。"凡例"中介绍的第 3 卷内容"全器图说"就比前面所述 54 种器械图说略多,还有"取水力图说""转书轮图说"与"人飞图说"等。也就是说,王徵在译述《录最》时,原先还准备介绍西方的"取水力""转书轮"与"人飞"三种机械。究竟是王徵后来没有译介,还是因多次再版导致脱落删节,尚有待考证。

王徵译述《录最》一书后,自己便率先参照书上所述原理、计算方法与机械图形,进行仿制与创造。例如,他曾创制过一种运载重石的自行车,在《两理略》卷二的"易闸利运记"一节文字中,谓:"造运重机器数十具,皆精铁为之,与活动地平凡百具,皆坚木为之,不用牛马……载重之车,俱从地平上轮转,机器转响,人不行而车行,石可随之自前也","余所制机器,一人可起七千多斤,盖依《远西奇器图说》中诸制,增减裁酌而为之。曾先制一小机,人用一指轻轻转动,便起百斤之石亦易者"。此活动地平,似与今天机场之行李自动运输带有相仿之处,在当时确实可称为奇器。

除王徵外,《录最》所述机械也被我国其他地方的人们仿制和应用。例如"木牛",据屈大均所著《广东新语》卷十六"木牛"条所言:"木牛者,代耕之器也,以两人字架施之,架各安辘轳一具……一手而有两牛之力,耕具之最善者也。"道光二十六年(1846年),又有桐城人马彦游历陇西时,制造了一架"木牛"供当地农民使用。同治元年(1862年),左宗棠辖区发生严重灾害致耕牛锐减,他也曾饬令多乡依照《录最》一书,制作"木牛"以代牛耕田。

关于"水铳"的仿制,清代吴暻著有《水匮歌》,其中记载了"海客虬须传近世,八闽国工窃天巧"等诗句,注文中又有"世传西洋水匮,为救火之具"的说明。此外,道光时梁章钜著《浪迹丛谈》,其"水仓"条也有扬州"水龙""水砲"之记。这些书例说明《录最》一书出版后,至少在福建、江苏等地,水铳已得到仿制与应用了。

三、以西释中　说音解韵

除译介西方机械制造技术以外，王徵还协助传教士金尼阁译编《西儒耳目资》，成为译介西方音韵学的第一个中国人。

明末，科学传教鼻祖、意大利传教士利玛窦为了方便后继来华的传教士在翻译西书之前学习中文，曾编著过用拉丁字母对汉字进行注音的资料。由于该资料仅在少数西方传教士之间传阅，因此对当时的国人几乎并未产生什么影响，甚至与其交往颇深并共同译书的徐光启、李之藻也未注意到。此外，郭居静与庞迪我也曾研究过汉字的音韵与声调。

金尼阁来华之初，在学习中文期间，已接触到利玛窦的注音资料。此后，他在仿照利玛窦注音方法的基础上，编纂了一套汉字字典。该字典估计最迟在天启三年至四年（1623年—1624年）之间已编撰完成，并且金尼阁与其他传教士已常常使用。金尼阁辗转山西、河南、陕西等地传教，在使用字典的过程中，先后得到国人韩云、吕豫石、王徵的赞赏。借助他们的诠订，金尼阁最终于天启六年（1626年）将字典补充成一本音韵学工具书《西儒耳目资》（以下简称《耳目资》）。《耳目资》凡三册，其中中册《列音韵谱》，由汉字字音查汉字字形；下册《列边正谱》则由汉字字形查其字音，并可通过当时我国通用的辞书《洪武正韵》或《韵会小谱》查得字义。中、下册本为西人学习中文所用，也就是金尼阁原来所编之字典。

由于国人不识拉丁字母，更不懂拉丁字母的拼音方法，因此无法利用金尼阁原编之字典。后来，金尼阁在王徵等人的帮助下，不仅修订了中、下册内容，而且增加了新的内容，即《耳目资》的上册《译引首谱》。尤其需要强调的是，上册中的多数内容是王徵独立撰写或王徵与金尼阁共同撰写的。

《耳目资》的上册《译引首谱》首次向国人介绍了拉丁字母的读音及其注音汉字的原理与方法。国人利用《耳目资》上册，不仅可学会识读拉丁字母，还可进而利用中册与下册查疑难字之字音字形，甚至可了解西方音韵学元音、辅音、韵母、声母与拼音原理，从而了解中国音韵学与西方音韵学的差别。

笔者读得《西儒耳目资》安徽省图书馆藏本，该本为北京大学、北平图书馆联合影印本，书后有刘复1933年的跋。但影印本前有"天启丙寅（1626）王徵叙"与"天启五年（1625）元日韩云序"，可知是根据1626年陕西原版《西儒耳目资》影印的。首册《译引首谱》含万国音韵活图、万国音韵活图说、中原音韵活图、音韵经纬总说、音韵经纬全局说、西儒耳目资释疑、西儒耳目资问答及三韵兑考等，旨在向国人介绍西文音韵与汉字音韵的源流及差异。在西方音韵学原理方面，该书将诸音分为29个音素，以29个拉丁字母表示。其中自鸣字母（元音）5个、同鸣字父（声母）20个、不鸣音4个（西方用，中国不用），此外还有同鸣音3个。各类音素相配合，又可产生45个自鸣字母（其中二字母22个、三字母22个、四字母1个）。此45个自鸣字母加上前述5个单音自鸣字母，共形成50个自鸣字母。最后，50个自鸣字母与20个同鸣字父相互配合，即可获得所有汉字的字音。例如，由同鸣字父"t"与三字自鸣字母"iao"配合，即可得"tiao"音。至于汉字的音调，则在自鸣字母上加上一个不同的声符号，便可分别表示汉字的清平、浊平、上声、去声与入声。这样，中国人学习了《耳目资》上册的中外音韵学知识后，便可利用其中册和下册查到疑难汉字的音、形、义了。

上册中的"释疑""问答"及"三韵兑考",由王徵一人撰写,专门用来为使用《耳目资》的国人厘清多种疑虑与解答多种问题。由于他十分熟悉中国古音韵学,因此写出"中原前此未传"的50款内容进行"释疑",以消除国人对《耳目资》是否有用的疑问。此50款内容每款句首均有"创定"二字,说明《耳目资》"创发此中所未有者",即此50项全系中国古音韵学所无的内容。综上所述,王徵在译撰《西儒耳目资》的过程中,做出了十分重要的贡献。

明距今已数百年,其间,汉语本身在音韵方面已发生了不少变化。尽管如此,在中华人民共和国成立前的汉语拼音化发展过程中,《耳目资》仍多次被影印,其内容多次被参考应用。中华人民共和国成立后,直至1957年开展汉语拉丁化运动时,《耳目资》仍被列为重要的参考文献。尽管两种方案存在一定的差异,但仍可以说,现用汉语拼音方案一定程度上是受到《耳目资》方案影响的。

四、不拘一格　兼收并蓄

王徵所译述的《远西奇器图说录最》在我国中西交流史上创造了多个第一。

1. 第一个传入西方机械工程学

著名机械工程学家刘仙洲对《录最》予以盛赞,他曾著文称赞王徵能"认识到多种机械对于民生日用和国家兴作关系的重大,肯有计划有系统地择译最适合于人民采用的机械,写出我国第一部机械工程学，以供之社会，并且直到老年还继续作广泛深入的研究，也是值得我们钦佩的了"。与那些一心投入官场的普通士人相比，王徵译介实用的机械工程学知识，泽被后世，确实值得后人钦佩。

王徵能第一个传入西方机械工程学，绝非一时机缘巧合。历史之所以赋予他这项使命，是因为他在我国古代机械学方面有着丰富的制器实践，他不仅有所继承，还有所创造。正是他第一个充分认识到西方机械工程学的先进性，从而与传教士邓玉函正确选择数种相关的西方原著，并合作编译为内容丰富的《远西奇器图说录最》。《录最》"凡例"的"每所用物名目"中首次使用的不少"名目"（译名）一直沿用至今，成为了如今的机械工程术语，如：柱、梁、横架、架、杠杆、轴、齿轮、曲柄等。

科学翻译的笔述人员还必须十分熟悉所译学科的专业知识，王徵既有丰富的机械工程实践与理论，又有很好的数学知识。因此在译述《录最》过程中，当邓玉函"分类而口授"时，他才能做到"信笔疾书"。

2. 第一个传入西方力学

王徵译述《录最》一书，除首次传入西方机械工程学外，还首次传入其理论基础——西方力学知识，这比晚清上海墨海书馆传教士与国人合译西方力学书籍要早了约 200 年。《录最》"凡例"的"正用"中，首先谈到了西方的"重学"。而正文卷一、卷二则向国人系统译介了大量西方力学、机械学等相关学科的基本知识。卷一、卷二主要译自荷兰数学家、工程学家西蒙·斯蒂文的原著，西蒙·斯蒂文与传教士邓玉函是同时代人，因此译介的这些力学知识在当时西方是相当先进的，王徵译介的内容也是当时最前沿的。

3. 第一个介绍阿基米德

王徵在谈及译书《职方外纪》中的奇器时说："亚而几墨得者，天文师也，承国王命造一航海极大之舶，舶成，将下之海，计虽倾一国之力，用牛马骆驼千万，莫能运也。几墨得营作巧法，第令王一举手引之，舶如山岳转动，须臾即下海矣。"文中"亚而几墨得""几墨得"即古希腊哲学家与物理学家阿基米德，由此可见，王徵是我国第一个介绍阿基米德及奇思奇器的人。

4. 第一个采用拉丁字母

王徵不仅是我国学习西方拉丁字母的第一人，还非常开放地在《录最》一书中使用和传播这些字母。陈垣云："迄今言中国人习蜡顶文（拉丁文）最先者，犹当推陕人王徵也。"直至清末创建同文馆时，一些庸官腐吏还大肆反对学员学习外语，与他们相比，王徵实在可算得上睁眼看世界的先驱。

王徵在《远西奇器图书录最》中，驳斥腐儒轻视机械制造时写道："兹所录者虽属技艺末务，而实有益于民生日用，国家兴作甚急也。"同时，他也深知机械类别与品种甚多，因此在翻译时专选那些"关切民生实用""国家工作之所急需"的机械予以译录。对那些虽然实用但"作法或难""工值（值）甚钜（巨）""或重或繁"等的机械，他却均不予译录。王徵在《录最》"凡例"中给自己规定，译录的机械必须是符合"七大"利益的机械，即"省大力，免大劳，解大苦，释大难，节大费，长大识，增大智"。王徵利国为民的良苦用心，由此可见一斑，无愧"南徐北王"[1]之誉。

1　"南徐北王"之"徐"指徐光启。

参考文献

[1] 陈垣. 陈垣学术论文集[C]. 北京：中华书局，1980.

[2] 方豪. 中西交通史[M]. 长沙：岳麓书社，1987.

[3] 郭永芳. 王徵与所译《远西奇器图说录最》[A]. 科技史文集（12辑）[C]. 上海：上海科学技术出版社，1984.

[4] 刘仙洲. 王徵与我国第一部机械工程学[J]. 机械工程学报，第6卷，1958(3).

[5] 徐宗泽. 明清间耶稣会士译著提要[M]. 北京：中华书局，1949.

[6] 张中政. 明泾阳王徵先生行实述评[J]. 文史集刊，1994(4).

名震法国的陈季同

黎难秋

陈季同(1851—1905/1907)，清末外交官。早年入福州船政局，后至法国学习法学、政治学，历任中国驻法、德、意公使馆参赞直至代理驻法公使，居欧十余载。他写作、翻译了大量法文作品，向欧洲人民全景式介绍中国的社会生活、历史、文化等。他的作品在很大程度上反击了当时许多欧洲人对中国的歧视和污蔑，也令他名声大噪，获得法国一级教育勋章，还成为国际刊物的封面人物。

陈季同，福建侯官（今福州）人，字敬如，一作镜如，号三乘槎客。他自幼父母双亡，体弱多病，与弟陈寿彭寄人篱下，相依为命。他天资聪颖，好学不倦，"读书目数行下"。1867 年，16 岁的陈季同考入福州船政局前学堂，学习造船技术。前学堂又名法文学堂，多为法国教师，故讲课多数用法语，教材也多为法文。陈季同在学堂刻苦学习，打下了坚实的法语基础，也展现了出色的外语天赋，后来他久居欧洲，经过学习，又兼通英语、德语、意大利语与拉丁语。

1873 年，陈季同于船政局前学堂毕业，因"历经甄别，皆冠其曹"，遂"拨充办公所翻译"。除此之外，他于儒学一道也有很深的造诣，尤其精于《汉书》。一日，办公所的文案王葆辰"论《汉书》某事，忘其文，季同曰出某传，能背诵之"。1875 年，因福州船政局前船政监督日意格归国，沈葆桢便于"前学堂内派出魏瀚、陈兆翱、陈季同三人，后学堂内派出刘步蟾、林泰曾二人，随同日意格前往游历英吉利、法兰西等处，俟机船铁胁新机采购既便，仍随日意格同归"。

1876 年春，日意格在法国订购全套铁胁后，遂带领陈季同等三人回国。陈季同这次初访英、法时间不长，但对欧洲有了初步的感性认识，回国后著有《西行日记》。

同年冬，"沈葆桢会同直隶总督奏派监督日意格带同随员马建忠、文案陈季同、翻译罗丰禄"以及制造生 14 人、艺徒裘国安等 4 人及驾驶生 12 人赴欧。光绪三年(1877 年)七月初，日意格、陈季同等人抵达巴黎。根据清政府的指令，陈季同与马建忠学习"交涉切用之律"，即国外有关国际关系的法律，于是两人入读巴黎政治学校 (Ecole des Sciences Politigues)。同时，二人与罗丰禄同被驻英、法钦差大臣郭嵩焘咨派为帮办翻译，负责拟订与翻译往来外交文书，递交国书，赴外交部呈送外交文件等，同时在钦差大臣及参赞黎庶昌出席多种外事活动时担任口译。

1878 年，出洋肄业监督李凤苞升任驻德钦差大臣，仍兼监督本职。李与郭嵩焘商定咨调罗丰禄、陈季同赴德。当年冬，陈季同随李赴德上任，兼任驻德使馆武官。李凤苞又兼任驻意、奥、荷三国公使，1881 年陈季同陪李赴奥、荷首都晋见两国国王。

1882 年，陈季同已在驻德使署任职多年，秋天离德回国半年。光绪九年（1883 年）三月，陈赴天津向李鸿章述职，时值中法两国因越南问题大启争端，遂受命返回巴黎收集法国关于越南的情报。后李鸿章再派陈季同带领工匠 4 人赴德学习。以后数年，陈季同先后为驻欧多国的钦差大臣担任口译与笔译。1885 年按例得赏加总兵衔，后担任代理驻法钦差大臣，并兼任驻比、奥、丹、荷四国参赞。在海外任职期间，陈季同出版了许多法文著作，在法国乃至全欧享有盛誉。1891 年，他因涉嫌骗取法国巨款案被召回国。

回国后，陈季同于 1894 年赴台任布政使。中日甲午战争中国战败，他积极投身反对割让台湾的斗争，保台计划未果后返回上海。1897 年，与弟陈寿彭在上海合办《求是报》，一直担任翻译及主笔。1898 年，他支持创办了中国第一所女学堂——上海中国女学堂，还发起成立戒烟公会，许多维新派人士、开明官员均积极参加。1905 年，陈季同在南京（一说上海）去世，终年 54 岁。

一、为四位驻外使节担任翻译

1. 为郭嵩焘担任口译

郭嵩焘于 1875—1879 年任驻英钦差大臣，光绪四年（1878 年）三月十八日奉旨兼驻法钦差大臣。三月二十五日，陈季同与联春卿、马眉叔、张德彝等至巴黎火车站迎接郭嵩焘，时遇日意格、司恭赛格等人。是月二十九日，陈季同、张德彝等"随星使（郭嵩焘）着公服乘车往观"巴黎博览会。"登楼，见多国公使及……仕宦男女有千余人"。四月初五，陈季同等人随郭嵩焘乘车赴法王宫，"星使敬奉国书，宣颂词毕，马眉叔翻念法文。递过国书后，法主立答数语，经陈镜如译以法文"。

六月初三，《郭嵩焘日记》记载："偕陈敬如至外部，为堆弗尔诵总署四条咨件。堆弗尔惟举第二条'领事由商人充'，往复辩论"。六月初四至初八，陈季同又随郭嵩焘参观德国克虏伯工厂、游览荷兰与比利时，其间不时地为郭氏担任翻译。除以上口译事例外，郭嵩焘还在同年六月十八日、十九日，八月初九、二十六日与二十八日的日记中，记载了出游各地或看房时，均有陈季同陪同并担任口译。郭对陈颇为赏识，认为他"可以泛应世务，再能历练官常，中外贯通，可胜大任矣"。

2. 为李凤苞担任口译

李凤苞于1878—1884年担任驻德钦差大臣，1881—1884年兼驻奥、意、荷三国钦差大臣。《李凤苞任内卷略》记，"光绪七年七月廿七日午后，带同法文翻译陈季同……前赴奥国。"闰七月初三陈季同随李凤苞拜见奥皇。初五，随李凤苞参加官廷宴会，与奥皇谈次年阅兵事。二十三日随李赴荷兰。八月初二，随李晋见荷兰国王。光绪十年（1884年）四月初六，陈季同随李凤苞从德国赶赴法国，时陈已升驻法使署参赞，获总兵衔。七月初一，中法因越南战争决裂，陈季同随李凤苞赴法外交部辞行，中国使馆降旗，使臣与外交官均离法。在以上多种外交场合，陈季同均随同李凤苞并担任其法语口译。

陈季同随李凤苞驻德期间，曾加入由各国驻德外交人员与德国官员组成的葛西努俱乐部，从中了解到大量欧洲的"政情军机和商况民意"。与此同时，因个人能力与交际能力出众，陈季同颇受德皇的赏识，二人常一同散步、骑马，"讨论对社会科学、政治经济以及文学的看法"。

3. 为刘瑞芬担任口译

　　刘瑞芬于 1886—1890 年任驻英钦差大臣，1887—1890 年兼驻法钦差大臣，1886—1887 年又兼驻俄钦差大臣，1887—1889 年再兼驻意大利、比利时钦差大臣。据刘瑞芬《养云山庄遗稿》：1887 年，陈季同随新任驻法钦差大臣刘瑞芬向法国总统递交国书；1888 年，又随刘瑞芬由巴黎至布鲁塞尔，先晤比利时外长，又向比国王递交国书。同年，陈季同再随刘瑞芬向意大利国王呈递国书。十一月初八，随游万国博览会。次日，陈又随刘赴法王官参加各国公使宴会。由此可见，1886—1890 年间，陈季同一直为刘瑞芬担任各种外交翻译工作。

4. 为薛福成担任口译

　　1890—1894 年，薛福成任驻英、法钦差大臣，1889—1893 年兼驻意钦差大臣，1889—1894 年再兼驻比钦差大臣。光绪十六年（1890 年）二月十六日薛福成日记记载，当日薛福成抵达法国马赛港，"驻法二等参赞陈季同，由法馆前来相迎，并照料一切。辰刻登岸，进客店……"。翌日，"午后法国工部所派管理桥道工员二人，邀余观马赛海口，二人盖陈敬如友也，余约敬如及黄公度、许静山……同往"。同年闰二月初四记："法国伯理玺天德（法语'总统'音译）嘎尔诺于四点半钟派其接引大臣穆拉，以双马朝车及副车率马队来迎，余恭赍国书，率参赞官陈季同、随员联豫、翻译官吴宗濂、学生世增，于五点钟诣其勒立色官。"

　　闰二月初七记："未刻率参赞拜会上议院首领鲁亚耶，及意大利国头等公使梅那贝、土耳其头等公使爱萨德。"日记中的"参赞"即陈季同。随后于二月初八，薛福成又率陈季同拜会英公使、西班牙头等公使、俄国头等公使。四月二十二日记："率参赞陈季同……乘马车……巳正，火车开轮。午正抵多甫海口"，然后换乘比利时轮船，跨英吉利海峡，抵比利时并游布鲁塞尔。同月二十六日记叙，率陈季同向比利时国王呈递国书。"国王躬亲祗受，口述答辞"，时均由陈季同居间翻译。

二、传播中法文化的爱国使者

　　陈季同自幼天资聪颖、好学不倦，在国外使署不仅长期负责多位钦差大臣的口译工作，还在驻法使署担任文案翻译。他于1877年抵达巴黎后，便任留学肄业局文案，专译法文函牍。1878年春，兼任中国驻法使署翻译。10余年间，陈季同参与过若干外交笔译活动。如《郭嵩焘日记》光绪四年（1878年）三月二十六日记："日意格、马眉叔、陈敬如早过，相与酌定照会外部文件，遂尽一日之力。"四月初四又记："约陈敬如、马眉叔译交诵词一纸。"光绪九年（1883年），陈季同回国休假期间，赴天津向李鸿章述职，李要他在巴黎注意与越南相关的情报。六月回巴黎后，十三日阅报时，便将法国议会辩论中涉及越南的部分译为中文。二十二日，又翻译报上相关新闻。

　　陈季同在职期间用法文向欧洲人民介绍中国文化，特别是翻译了许多古代经典诗词以及著名的传奇小说，"译姿"潇洒俊逸。

1884 年，陈季同出版《中国人自画像》，一时洛阳纸贵，不仅他本人被法国政府授予"一级教育勋章"，就连他的花体法文签名也被人竞相追捧。陈季同是用法语向欧洲读者全面介绍中国社会、历史、文化的第一人。法国著名文学家罗曼·罗兰曾在日记中描述陈季同在巴黎索邦大学演讲时的情形："在索邦大学的阶梯教室里，在阿里昂斯法语学校的课堂上，一位中国将军——陈季同在讲演。他身着漂亮的紫色长袍，高贵地坐在椅子上。他有一副饱满的面容，年轻而快活，面带微笑，露出漂亮的牙齿。他身体健壮，声音低沉有力又清晰明快。这是一次风趣幽默的精彩演讲，出自一个男人和高贵种族之口，非常法国化，但更有中国味……听众情绪热烈，喝下全部迷魂汤，疯狂鼓掌。"陈季同文武双全，在担任翻译、参赞等外交文职的同时，还兼任驻外使署的总兵衔武官。《陈季同传》称他"投射枪炮尤精稳，兼能驰骋，距马丈许，一跃即登其背；以枪击空中飞鸟，无不中"，其英武之状跃然纸上。

陈季同自 19 世纪 80 年代开始在法国以法文写作出版了许多书籍，最知名的便是 1884 年由巴黎加尔马恩·莱维出版社出版的《中国人自画像》（*Les Chinois Peints par Eux-Memes*）。该书涉及中国社会生活的各个方面，包括中国之妇女、婚姻、家庭、教育、娱乐、社会阶层、报刊和舆论、谚语和格言、书面语言等，也述及独特的中国历史文化，如中国之史前时代、祖先崇拜、古典诗歌等，与此同时，书中还对比了东西方文明之间的异同。当时西方各国普遍将中国视为野蛮落后国家，陈季同对此深感不安："旅行者碰上一个大块头，会在小本上记上：'这个遥远国度的人身材很高'，反过来，如果他碰上一个矮子，则写道：'在这个国家，人们只见到矮子，就像到了格列佛笔下的矮人国。'对风俗的记载也是一样。"因此，他希望通过《中国人自画像》，在一定程度上改变法国乃至欧洲人民对中国的看法："按照自己的亲身经历和了解来记述中国人的风俗习惯，但却以欧洲人的精神和风格来写。我希望用我先天的经验来补助后天的所得，总之，像一位了解我所知道的关于中国一切的欧洲人那样去思考，并愿意就研究所及，指出西方文明与远东文明之间的异同所在。"该书出版当年在法国就重印了5次，第二年便译至英国，两年间重印多达11次，产生了广泛的国际影响。

陈季同在《中国人自画像》中将中国诗歌译为法文，其中"古典诗歌"一节中译介的诗人包括屈原、杜甫、李白、白居易、孟浩然等。他将不同诗歌按照风格与主题分门别类地加以介绍，如认为初唐诗歌大都充满"宗教哲理"，如李华的《春行即兴》与常建《题破山寺后禅院》；重视唐诗中的"怀疑主义"诗歌，译介了杜甫《渼陂行》中的"少壮几时奈老何，向来哀乐何其多！"和《玉华宫》中的"忧来藉草坐，浩歌泪盈把。冉冉征途间，谁是长年者。"陈季同还选译了"豁达""哀伤""华丽生动""朴实自然"等各类诗歌，最后翻译了叙事长诗《琵琶引》，共计44行88句。

除译介成熟的古典诗歌以外，陈季同还介绍了中国现实主义文学的源头——《诗经》。《诗经》诞生于中国文学初创时期，当时的诗歌还不是一门修饰语词的艺术，诗的每行仅四个字，以后诗句才发展为五字或七字。当时在内容上，"爱情与欺骗，悲哀与忧郁，不幸的痛楚成为诗的经常主题"，另有一些诗"描写田园生活的快乐，山水的美好和朋友之间的友情"。他还谈到中国诗歌在形式上讲究押韵，且为隔行韵；"还采用一种对仗的独特形式，一般用相对或相反的词表达一种情感。这些形式都很有趣。""从风格上说，《诗经》的诗都极其质朴……未经雕琢，却仍然是珍宝。"最后，陈季同认为《诗经》使中国人民"热爱和平、勤奋劳动、关怀亲人、尊重权威和服从长者，就是这些规矩，构成了我们民族的特征"。

在《中国人自画像》正文前，陈季同结合引文之需，选译了两首中国古诗。在谈及中国人之间的友谊时，他译了以下句子："日月为鉴，天地为证。父母为凭，我二人盟誓结义，愿车马衣轻裘，与朋友共，敝之而无憾。"在译文后，他接着写道："在中华民族的历史上，传扬着众多与友情相关的佳话。"进而批评西方人之间缺乏真实友谊："西方社会给我最深的印象之一便是其人心冷漠，性情凉薄，不仅对他人的不幸无动于衷，在谈其不幸时，甚至还有点幸灾乐祸。"

1890 年，巴黎加尔马恩·莱维出版社又出版了陈季同所著《中国人的快乐》(Les Plaisirs en Chine)。该书主要介绍了中国社会生活中的节庆，包括宗教节日和民众节日，其中有龙舟竞渡、中秋节、灯节、七夕、花朝、元旦、过年、迎神等。该书后由谢拉德译为英文出版，英译书名为 Chin Chin, or the Chinaman at Home。陈季同为英译本作序，称该书的内容实际上是《中国人自画像》一书中"娱乐"章节内容的扩展和补充。陈季同通过此书全面介绍了中国人的各种节日、旅游、饮宴、文化艺术及各种游艺娱乐项目。他要告诉西方，中国人的生活确实是快乐的。

《中国人的戏剧》(Le Theatre des Chinois) 1886 年出版，年内连印 3 次，主要内容包括中国戏剧的历史、种类、角色、表演方法、戏台、后台、布景等。陈季同基于其对法国戏剧的丰富知识，从多方面对中法戏剧艺术进行比较，完成了中国人用法文介绍中国戏剧的第一部作品。该书不仅有助于当时的法国人了解中国戏剧，而且对中国人了解法国戏剧大有裨益。

1892 年夏尔朋铁出版社出版的《吾国》(*Mon Pays*)，更为全面地介绍了中国的历史、社会、文化，重点描述了中国人的祖先崇拜与家庭观念，并通过译介《诗经》与唐宋古典诗词，展现了中国夫妇的和谐美德、离别时的思念与愁绪。"中国人的水利"一节从 4000 年前大禹治水，一直讲到清代各时期的治水与水利工程；"中国圣女贞德"一节，则通过长诗《花木兰》介绍中国古代女英雄，并将她与法国女英雄贞德相比较；"中国的益虫"一节曾经出版过单行本，算得上是陈季同关于中国生物学与医学的一部专业论著，内容不仅包括中国的养蚕、养蜂技术，还谈到《礼记》中的一些规矩，如禁售未成熟的草类、菜类与果类，禁食某些鱼、动物与野味等，除此之外，还论述了中国传统医药体系中可入药的昆虫，如蜘蛛、壁虎、蝉与蟋蟀等。

陈季同在《吾国》书中还根据唐代白行简的《李娃传》改译了一则"汧国夫人传"，这是一个短篇传奇故事。故事梗概如下：唐代秀才宫生赴长安赶考，偶遇妙龄女子李娃而两情相悦，相互私托终生。喜富嫌贫的李母精心设计阻拦，宫生财尽，穷困潦倒致病，又为其父所斥。后在李娃鼓励下，勤奋读书两年后的宫生，终于高中进士，两人喜结良缘。宫生从知府官做起，最后被封为汧国公。美丽贤良的李娃则被世人尊称为汧国夫人。这则故事与《李娃传》情节一致，只是唐代《李娃传》中的汧国公不姓宫，而是姓郑。

《中国故事》(*Les Contes Chinois*)，于 1884 年由巴黎加尔马恩·莱维出版社出版。书中包含了来自《聊斋》的 26 个传奇故事，但完全排除了其中的狐仙鬼怪与宗教神秘故事。陈季同认为每一个故事"都构成了一个民族自身的生活"，"比所有其他形式更能完美地表现一个民族的内心生活和愿望，也能表现出一个民族理解幸福的独特方式"。

《中国故事》中的 26 个传奇故事包括《王桂庵》《白秋练》《辛十四娘》《青梅》《香玉》等，这可以说是《聊斋》最早的法文译本之一，也是中国人独立向西方译介中国文学作品的最早尝试。荷兰汉学家施古德曾专门发文，向欧洲人推荐此书。

《中国人笔下的巴黎》(Les Parisienne Peints par Chinois)，又译《巴黎印象记》，于 1891 年由夏尔朋铁出版社出版。该书详细记述了陈季同在巴黎的种种见闻，有助于中国人了解当时的巴黎（当然，仅限于懂得法文的中国人）。书中不乏幽默之处，充分体现出陈季同的思想与个性，其间还穿插着理性分析与中西文化的比较。

陈季同的法文著作还有《黄衫客传奇》(Le Roman de l'Homme Jaune)、《英勇的爱》(L'amour heroique) 以及许多发表于法国报刊的文章。此外，陈季同还分别在英文版和德文版的报刊上发表文章。陈季同的法文作品深受法国人民喜爱，有的不仅一版再版，而且很快转译为英文、德文等，在欧洲各国广泛传播。陈季同幽默轻快的文风、通畅优美的文字点燃了欧洲人民对中国古典诗歌与民间传奇故事的好奇与热爱，可以说，如果他没有娴熟的法语表达能力与卓越的中法翻译技巧，是难以达到如此效果的。

陈季同的法译中著作数量也相当可观，包括《卓舒及玛格丽小说》《拿破仑法典》（即《法国民法典》《法兰西民主国立国律》《拿破仑齐家律》与《法兰西报馆律》等 12 篇律法书）。陈季同回国后，于 1897 年与弟陈寿彭合办《求是报》，自任翻译主笔，大量选登来自法文报刊的国际新闻。以其中的"西报译编"为例，12 期共刊载新闻119 篇，其中 61 篇来自 11 种不同的法文报刊。此外，他还向国人译介法国文学作品，并开始连载笔译的法国小说，可惜不久因刊物停办而中辍。

参考文献

[1] 岑红、张希. 陈季同与中法文化交流[J]. 江苏师范大学学报（哲学社会科学版），2017(2).

[2] 陈季同. 中国人自画像[M]. 陈豪 译. 北京：金城出版社，2010.

[3] 黎庶昌. 西洋杂志[M]. 长沙：岳麓书社，1985.

[4] 李华川. 晚清一个外交官的文化历程[M]. 北京：北京大学出版社，2004.

[5] 沈大力. 震撼法国的中国人，晚清外交官陈季同[N]. 光明日报网，2014–12–16.

[6] 薛福成. 出使英法意比四国日记[M]. 长沙：岳麓书社，1985.

[7] 张德彝. 随使英俄记[M]. 长沙：岳麓书社，1985.

[8] 中国社会科学院近代史研究所翻译室. 近代来华外国人名辞典[Z]. 北京：中国社会科学出版社，1984.

[9] 中国史学会 主编. 中国近代史丛刊·洋务运动（八）[C]. 上海：上海人民出版社，1961.

[10] 朱有瓛. 中国近代学制史料·第一辑（上册）[M]. 上海：华东师范大学出版社，1983.

翻译赞助人张元济

袁丽梅

张元济(1867—1959)，字筱斋，号菊生，常被人尊称为"菊老"，近代中国杰出的出版家与教育家，历任南洋公学译书院院长、商务印书馆编译所所长、商务印书馆经理、董事长等职，在清末民初的翻译浪潮中扮演着举足轻重的角色。他虽不亲自从事翻译，却组织策划、出版了大批西方名著，成为这些译作真正走进中国社会的"摆渡人"。他眼界开阔、胸襟坦荡，求贤若渴、知人善任，与严复、林纾、蔡元培等译学界风云人物相知相交，同时提携帮助茅盾、罗家伦等青年一代，留下诸多佳话。

一、爱知乐学　中外兼修

清同治六年(1867年)九月二十八日，张元济出生在广州纸行街谢家公馆，其父张森玉21岁时由于太平天国战乱避难至广东潮州一带，历署广东会同、陵水二县知县，未满 40 岁便染疾逝于任上。其母谢氏，原籍江苏武进，通晓笔墨、知书达理。

张家育有三子二女：长子元煦、次子元济、三女元淑、四子元瀛、五女元清，尤以元济酷爱读书。有一年乡试放榜，张森玉为孩子们讲解第一名陈伯陶的文章，言语间"不胜企羡"，年幼的元济于是暗暗下定决心好好念书，"他日余亦必为此以娱吾亲"。光绪六年（1880年），张家子女随母亲举家返回原籍海盐。次年父亲亡故后，家中本不宽裕的经济状况更加一落千丈，母亲只得带着妹妹元淑做些针线活补贴家用，家中辞退了佣人，一日三餐少有荤腥，连"食咸鸭蛋也是罕事，一人还分不到一个"。虽然经济拮据，谢氏对儿子们的教育却异常重视，甚至不惜成本请到丁忧回海盐原籍守制的翰林院编修朱福诜先生来家教授，使张元济"学业大进"。除受教于朱福诜外，张元济还广泛向海盐有学问的人请教，包括前任海盐知县司开先、前鸳湖书院掌教吴仰贤等，由此奠定了扎实的儒学基础。1892 年春，张元济进京参加会试与殿试，一路过关斩将，最后位列第二甲第 24 名，授翰林院庶吉士，同期中榜的还有汤寿潜、蔡元培、叶尔恺、王得庚等人。

8 年的寒窗苦读使张元济通过科举顺利踏上仕途，但他并非两耳不闻窗外事、一心只读圣贤书的迂腐文人。19 世纪末，中国面临着"数千年未有之大变局"，伴随着列强坚船利炮而来的还有迥异于儒家经典的各国新知，与当时众多怀揣强国梦想的知识分子一样，张元济并不排斥西方文化，反而以满腔热情拥抱新知。

进京为官后不久，张元济便开始自学英文，几个月下来已识得数千单词，"英文已习数月，仅识数千字，而尚难贯通。前月业已从师，拟即日迁寓馆中矣"。后南下上海，一度与严复、伍光建聚会于

"柯师太福医生寓所"，严、伍、柯三人用英语对话，张元济就在旁细听、认真揣摩，因此"英语听、讲水平大进"。张元济虽没有留学经历，自学的英文水平却毫不逊色，张元济孙女张珑曾回忆，"讲到某些国外地名时，祖父往往都用英文。很清楚地记得有一次在饭桌上，祖父和父亲谈话时说'Lebanon'，我听不懂。后来才明白原来Lebanon就是黎巴嫩！"在同一篇文章里，张珑还记录了祥宝姊姊（即张元煦的孙女张祥宝）所写的一段话："家里的书，除了线装书、中文书以外，也还有外文书。我上了中学后，在一个柜子里发现各种学科的英文书，政、经、法、文、史、哲、天文、地理各类都有，如赫胥黎和莎士比亚的作品。在有些书中叔祖（即张元济，笔者注）还加上了蝇头小字的眉批。"由此可见张元济广泛的兴趣爱好与中外兼修的知识储备。日本汉学家内藤湖南也曾感慨，"到张菊生家的时候，看到桌子上摆着整套的 *Encyclopedia Britannica*（《大英百科全书》），四面墙上挂满了价格不菲的各种科学挂图。不是专家而能如此好学，令人颇有感触"。张元济早年的求学经历与持续一生对知识的喜爱和追求也锤炼出其广阔的视野与敏锐的洞察力，使其在引介西方著述时往往品味高雅、眼光独到。

二、结识严复　助推译事

生活在中西文化激烈碰撞的世纪之交，张元济一直对西学十分关注。政治上，他倾向维新派，认为中国要富国强兵，就"不能不改革"，而改革就需要知己知彼，需要了解西方的社会结构、政治制度、管理经验以及科学技术、艺术人文等，译介相关书籍便刻不容缓。早在担任总理各国事务衙门章京期间，张元济就认为，西方"新出紧要图籍尤宜从速译印……今之自强之道，自以兴学为先……"并在给好友蔡元培的信中写道："盖出版之事所以提携多数国民，似比教育少数英才为尤要。"告别京师，入职南洋公学与商务印书馆后，张元济更是穷尽毕生精力组织出版西方各类书籍，这其中最为人津津乐道的便是助推严译名著的出版问世。

翻译一事很早就进入了张元济的视野，在 1897 年 9 月 13 日致好友汪康年的信中他曾问及"兼通中西文者公云已见数人，其人品何若？其西文之功夫何若（虽重英文，而中学须略知门径）？曾得个中人一测其浅深否？其专门之学何如？曾否出洋？……最要者，精通西文（专指英言），而能以汉文达其意"，上述言论反映出张元济对翻译工作有着较为全面的认识，重视所涉两种语言间的转换交流、译者应具备的相关文化背景及专业知识。也正是在同一年的 7 月，为筹办通艺学堂，张元济前往天津考察，遇见在天津主持北洋水师学堂的严复，两人一见如故、惺惺相惜，此后数年鸿雁往来，交流对时局、新知的看法，严复曾对张元济说："以交情言，则公与复为最相爱。"由此两人开启了 20 余年的精诚合作。

据说，后来通艺学堂的校名便是严复所取，意思是"国子之教，六艺是职，艺可从政，渊源圣门"。创立之初，严的侄子严君潜曾担任通艺的常驻教习，严也有可能参与了学堂课程表的制定，此后严复还多次应张元济之邀到通艺学堂讲学，"宣讲西学源流旨趣，并中西政教之大原"，"诸生请业者络绎不绝"。戊戌变法失败后，张元济南下上海，准备到南洋公学译书院任职，上任前曾写信向严复请教译书事宜："拟延上等英文译员一人，专译书，不理他事，每日六钟能译几何？月修需若干两？""门类以政治、法律、理财、商务为断。选书最难，有何善策？"之后，张元济又打算选定书籍，发人包译，请严复为总校，为此请严复推荐译者，并询问"包译如何办法，如何给费？"。而严复对张元济赴任南洋公学译书院一事也十分赞许，认为"译书为当今第一急务"，张能够主持译事，于公于私皆有裨益，"不至销耗精神于无用之地也"。

很快，在通信中，严复告知张元济亚当·斯密的《原富》[1]译稿完工在即，但恐稿酬过高，尚未找到合适的出版社，"如《原富》一书，拟二千四百金，得无吓倒，故至今尚未成议也"。后北洋译书局有意出版，却一直拖延，严复便将书稿转寄给张元济，并提出"销售利益……能否于书价之中坐抽几分，以为著书者永远之利益？"张元济答应了这一请求，除支付 2000 银元（占译书院全年经费的 20%）购买译稿（约千字 4 元，当时译书稿酬约为千字 2 元）外，还同意"以售值十成之二见分"，另给印数百分之二十的版税，相当优厚。这也是我国近代较早实行版税制度的成功案例。1920 年，王佐臣编写《中国地质及矿物学》一书，交由商务印书馆出版时，张元济也与其商议以定价的十分之一支付版税。《原富》初版时，扉页印有"凡译书院译印官书，均不许他人刊刻，以符奏案而保版权"字样，同时末册印有"光绪二十八年十月南洋公学译书院第一次全书出版，书经存案，翻刻必究"，切实保障了译者与发行方的权益。张元济的大力支持也使得严复一度萌生专事翻译的念头，他曾与张元济商量，若译书院能出月薪 400 两，他愿意抛下其他事务，当个专职翻译，无奈南洋公学创

1　今译《国富论》。

办者盛宣怀觉得费用太高，只得作罢。不过，1903年初，张元济进入商务印书馆编译所担任所长后，帮助严复成为商务股东，后者所持股本至1910年已达27400元，占商务总股本的3.48%；1914年清退日股时，严复又购入新股3200元，共计30600元，成为商务头号个人大股东。

当然，张元济对严复翻译活动的支持远远不止于经济方面。《原富》出版前，张元济便提出增设译名对照表，整理"全书翻音不译义之字，作一备检，方便来学"，得到严复的肯定。此事严复在《译事例言》中也有所提及："又此译所附中西编年及地名、人名、物义诸表，则张菊生比部、郑稚辛孝廉于编订之余，列为数种，以便学者考订者也。"这一长达9页的《中西编年及地名、人名、物义诸表》附于该书第一册，起自公元前2世纪"唐尧元载"，讫于公元19世纪清光绪庚子年，历时4000余年。其中有人名、地名、专有名词的详细中英文对照，有的译名甚至沿用至今，如"名学logic，又译逻辑，即今之论理学；乌托邦Utopia，假托之国名，意谓一种理想之现象；安息，国名，古代波斯之王国，其名因建国之王阿息克（Arsaces）而来，西洋史称其为帕提亚（Parthia）国，尝统辖波斯全部及其临境之地"等。译名对照表的做法也由此延续下来，20年代，商务计划编译出版《二十世纪丛书》时，张元济同样建议其中"人、地名概用原文，本科专门译名应附对照表"。

张元济执掌商务印书馆编译所后继续与严复密切合作，不仅为后者提供充足的经费免除其后顾之忧，更亲自策划出版了严译名著的其他几种，包括1903年出版的《群己权界论》[1]、1904年的《社

1　即约翰·斯图亚特·穆勒《论自由》。

会通论》[1]、1904—1909 年陆续出版的《法意》[2]以及 1909 年的《名学浅说》；此前以木刻或石印初版的严译名著也重新以铅印本印行，如《天演论》《群学肄言》《穆勒名学》[3]，引起了广泛的社会关注。《群己权界论》在 1903—1920 年间印刷了 7 次，《名学浅说》在 1909—1921 年间印刷了 11 次，重新出版的《天演论》在 1905—1921 年间印刷了 20 次……1913 年，商务印书馆再次汇印《严译名著丛刊》8 种，并在每一种后面都增加了中西译名对照表，极大地提升了严译的学术价值与社会影响力。

三、联络学界　繁荣学术

戊戌变法失败后，张元济受到"革职，永不叙用"的处分。虽从此仕途无望，却有了难得的机会心无旁骛地从事教育与出版事业。自 1899 年至 1902 年，张元济担任南洋公学译书院院长，主持翻译各国书籍，包括兵书 24 种、地理 4 种、历史 7 种、商务 10 种、政法 5 种等，其中就有影响深远的《原富》与《英国文明史》等。加盟商务印书馆后，他继续加强与学界联系，紧跟思想潮流，不仅大大拓展了商务的业务范围，也显著提升了发行书籍的品味与社会影响力，而商务由出版教科书、工具书向出版学术著作的转变也生动再现了张元济作为总舵手在时代浪潮中孜孜不倦的探索与追求精神。

1917 年 8 月，从美国哥伦比亚大学获得哲学博士学位的蒋梦麟

1　今译《社会通诠》。

2　今译《论法的精神》。

3　今译《逻辑学体系》。

进入商务印书馆，随后不久他便向张元济建议"学界需要高等书"，宜"一面提高营业，一面联络学界"，张也认为他言之有理，请其拟定书单，"以便酌定延请"。然而，一年的时间商务仅刊印出版了杜威的《思维术》，蒋梦麟因此颇感失望，不久便离开了商务印书馆。其实，联络学界以出版高层次学术书籍的想法一直盘桓在张元济的心中，他曾在1918年10月18日的日记中记叙了当日与教育会联合会代表及本地学界40余人在东亚酒馆晚宴的情形，席间他表态，"盼各省学界有新著述"，商务都将鼎力支持出版。与此同时，张元济还不辞辛苦，远赴北平，前去拜访自己相交多年的挚友、时任北京大学校长的蔡元培。

　　蔡元培与张元济有同乡、同庚、乡试与殿试同年、南洋公学同事、同办《外交报》的"六同"之谊。二人初识于1889年杭州省城乡试考场，早在担任京官时便多有来往，后来又一起创办《外交报》，张任主编，蔡与其他人担任编辑。据陈叔通回忆，"在1902年，张离开南洋公学堂译书院，进入商务后，要进行编书，不能一人独搞，于是第一个拉蔡元培。张与蔡……相知甚深，可能结过金兰之谊，一拉便拉来了"。蔡早年流亡海外、辗转多地，张元济无不慷慨相助，蔡甚为感激，曾在1912年6月27日致蒋维乔的信中写道："所希望于菊公者，贷弟以千圆整数，俟弟南归后，陆续设法筹还耳。如公再晤菊公，务请代达此意为幸。"中华民国成立后，蔡元培就任教育总长，办公经费不够，张元济又允诺代筹经费；1912年9月，蔡因不愿与袁世凯政府合作，选择赴德留学，临行前住在商务编译所，并由张元济代表商务预支了3个月的薪水维持生计。留学期间，张元济便邀请蔡元培每日奉献"半日时间"为商务印书馆编书，月付"稿费200

元"，这笔钱也成为蔡元培一家主要的生活来源。1923 年，蔡元培辞去北大校长之职，准备前往欧洲，商务印书馆又随即与其签订编译书稿之约定，第一条即"译现代教育名著一种或二种，以德文教育哲学、教育原理或教育行政为宜，每种以十五万字为度"，并承诺"每月支三百元，以二百元编译费，一百元为调查费。编稿每千字六元，译稿每千字四元"。后蔡元培译得包尔生《伦理学原理》一册。

张元济逗留北京期间，经蔡元培安排，与陈独秀、胡适、马幼渔、沈尹默等北大教授座谈，共同商讨著译出版事宜。同年 10 月，《北京大学丛书》便由商务印书馆陆续出版，包括陈映璜所著《人类学》、周作人所著《欧洲文学史》、胡适所著《中国哲学大纲》上卷、梁漱溟所著《印度哲学概论》、陶孟和所著《社会与教育》以及丁绪贤所著《化学史通考》等。1920 年后，商务又邀请蔡元培、胡适、蒋梦麟等知名教授出面组织编译《二十世纪丛书》(后易名为《世界丛书》)，内容涉及政治、经济、法律、教育、美术、小说、戏剧等，为知识界输入了大批高质量的学术书籍。

与此同时，商务印书馆还与众多民间学会组织建立起广泛的联系与合作。同样是在 1918 年，商务推出了与尚志学会合作的《尚志学会丛书》，收入冯承钧译自法文的南洋史地、元史、宗教等 13 种著作，张东荪、潘梓年、张闻天等人翻译的伯格森作品 5 种——《创化论》《时间与意志自由》《形而上学序论》《物质与记忆》《笑之历史》[1]，詹姆斯的《实用主义》、爱因斯坦的《相对原理及其推论》[2]

1　今译《笑的历史》。

2　今译《相对论》。

以及彭加勒的《科学之价值》[1]等一批影响深远的作品。1920年3月，
梁启超自法归国抵达上海，张元济亲自到码头迎接，惹人议论，认为
他与康有为是朋友，应算梁的师叔，"以师叔而迎师侄，未免太过
否？"张元济却不以为然，坦荡回应："我为商务印书馆多得几部好
文稿，为中国文化多出几部好书，并非以师叔地位去迎任公。"后梁
启超组织成立共学社，便将其中同仁著译均交由商务印书馆出版。商
务5月与共学社签订契约，9月便开始陆续出版《共学社丛书》，该套
丛书由17部小丛书构成，实际收入作品83种，除8种著作外，其余
均为译作。[2]张元济一直保持着与学界的紧密联系，后又邀请胡适为其
推荐著译人才，"京师为人才渊薮，如有学识优美之士，有余闲从事
撰述者，甚望其能投稿或编译"。诚如林熙所言，"自民国成立以来
那20年间，国内著名的学者、作家、名人、名士，几乎没有一个不和
商务发生文字关系"，而张元济正是这些关系中关键之纽带。

1　今译《科学的价值》。

2　其中包括"马克思研究丛书"，含德国考茨基所著《马克思经济学说》与英
国拉尔金所著《马克思派社会主义》；"文学丛书"，含列夫·托尔斯泰所
著《艺术论》、萧伯纳所著《不快意的戏剧》；"时代丛书"，含考茨基所
著《人生哲学与唯物史观》、丁施罢戈所著《布尔什维底心理》以及爱尔乌
特所著《家庭问题》；"罗素丛书"，含罗素所著《算种哲学》《政治理
想》《战时之正义》《哲学中之科学方法》《德国社会民主党》；"教育丛
书"，含马赫所著《感觉之分析》、冯特所著《心理学导言》、爱因斯坦所
著《相对论浅释》以及杜威所著《平民主义与教育》；另有"社会经济丛
书""俄罗斯文学丛书""哲学丛书""通俗丛书"等。

四、惜才爱才　慧眼识珠

在民国学术界留下浓墨重彩的商务印书馆对文学译著的出版同样不遗余力，其中林译小说更是与严译名著齐名译界。1897 年，林纾与友人王子仁、魏瀚合作翻译法国作家小仲马的作品《巴黎茶花女遗事》，该书于 1899 年在福州木刻刊印后，风靡一时。张元济本人也很喜欢林译小说，不仅读过《茶花女》，还将此书带回家给高龄的母亲看。林纾对张元济亦颇为赏识，两人神交已久，林在致后者好友汪康年的信中称赞菊生"品学皆高，恨未之见，怅甚"。商务印书馆首次出版林纾译作是在 1903 年 5 月，作品是林纾与严复长子严璩、侄子严君潜合作翻译的《伊索寓言》，张元济后来主持编译《最新国文教科书》时，有好几课都采用了《伊索寓言》的故事。此后，林译小说开始收入《说部丛书》陆续出版，林纾的稿酬也高达千字 6 元（张人凤曾对林译 11 种译稿的字数和稿酬数进行过统计，得出林纾平均稿酬为千字 5 元 6 角，其中《泰西补史》《畅所欲言》《红簐记》最高，为千字 6 元，《香钩情眼》最低，为千字 2 元 1 角），而彼时商务各杂志的稿酬标准为每千字最低 2 元，最高 5 元，林译"造币厂"由此得名。对此优厚的待遇，林纾是心存感激的，他曾在《蛮荒志异》一书的跋文中写道："长安大雪三日，扃户不能出。此编誊缮适成，临窗校勘，指为之僵。……雪止酒热，梅花向人欲笑，饮酒呵笔，书此数语邮致张菊生先生为我政之……"

林纾一生共翻译外国小说 180 余部，其中近 170 部均由商务印书馆出版发行，或刊登在商务主持的《小说月报》《东方杂志》以及《小说世界》上。后期林纾疲于生计，一味追求速度，几个月内便能译出小说十余种，译作质量却有所下降，引起商务诸君不满，但张元济仍坚持善始善终，同时亲自审阅译稿，提出修改意见，1916—1917 年的多篇日记中对此有着详细的记叙："梦旦查告，琴南小说今年自正月至八月收稿十一种。共五十七万二千四百九十六字，计资三千二百零九元零八分。梦意似太多。余意只得照收。已复梦翁。"（1916 年 8 月 10 日）"竹庄昨日来信，言琴南近来小说译稿多草率，又多错误，且来稿太多。余复言稿多只可收受，惟草率错误应令改良。候梦归商办法。"（1917 年 6 月 12 日）"林琴南译稿《学生风月鉴》，不妥，拟不印。《风流孽冤》拟请改名。《玫瑰花》字多不识，由余校注，寄与复看。"（1917 年 8 月 14 日）

　　林译小说滋养了一大批新文学作家，而五四以后，新文学运动的重要平台《小说月报》及其主编茅盾同样也得到张元济及其领导下商务印书馆的大力扶助。

　　1916 年，青年茅盾（沈雁冰）从北京大学预科毕业，因不喜官场和银行的工作，其母陈爱珠及其祖父沈砚耕先后给北洋政府财政部公债司司长卢鉴泉（沈的表叔）写信，希望后者能够帮忙找份体面的工作。此时正好商务印书馆北京分馆经理孙伯恒与卢鉴泉套近乎，卢向孙推荐了茅盾，孙立刻答应下来，并写信告知了张元济。两个月后，茅盾便带着孙伯恒的手书来到上海河南路商务印书馆发行所报到，见到张元济后，张询问他读过哪些中英文书籍，随即给编译所英文部长邝富灼打电话，安排茅盾担任编译所英文函授学社阅卷员，"月薪廿四元"，相当于 12 名学徒的月薪总和。一个月后，茅盾读到商务刚刚出版的《辞源》一书，有感而发，写信向张元济建议"《辞源》条目引出处有'错认娘家'的，而且引书只注书名，不注篇名，对于后学不方便"，此外，"文化日进，旧字不足应付。欧洲文艺复兴以来，文化突飞猛进，政治、经济、科学，三者日产新词……《辞源》虽已收进'物竞天择''进化'诸新词，但仍嫌太少。此书版权页上英译为《百科辞典》，甚盼能名实相符，将来逐年修改，成为真正的百科辞典"。这封信茅盾本是心血来潮写就，没想到张元济却十分重视，并请当时的编译所所长高梦旦核办相关事宜。茅盾的才能也由此崭露头角，张元济认为他在英文部用非其才，便亲自批示将他转到国文部协助孙毓修编纂《四部丛刊》。

五四以后，新文化运动风起云涌，商务印书馆也感到明显的压力。1920 年，张元济与高梦旦专程来到北京拜访蒋百里，并通过蒋结识了郑振铎、耿济之。经过 20 多天广泛的调查访谈，张元济回到上海后便当机立断邀请已与郑、耿同为文学研究会发起人的茅盾担任《小说月报》主编，全面改组杂志，并承诺尽量不干涉其办刊活动。张元济与商务印书馆的鼎力支持为《小说月报》乃至整个文学研究会的发展提供了强有力的保障，也促使其在中国新文学的建设进程中扮演起日益重要的角色。1922 年 5 月，商务印书馆陆续推出《文学研究会丛书》，按照翻译与创作并重的原则，收入英、美、法、德、希腊、西班牙、比利时、奥地利、罗马尼亚、日本、印度等国文学译作 55 种；1930 年起，商务又先后出版了《文学研究会世界文学名著丛书》14 种，为中国现当代文学创作提供了丰富的给养。

茅盾初入商务印书馆时还觉得"这个'知识之府'的编译所也是个变相的官场"，然而，其中的张元济却绝非一名官老爷。他既无高高在上的姿态，行事做派也丝毫没有圆滑世故之气。对拥有真才实学的人，他的欣赏并不受限于年龄长幼或政治倾向，哪怕曾对商务有所非难的青年人，他也可以不计前嫌、鼎力相助。

　　1919 年，还是北大学生的罗家伦在《新潮》上发表《今日中国之杂志界》一文，点名批评了商务的几种杂志，"……毫无主张，毫无选择，只要是稿子就登，最可以做代表的，就是商务印书馆的《东方杂志》……真可以说对社会不发生一点影响，也不能尽一点灌输新知识的责任"。一年后，罗家伦前往美国留学，托蔡元培向商务申请馆外编译一职，张元济爽快应允，并为其提供生活费用，资助其赴普林斯顿大学与哥伦比亚大学学习历史和哲学。张十分赏识罗家伦的才能，曾在给蔡元培的信中提及意欲邀请罗担任商务编译，不过此时罗还想继续前往英、法等国"再加数月之研究"，对此张亦表示十分赞同，并汇去 800 元，同时请蔡代为转告，"此却非公司之款，并非丝毫约束也"，可见其对青年人春风化雨般的关怀。后来，罗家伦在法翻译罗素新著《论教育》期间，"经济拮据，返资无着"，无奈写信向张元济借 600 元，后者当日就汇给罗家伦 19834.70 法郎。而罗游学各国期间，也陆续为商务翻译了芮恩施的《平民政治的基本原则》[1]与柏雷的《思想自由史》，罗家伦本人更与张元济成为难得的忘年之交。

　　被茅盾誉为"中国童话的开山祖师"的孙毓修早年翻译卡本脱《地理读本》中《欧罗巴洲》的部分，译稿接二连三被拒之后，却被张元济一眼看中，觉得书稿明显优于商务之前出版的几种地理著作，孙本人也受邀进入商务编译所工作，开始主编《童话》丛书。1919 年，年仅 18 岁的郑太朴受张元济邀请，入职商务印书馆编译所，

　　1　今译《平民政治的基本原理》。

正是因为后者"嘉其志向卓绝，心地纯正，喜其学识渊博，英文水平又高"。另外，张元济很早就对使用白话文进行创作和翻译很感兴趣，曾鼓励伍光建的白话翻译活动，认为"大有前途"，后伍译大仲马的作品《侠隐记》(即《三个火枪手》)与《续侠隐记》(即《二十年后》)在 1907 年由商务印书馆出版，成为中国第一部白话翻译小说，广受欢迎。而对于晚清遗老辜鸿铭，张元济虽然不赞同其复辟倒退的政治主张，对辜的学问却颇为赏识，辜鸿铭汉译英诗代表作《痴汉骑马歌》与英文写就的《中国人的精神》(*The Spirit of the Chinese People*) 均由商务出版发行。

五、结语

张元济一生未留下任何译作，然而在书写中国翻译史时，却不能不提到他的名字。作为清末民初译介高潮中举足轻重的翻译赞助人，他数十年如一日兢兢业业地专注于出版事业，为了心中济世救民的朴素理想殚精竭虑，引进大量西方名著，帮助、提携众多译者，在中国面临何去何从的关键时刻，以独特的方式影响了中国社会的发展进程。"数百年旧家无非积德，第一件好事还是读书"，而今天的我们也由衷地感谢张元济使我们有了许多好书可读。

参考文献

[1] 陈叔通. 回忆商务印书馆[A]. 商务印书馆九十年[C]. 北京：商务印书馆，1987.

[2] 高平叔. 蔡元培与张元济[A]. 商务印书馆九十五年[C]. 北京：商务印书馆，1992.

[3] 柳和城. 书里书外：张元济与现代中国出版[M]. 上海：上海交通大学出版社，2017.

[4] 茅盾. 商务印书馆编译所和革新《小说月报》的前后[A]. 商务印书馆九十年[C]. 北京：商务印书馆，1987.

[5] 张珑. 风清月明：张元济孙女的回忆点滴[M]. 北京：中国华侨出版社，2013.

[6] 张人凤、柳和城 编著. 张元济年谱长编（上、下）[M]. 上海：上海交通大学出版社，2011.

[7] 张人凤. 张元济研究文集：续编[M]. 上海：上海辞书出版社，2019.

[8] 张荣华. 张元济评传[M]. 南昌：百花洲文艺出版社，2015.

[9] 张学继. 嗜书、藏书、出书的一生：张元济传[M]. 北京：团结出版社，2018.

[10] 张元济. 张元济日记（上、下）[M]. 北京：商务印书馆，2018.

[11] 钟桂松. 茅盾与伯乐张元济[A]. 张元济研究会、张元济图书馆编. 菊品人生：张元济：纪念张元济先生诞辰150周年暨第五届张元济学术思想研讨会论文集[C]. 杭州：浙江工商大学出版社，2018.

梁启超西学救国，以翻译为通途

孙吉娟

梁启超(1873—1929)，别号饮冰室主人，广东新会人。中国近代启蒙思想家，一代文化宗师，一位百科全书式的学者。梁凭借深厚的中国传统文化底蕴，在西学译书中，肆意游览，悉数拿来，只为着那往昔的峥嵘岁月和未来的新国新民。他办刊、办学、办会三位一体，时刻不忘以翻译引进西方精华。他译、编、作、述融为一体，小说、诗歌、政法、史传全都译介，种种皆为启蒙"新民"，救国于水火之中。"善变"是梁启超文化性格的一个突出特点，其在学术上的表现就是，学问欲炽烈、涉猎繁杂，这可以他时常反躬自省的名言——"不惜以今日之我，难昔日之我"为佐证；其在"政潮"中的"善变"，多为世间所诟病，在此不赘言。梁启超亲历中国近代几次历史巨变，这样的历史沉浮境遇也养成了其多面的文化性格。但追根究源，这种多变、善变何尝不是一种"大音希声，大象无形"的变体呢？梁启超将一颗炽热之心深深系于家国，故能一生始终以赤子之心拥国爱民，其多变的根基和灵魂在于"初心"至上，从未改变。

梁启超于 1873 年 2 月 23 日出生于广东新会县熊子乡茶坑村。从祖父那辈起，这个家庭就遵循着"田可耕兮书可读，半为农者半为儒"的生活方式。祖父梁维清考中秀才后，掌管县里教谕一职，八品小官，竟也过上了采买书籍、购置土地的小乡绅生活。父亲梁宝瑛仕途不顺，只做了教书先生，但也继承祖训，济世救民，热心乡治，在防海盗、平私仇、禁赌博、制械斗方面，深得乡民的尊敬和拥护。梁启超日后回忆说，在茶坑村的那段时光，自己是"不带杂质之乡人"，"不问世事，如桃源中人"，"梦梦然，不知有天下事"。

梁启超的母亲赵氏育有四儿两女，梁是长子。因自幼天资聪颖，梁从小深得家人邻里的宠爱。三岁始，知书达理的母亲便教他识字；四五岁时，在祖父的教导下开始研习"四书"和《诗经》；八岁学做八股文；九岁能写千文；十岁，第一次走出乡村，赴广州应童子试，虽然未果，却因于途中船上作得"太公垂钓后，胶鬲举盐初"等诗句而赢得"神童"美名。虽名落孙山，但是繁华省城广州的万千气象，却在小小少年梁启超的内心泛起了涟漪，播下了求知的种子。返乡后，他更是如饥似渴地啃读着从广州买回的新书，感觉像发现了新大陆一般，思想渐入另一个佳境。此外，在读罢张之洞所写的《书目问答》和《輶轩语》这两本书后，梁第一次对"学识"一词有了认识，即：天地间除了"八股"之外，还有"学问"存在。梁的人生自此有了榜样，于是学海泛舟，自是更加发奋努力。

梁启超 12 岁中秀才，随后进入广州著名的学海堂学习。在这里，梁系统地学习了考据学、经史、词章训诂、典章制度和宋儒的性理之学，打下了坚实的传统学术基础。1887 年，梁母因难产突然去世，梁因无船而未能赶回家，痛苦万分。怀着对母亲的思念，梁博览群书，愈发勤勉，在学堂的季课大考中，梁四季都是第一名。梁将赚得的"膏子"都用来买新书，如《四库提要》《二十二子》《粤雅堂丛书》等，从而具备了广博的学术知识，并逐渐形成扎实的治学方法。他16岁参加乡试，成绩斐然，一举中第，名列第八。中举之后，梁继续在学海堂学习，准备第二年的会试。

1890年8月，17岁的梁启超退出学海堂，师从康有为，开启了研治新学的大门。次年，康氏设教书屋由长兴学舍迁入万木草堂，草堂教育"以孔学、佛学、宋明学为体，以史学、西学为用"，自此，梁开始全面接受维新思想。1891年，梁分别从事康有为《新学伪经考》的校勘和《孔子改制考》的分纂工作。为挽救民族危亡，1894年梁跟随老师北上，成为清末维新运动的领袖之一。1898年戊戌政变失败，他流亡日本14年，于1912年才回国。次年，梁启超出任袁世凯治下的司法总长，从此成为实干家、政治家，梦想借他人之势圆宪政之梦。梦想破灭后，他先是策动反袁的护国运动（1915年），1917年待张勋复辟一发生，即随段祺瑞誓师马厂，参加武力讨伐，事后出任段内阁财政总长。1918年，仅任财长四个月的梁便黯然下台，被北洋军头们抛弃，至此梁的政治美梦彻底破灭，自觉只能做"理论的政务家"，不能胜任"实行的政务家"。1920年代，梁启超自欧洲归国后，闭门谢客，专心著述，留下千万字，影响深远。1928年，在病痛的折磨下，他仍以惊人的毅力整理完成了《中国文化史》《儒家哲学》《书法指导》《古书真伪及年代》《辛稼轩年谱》（未竟）等著作。1929年，梁启超去世，享年56岁。

一、师南海先生——读西学译书，始知有五大洲各国

常言道："穷秀才、富举人"，梁启超 17 岁就中了举人，成为当时名副其实的青年新贵。中举后的第二年春，17 岁的梁启超在父亲陪同下赴京会试，但不幸落第。他在回广州途经上海的时候，"见上海制造局译出西书若干种，心好之"，因囊中羞涩，只购得《瀛寰志略》一书，"读之，始知有五大洲各国"。接触西学译书，打开了梁启超的眼界。同年秋，梁经陈千秋、曹丁泰两位志士的引荐，告别了迂腐过时的学海堂，转入以"新鲜自由"著称的长兴学舍、万木草堂，开始触及时代的脉搏，并对康门的维新派思想拳拳服膺。

早在 1870 年代，梁启超的老师康有为就读过《西国近事汇编》《环游地球新录》《瀛寰志略》《地球图》等西学译书，开始了解西方的风土人情、政治制度以及文化和思想。1879 年游历香港后，康隐约意识到西方政体的先进性，进而萌发了深入了解西方、学习西方的欲望，于是渐收西学之书，开始探究西方治国法度的道理。梁启超除了从老师那里接受新思想外，对大量西学译书同样兴趣盎然，如《佐治刍言》作为当时介绍西方社会政治思想最为系统、篇幅最大的一部书，梁启超也曾认真研读过。

本着周览天下，方知"天下之事不可为和可为"之宏愿，梁一边大量阅读西学译书，一边也不停歇地买书、评书。1893 年，梁启超"购江南制造局所译之书，及各星轺日记"。他大量阅读江南制造局的译书，其中既有瑞士学者马尔顿（Charles de Martens）撰写的外交指南，也有中国出访者的日记。1895 年，梁在读了李提摩太翻译的《泰西新史揽要》后，赞扬这是"百年以来，欧美各国变法自强之迹，西

史中最佳之书也"。该书初印 3 万册，供不应求，一版再版，一时洛阳纸贵。此外，梁还频繁造访广州唯一一家售卖西学书籍，且由基督教徒开办的书店——圣教书楼。

知识的渊博和文笔的犀利使得梁逐渐以独立学者的姿态活跃于学界。1892 年，梁启超创作《读书分月课程》一篇，以回答诸如"四库之书，从何处读起"之类的读书方法问题。该作是他集中收录的谈论读书的文章，也是其早年受教康有为的心得。文章分"学要十五则""最初应读之书""读书次第表"三部分，分别论及读书门径、要读书目（分经学、史学、子学、理学、西学 5 门）以及每月读书实战课程（以 6 个月为一期）。字里行间无不流露出一个自信、朝气的青年知识分子重构知识世界的激情和乐观，且尤以读西书为傲。对此，许知远描述如下：

他要求学生先读《万国史记》，"以知其沿革"，其次读《瀛寰志略》，"以审其形势"，随后读《列国岁计政要》，"以知其富强之原"，读《西国近事汇编》"以知其近日之局"。除此之外，还有一本天文学著作《谈天》，一本地质学的《地学浅识》。

1896 年，梁研究前 20 年间译出的西书 300 多种，据此编写了一本《西学书目表》，并撰有《西学书目表序》和《读西学书法》，向国人推荐有价值的西书。梁在此书目表中把译书大致分为西学、西政、杂类三大类，并指出上海江南制造总局的译书在全国西书出版界占有相当重要的地位，其翻译家在 19 世纪末的西学传播过程中起到了承前启后的作用，为中国科技的进步和现代科学的启蒙奠定了基础。

总之，西学译书对中国近代思想界，尤其是晚清维新派人士产生了不少影响，自然也令康、梁大开眼界。

二、康梁维新——报刊去塞求通，译书乃强国首义

要变法，唯有学西方；学思想，须译介。康、梁都将翻译置于政治高度，且重视通过学会、学堂和办报来宣传思想。康有为首先注意到翻译的重要性，强学会成立的时候，康就把译书定为最重要的活动内容之一。

1895 年 3 月，康、梁二人上京应试，康在贡士榜上名列第五，梁因其他原因落榜。同时，康、梁还在京领导了著名的"公车上书"运动，大造维新变法、救国救民之舆论。"公车上书"也成为梁的人生转折点，他开始在政坛崭露头角，并迅速成为维新变法的领袖人物。此时，梁的主要任务是负责宣传组织，包括办学、办报，开展各项活动等，在这期间，梁的思想也愈发新颖、深刻和激进。1895 年 6 月 27 日，《万国公报》创刊，这是近代中国的第一份报纸，由康氏出资创办，梁负责编辑。内容以介绍西方知识学说，宣传变法，介绍"富国""养民""教民"之道为主。随着舆论宣传高涨，维新社团创建的条件成熟，强学会应运而生，成为当时社团学会中最有影响力的一支。10 月，《万国公报》改名为《中外纪闻》，成为强学会会刊。梁担任主笔，由他撰写的《强学会序》是这一时期梁思想的集中体现，情理交融、激昂澎湃，令知识界为之动容。强学会是一个集政治、文

化为一体的双重性质的社会团体，它翻译西书，开启民智，激励士大夫，宣传变法，却因封建顽固派官僚的阻挠，于1896年1月被清政府查封关闭。

梁启超从办理《万国公报》中体会到舆论的力量，于是办报之心迫切。6月12日，刑部左侍郎李端棻上了《奏请推广学校、设立译局、报馆折》。据罗惇曧《京师大学堂成立记》，这篇奏折实际是梁氏起草的。奏折中提出"设藏书楼""创仪器院""开译书局""广立报馆""选派游历"等五项建议，其中第三项"开译书局"提到"欲求知彼，首在译书"，近午来所译之书"详于术艺而略于政事"，并且指出宜挑选国外最新的原著来译。尽管以梁启超为代表的这群有识之士"心怀求道取经救国救民之愿望"，但此讯息的重要性却并未得到朝廷的足够重视。

继北京强学会被查禁之后，上海强学会也被关闭。1896年，梁启超从北京来到上海，以所携强学会余款与黄遵宪等人，于8月在上海四马路创办了《时务报》，梁任主笔，主导工作。《时务报》为旬刊，每册20余页，以石版印在连史纸上，所设栏目中有"域外报译"，其内容占一半左右，另附各地学规、章程等。梁对《时务报》倾注了无限激情和精力，除了自己要撰写大量文章外，还负责每期稿件的审校、润色，可谓为伊消得人憔悴。梁曾这样回忆往昔的这段时日——"独居一小楼上，挥汗执笔，日不遑食，夜不遑息。记当时一人所任之事，自去年以来，分七八人始乃任之"。

1897年，梁启超在《时务报》上连续发表了《变法通议》等系列文章，轰动一时。其中第7章是《论译书》，5至7月，分三次刊载，详尽地阐述了翻译在历史上所发挥的富国强民的重大作用，以及译介书目应该注意的三个问题。《论译书》中指出，译书乃"强国第一义"，呼吁译书乃是为了摆脱民族危亡，纠正社会蔑视翻译的风气。开篇针砭时弊，举世界强国（如俄国、日本）由弱变强的经验，引出阅读、译介西书是学习西方致强之道的前提条件；继而提出中华民族富强之路，"使天下学子，自幼咸习西文"与"取西人有用之书，悉译成华字"，二者缺一不可；最后提出著名的三义说，"译书，当首立三义：一曰择当译之本；二曰定公译之例；三曰养能译之才"。

第一义侧重翻译内容的选择，梁启超列举了法律、教育、历史、政治、工艺、经济学、哲学等门类，认为有关西书皆需译出；更可贵的是，他进一步指出草创之始"未能广译，则先后缓急，亦当有次"，针对同一门类的书，宜"择其佳者，或择其后出者"。第二义则比较深刻地提出了术语统一、翻译策略的问题，这些讨论在当时是很前卫的。第三义讨论译才培养问题，梁启超强调"通学"的重要性，即对于任何译者而言，母语、外语以及所译书目的专业知识，三者都要精通，才能成为"上才"，胜任翻译的使命。这三个方面抓住了当时中国译界的三个最主要问题，即译什么、如何译、何人译，实属难能可贵。

学习西方，除了译书以外，还需改革科举弊政。为此，《变法通议》中列《论学校》详述，包括《论学校总论》《科举》《学会》《师范学校》《幼学》《女学》多篇，连载在《时务报》的5—36册。与此同时，鉴于日文易学，梁启超也鼓励学习日文，以达到事半功倍的效果。

1896年冬，因《时务报》受当局阻挠，同时经理汪康年受制于张之洞，与梁启超产生矛盾，梁被迫在离家乡近、清政府难以控制的澳门，筹资开办《广时务报》，后改名为《知新报》。《知新报》于1897年2月22日创刊，梁启超写了《叙例》，说明该报分为"论说""上谕""近事""译录西国政事表""译录西国农学、矿政、商务、工艺、格致等报"诸栏。《公车上书请变通科举折》刊登在第55册，疾呼"国事危急，由于科举乏才"。《知新报》在海外发行，可以登内地报刊不敢登、没有登的文章和报道，如《保国会演说辞》等。戊戌政变以后，内地宣传维新的报刊先后停办，只有《知新报》仍继续发行，与梁在日本创办的《清议报》遥相呼应。梁所办刊物思想鲜活、极具鼓动性，风行海外又传入内地，这也让梁深深感受到，在引导社会舆论上，报界的影响远甚于学校教谕。

1897年10月，梁启超在上海南京路集资创办大同译书局，以此来振兴国内停滞的翻译事业，并实践自己的理论主张。10月16日，在《时务报》第42期上，梁发表了《大同译书局叙例》，呼吁"译书真今日之急图哉"，并提出"以东文为主，而辅以西文；以政学为先，而次以艺学"的译书方针，以及"旧译希见之本，邦人新著之书……悉在采纳，或编为丛刻，以便购读；或分卷单行，以广流传"的出版原则。梁氏还强调，要"首译各国变法之事，及将来变法之际一切情形之书，以备今日取法；译学堂各种功课，以便诵读；译宪法书以明立国之本；译章程书，以资办事之用；译商务书，以兴中国商学，挽回利权"。仅1898年一年间，大同译书局便译介、刊载了多本书，包括《瑞士变政法》《俄土战纪》《地球十五大战记》《日本书目志》《中西学门径》《新学伪经考》《意大利侠士传》与《大同合邦新义》等。

百日维新期间，梁代总理衙门奏拟《京师大学堂章程》，提出

"中学，体也；西学，用也，二者相需，缺一不可"，这是针对洋务运动时期办学的弊端而提出的，与此同时他还奉旨办理译书局事务，并草拟译书局章程十条。

1898 年至 1903 年间，梁启超深感他国文明新思想之灿烂，于是苦心孤诣地译介了大量西方和日本思想家的学说，以期开拓视野，构建新国民舆论。此外，他还认识到，欲满足当时中国变革之迫切需求，实现"新民"之时代目标，取日译西方学术专著转译，不失为一条捷径。因日本自明治维新之后，几乎将西方的所有重要书籍都译成了日文。日文易学，日书易得，这一体悟也恰好契合了张之洞的思想——"若学东洋文、译东洋书，则速而又速者也。是故从洋师不如通洋文，译西书不如译东书"。

当时，梁在日本创办的《新民丛报》在译介西方思想著述方面颇具影响，如梁在该报第 18 期发表的《进化论革命者颉德之学说》，便把"麦喀士（即马克思）主义"介绍到中国，由此梁成为迄今所知把马克思主义介绍到中国来的第一个中国人。此外，梁启超还译介了从柏拉图、亚里士多德，一直到培根、笛卡儿、伏尔泰、卢梭及孟德斯鸠，乃至达尔文、斯宾塞、歌德等千余年来西方主要思想家、科学家的学说。其译述的著作包括《国家论》《政治学大家伯伦知理之学说》《卢梭学案》《近世文明初祖二大家之学说》《天演学初祖达尔文之学说及其传略》《法理学家孟德斯鸠之学说》《亚里士多德之政治学说》《近世第一大哲康德之学说》等等。这些"新学说、新思潮、新理论，大大开阔了国人的文化视野和学术视野，对传播西方文化有很大贡献"。此外，梁还不忘及时将自己喜好的英雄形象以文字的形式译介到国内，如法国的罗兰夫人、拿破仑，普鲁士的俾斯麦，美国的华盛顿，意大利的烧炭党人等。

　　为了更好地宣传维新变法思想，梁启超除介绍、评述西方学说外，还不时开辟新栏目、创造新文体来吸引读者。其在《时务报》上，开辟了"域外报译""西文报译"等专栏，刊登各种译作，篇幅几乎占整张报纸的二分之一。1899 年，梁以"哀时客"的笔名，写了《论学日本文之益》，发表于 4 月 1 日的《清议报》上。他以自己的亲身体会，再次强调学日文、译日书对于中国"新民强国"的益处。李运博在其博士论文中统计得出，在《饮冰室合集》中出现的 161 个从日文转译的术语中，有 141 个是借助梁启超的使用而得以流入中国的，如"泼兰地（即白兰地）""金字塔""西伯利亚""欧洲列强""意大利""法律""主权""国民""地球"等。梁氏这种重视西文、西学的思想无论在当时还是当下，都具有促进人类文明交融的积极意义。

　　晚清末年，社会危机空前严重，以梁启超为代表的一批文化精英将译介西学视为文化转型和政治改良的重要手段。为挽救当时中国的社会和政治危机，需先解决中国的文化危机，因此梁氏对翻译救国寄予厚望，把翻译提升到了"强国第一要义"的高度。

三、文学救国——欲新民，新小说

　　经历了维新变法的失败后，梁启超开始转向文学，以译介西方小说为手段来引进西方的启蒙思想，从而改造社会。作为资产阶级启蒙思想家，梁那颗革新变法的爱国之心从没变过，所以他的翻译观带有浓郁的宣传思想、启蒙教育的意识形态色彩。

关于"新民"和"新小说"理论，梁启超在《论小说与群治之关系》一文开头就指出：

"欲新一国之民，不可不先新一国之小说。故欲新道德，必新小说；欲新宗教，必新小说；欲新政治，必新小说；欲新风俗，必新小说；欲新文艺，必新小说；乃至欲新人心，欲新人格，必新小说。何以故？小说有不可思议之力支配人道故。"

外国文学在中国的译介最早可追溯到外国传教士，如明代天启年间利玛窦介绍《伊索寓言》，再如1853年美国传教士翻译的宗教文学作品《天路历程》，以及被梁启超称为"奇文"的晚清第一部完整的外国长篇小说译作《百年一觉》(*Looking Backward*)。但1897年之前，梁启超和其他维新理论宣传者一样，还没有意识到文学新民救国的功用。《论译书》发表时，他力倡广译各种有用之书，网罗政制法律名理诸书，却唯独没有文学；且当时的共识是，"我们虽然在学术、技艺方面不如人，但文学还是自己的好"。此外，西方文学的大宗是小说，而时人普遍认为小说是不能登大雅之堂的末枝小道。

1898年8月6日，戊戌变法失败，梁被迫逃亡日本，开始了14年的流亡生涯。此时，维新人士意识到仅仅依赖上层，而不启蒙大众，变法实难成功，而唤醒国民的唯一方法便是文学启蒙，即翻译外国政治小说。得华侨相助，梁于1898年12月23日在日本横滨创办《清议报》，在该报的《叙例》中，他明确指出，《清议报》的目的是"为国民之耳目，作维新之喉舌"，联合四万万同胞之国民，图亚洲自治之业，共赴中国之变法。《清议报》的内容分为六门，其中之一便是政治小说。由此，梁启超将外国文学，尤其是外国小说视为重要的政治动员力量，推上了近代中国的历史舞台。

谈及梁启超提倡外国小说的缘起，要从他与日本政治小说《佳人奇遇》的邂逅说起。1898 年戊戌政变后，梁在 9 月 21 日下午来到日本驻京公使馆；第二天，他剪掉辫子，改穿西服，欲前往日本。梁自北京逃至停泊在天津塘沽的日本大岛号军舰，从那时起一直到 10 月 12 日离开塘沽（为躲避清朝通商巡捕对康有为的奉令搜捕），梁一直没有离开军舰。据《任公先生大事记》记载：先生"一身以外无长物"，大岛号舰长荒川中佐得知他喜欢读书，遂拿出日本畅销小说《佳人奇遇》，供他消遣。"先生随阅随译，其后登诸《清议报》，翻译之始，即在舰中。"

《佳人奇遇》是日本明治时期政治家、作家柴四郎的"政治幻想"小说。小说所描写的故国沦丧之辱、流亡志士之壮，以及各国腥风血雨的革命历史都深深触动了梁启超。梁略懂日文，且这部书使用"汉文训读体"，更是减少了翻译的语言障碍。但是，梁还是采用了"改写"与"操纵"的文学手段，有意增减、改变原文，旨在使译文完成觉世任务——激励被压迫民族，呼吁民众为争取民族独立、自由和反对封建专制而浴血奋战。如在译文的结尾，梁添加了原文中没有的一段：朝鲜者，原为中国之属土也，大邦之义，于属地祸乱，原有靖难之责。当时朝鲜，内忧外患，交侵迭至，乞援书至中国，大义所在，故派兵赴援，而日本方当维新，气焰正旺，欲于东洋寻衅，小试其端，彼见清廷之可欺，朝鲜之可诱也，遂端扶植朝鲜，与清廷构衅，……。此段增译，字里行间明确表示出反对日本帝国主义侵略的立场。除此之外，梁还对原文中涉及中国的相关议论、与中国关系密切的日韩相关议论、人物形象及不符合中国传统女性伦理道德等多处内容进行了有意识的改写，这都与其救国救民、宣教启蒙的愿望息息相关。此外，梁启超还通过翻译该小说，将泛指同一国家或同一民族之民众的"同胞"一词，第一次引入中国。

到达日本后，梁启超将《佳人奇遇》的译文刊登在《清议报》创刊号上，且在我国文学史上首次提出了"政治小说"的概念。同时，梁及时阐述其翻译政治小说的缘由，并将其思想集中表述在《译印政治小说序》（发表于《清议报》第 1 期）及其他系列论述小说功效的论文中。在《译印政治小说序》一文中，梁启超大谈特谈政治小说、翻译乃至翻译文学的社会作用，认为通过翻译外国的政治小说能够启发民智、改造社会，进而通过社会舆论达到改进政治的目的。此文言之凿凿，不仅提高了翻译在中国的社会地位，也为翻译文学打下了良好的舆论基础。

1901 年，《清议报》出版 100 期。梁在百期纪念活动中提到，《清议报》上一共只刊登了两部翻译的政治小说，一部是《佳人奇遇》，另一部即由周宏业翻译的《经国美谈》，两部小说均反响热烈，启发了读者的国家和民族意识。但不久，报馆失火，《清议报》被迫停刊。

1902 年 4 月，梁创立《新民丛报》，其办报宗旨之一为"凡各处新出之书，无论为编，为译，皆列其目，时加评骘，以便学习者别撰购读。"正因报刊刊文形式活泼多样，编、译、评、写皆收入麾下，相得益彰，故大受欢迎，不到一年便畅销至 9000 份，影响广大。在创刊号上，梁连续刊登《新民说》，呼吁"新民为今日中国第一急务"，延续《清议报》的思路。至于"新民"的方法，仍首推小说。同年 11 月，梁启超创办《新小说》，并发表《论小说与群治之关系》，掀起了"小说界革命"的序幕。这篇文章与《译印政治小说序》不仅一脉相承，且明确了小说的中心地位，结尾说"故今日欲改良群治，必自小说界革命始；欲新民，必自新小说始"，铿锵有力，毋庸置疑。

梁启超认为报刊可以"去塞求通"，而且有助耳目喉舌之用，"起天下之废疾者，则报馆之为也"。这期间，梁除了借助报刊宣传舆论外，自己还继续从事小说翻译。1902 年《新民丛报》创刊后第 2 号起，梁陆续发表了自己据日文转译的《十五小豪杰》(只译了十八回中的前九回，当时社会影响深远，不断重印)，旨在培养青少年的冒险斗争精神以及独立自主意识。"11 月 14 日在《新小说》第 1 号上刊登了他翻译的署名为'法国佛琳玛利安著，饮冰译'的《世界末日记》；1902 年 12 月在《新小说》第 2 号上发表署名为'曼殊室主人译'的《俄皇宫中之人鬼》"，有意抨击封建君主专制政体的黑暗。

之后，梁撰写了中国第一部政治小说《新中国未来记》，旨在借此鼓吹立宪主张。关于《新中国未来记》的渊源，矢野龙溪的《经国美谈》和末广铁肠的《雪中梅》这两部日本政治小说常常被提及。《经国美谈》中反映的日本改进党反对革命破坏的手段、主张改良政治的抗争思想，是梁启超所认同并借鉴的；《雪中梅》的开头设想2040 年的日本，全国庆祝立宪 150 周年之际，回看立宪历程的视角，是梁欢喜且挪用的开头方式。《新中国未来记》刊登在《新小说》上，《新小说》"政治小说"栏一共只刊登过两部作品：1—3 号连载了梁启超的《新中国未来记》，4—6 号刊登了玉瑟斋主人的《回天绮谈》。至《新小说》第 7 号，《新中国未来记》又回来了，不过仅此一期，后来"政治小说"栏就消失了。除了政治小说外，"论说"类、翻译创作类，皆归《新小说》刊登之门类。

除小说外，梁还翻译了英国诗人拜伦的《渣阿亚》和《端志安》两首诗。梁之所以译拜伦的诗歌，是为"通过歌颂诗人拜伦热爱自由、反抗民族压迫的精神，给生活在资本主义列强侵略和压迫之下的中国人民以鼓舞"。现摘录梁译《渣阿亚》的一节数行，体会梁激扬澎湃之文风。该诗大胆改写，文白夹杂，据称是一篇"新民新文新诗的力作"。

原文：

Such is the aspect of this shore;

This Greece, but living Greece no more! ...

Clime of the unforgotten brave!

Whose land, from plain to mountain-cave

Was Freedom's home or Glory's grave!

Shrine of the mighty! Can it be

That this is all remains of thee?

译文：

匆匆猗，郁郁猗，海岸之景物猗！

呜呜，此希腊之山河猗！呜呜，如锦如荼之希腊，今在何猗？

……

呜呜，此何地猗？下自原野上岩峦猗，皆古代自由空气所弥漫猗，

皆荣誉之墓门猗，皆伟大人物之祭坛猗！

噫！汝祖宗之光荣，竟仅留此区区在人间猗！

正如法国哲学家、数学家让·勒朗·达朗贝尔所言，"好的翻译是丰富语言最快且最有效的方法"。"梁氏所开之文章新体，不仅突破了文言与口语、单行与骈偶、散文与韵文的界限，……而且打破了汉语与外语的畛域，大量采用了外来新词语，以输入外国的新学理"。在梁启超等人的推动下，现代汉语的词汇随着西书的译介与传播渐趋丰富，西文中所蕴涵的新思想也传入中国。

在梁启超看来，输入外国小说只是一种经世济民、开发民智和政治改良的手段。他看中的不是小说的文学价值，而是其具有的启蒙宣传功用，"希望以此形成一种新的意识形态、新的国民性。所以，他的翻译也许更多是'觉世'之作，而非'传世'之精品"。梁启超以其当时的社会声望和地位，振臂一挥，应者云集，极大地提高了小说的地位，使小说从边缘走向中心，甚至对于晚清的创作小说，如《官场现形记》《二十年目睹之怪现状》等都起过促进作用。其后翻译政治小说、科学小说、教育小说、历史、侦探小说渐趋风行，小说的社会地位被带到了一个前所未有的高度，一举成为清末民初的文学主流。

四、学术十载——溯源佛经翻译史，启迪译学义理

清末民初的思想家、学者，为佛弟子且兼治佛学的不在少数，如康有为、谭嗣同、章太炎、杨度、胡汉民、陈独秀等，但他们对佛学的态度立足于求知而非信行。多数人以佛学关照当下现实生活，寻求

济世度人、救亡图存的良方；少数人则从历史、理性、考据以及诠释佛教义理的角度出发，进行纯粹理性的学术索隐，这自然与彼时内忧外患的历史语境有关。梁启超也属于晚清佛学伏流中的一员，他曾多次表示，"我喜欢研究佛教"、"愿夙好治佛学史"，一生发表了约30多篇、30万言关于佛学的文章。早在1902年，梁就撰有《论佛教与群治之关系》，发表在《新民丛报》第23号上，而他对中国佛学的全面研究，则开始于从欧洲归国以后。1918年12月28日，梁由上海启程赴欧洲游历，次年2月11日抵达伦敦，先后在法国、英国、荷兰、瑞士、意大利、德国考察。一战后，欧洲各国满目疮痍，欧洲知识分子阶层开始从东方，尤其是从中国的历史文化中寻求自我解脱的灵丹妙药。对此，梁启超颇受震撼，于是也决心从佛教禅宗入手，从中西方文化结合处调和出一个新文化系统。

自欧洲归国的梁启超，心中怀揣了一个宏伟的蓝图，力图重构中国史，会通东西方文明，滋养全人类。他又一次站在了自我超越、方法领先、思想革新的位置。梁坦言，佛经翻译是中国历史上大范围、大规模积极吸收外来文化的"第一度"高潮，这一事件本该在历史上占据举足轻重的位置，却被国人熟视无睹。为了继续推动翻译事业发展，梁结合自己在清末民初"第二度翻译时期"的切身经历，决心重塑佛经翻译文化史。

梁号召用西方人研究文化的方法来学习和研究本国文化和翻译史，而作"新史"之当务之急，又是"客观的资料之整理"以及"主观的观念之革新"。他强调通过拓展史料挖掘的范围和依靠敏锐、新奇之独特眼光，寻找有价值的信息。例如，梁发现了佛典目录与一般目录相异的五个特点，且筚路蓝缕，凭一己之力整理出了关于佛经译者及译本的大量资料，总结了从后汉至宋代 196 位主要的佛经译者、1335 部合 5196 卷翻译佛经。

在我国翻译史、翻译理论、翻译批评方面，梁对佛经翻译及明清之际的科技翻译均进行过卓有成效的研究，著有《佛教之初输入》《翻译文学与佛典》《佛典之翻译》《中国近三百年学术史》等重要文章。

梁启超在《佛教之初输入》中提出："外来之佛教，曷为而能输入中国且为中国所大欢迎耶？输入以后，曷为能自成中国的佛教耶？"佛学是外来文化，佛教能够在中国兴起，且发展成为中国佛学，皆依赖佛经翻译，更离不开僧团译经和译场制度的形成。他认为，佛经的翻译正是中国佛教之所以得到历史传承与延续的关键。梁在不同文章中对佛经翻译史进行了不同分期，依据有翻译活动的兴衰、中外译者合作情况以及译者群体的国籍。梁启超在《佛典之翻译》中将僧团译经分为三个历史阶段：最初是东汉至西晋之际，代表者有安世高、支娄迦谶、支谦；次之是东晋迄至隋代，以鸠摩罗什为其杰出表率；最后为唐代，以玄奘为其巅峰。鸠摩罗什来到长安，受到当时君主权贵的崇信，广泛翻译佛经，才使得具有官方性质的译场得以出现。梁还从翻译人员的角度将中国佛典翻译历程分为三期：其一为外国人主译期，以安世高、支娄迦谶为代表；其二为中外合译期，以鸠摩罗什、觉贤、真谛为代表；其三为本国人主译期，以玄奘、义净为代表。

梁启超对于佛经文学的研究影响深远，在佛经翻译的研究史上具有重要的开拓和启迪之功。梁启超的《翻译文学与佛典》是近代中国佛经翻译研究的开山之作，分为六部分，依次是"佛教输入以前之古代翻译文学""佛经翻译界之代表人物""翻译所据原本及译场组织""翻译文体之讨论""译学进步之影"和"翻译文学之影响于一般文学"。在"翻译文学之影响于一般文学"中，梁高度评价佛经翻译的重大意义，认为佛经翻译促进了国语实质之扩大、语法及文体之变化、文学的趣味之发展。同时，梁采取了考察同原本、异译本对比研究的方法，有理有据地评点了主要佛经译者的突出翻译特点，如"翻译文体之创设，安公最有功焉"，"鸠摩罗什者，译界第一流宗匠也，必为印度人，深通梵语，兼娴汉语，其所主张，与道安稍异"，又说"若专从文学方面校量，则后此译家，亦竟未有能过什门者也"。总之，他认为安世高译本带意译色彩，扩大了读者群；鸠摩罗什采取折中方式，添加了输入语的"天然语趣"，为我国思想界、文学界开辟一新天地。他最推崇的还是玄奘，对玄奘翻译的评价是"若玄奘者，则意译直译，圆满调和，斯道之极轨也"。

　　总之，梁启超在整理与总结我国古代佛教文化史的同时，也对佛经翻译理论作了一番梳理与评价。梁高瞻远瞩，将翻译置于文化网络当中，与器物文化、精神文明并置于研究的坐标系中，丰富了我国的翻译理论思想，开拓了翻译研究视野，对当今的翻译研究仍有启示。如梁云，佛教一外来之学，"托命在翻译，自然之数也"，梁已经看到，佛教必须依靠翻译才能"脱胎转世"，有人称，这一见解与西方解构主义鼻祖本雅明的"来世"(afterlife)说有异曲同工之妙。

　　梁启超作为中国近代思想家和政治家，自由游走在政治和学术之间，为民鞠躬尽瘁，令世人景仰不已。但是作为翻译家的梁启超还处于半遮蔽状态，除了"译书乃强国之义""报刊去塞""豪杰译""佛经翻译义理"等这些领域被挖掘外，更多关于梁启超与翻译之间的故事还需要后人继续深挖，以勾勒翻译与中国近代知识话语体系之间的互文性。

在当今全球化时代，翻译在人类社会发展中的重要性愈发彰显。随着"一带一路""人类命运共同体""生态文明"等国家理念的提出，翻译将成为塑造中国形象、链接中国与世界的纽带。翻译历来不是单纯的学术问题，面对百年未有之大变局，翻译与社会之间的双向建构特征日益鲜明。如果说梁启超所处时代的翻译主要是依赖外译中，翻译世界、学习世界，那么当下的翻译则凸显中译外，强调必须"翻译中国的实践和经验，参与世界知识的生产和世界思想的构建"。

参考文献

[1] 陈鹏鸣.梁启超学术思想评传[M].北京：国家图书馆出版社，1999.

[2] 丁文江、赵丰田 编.梁启超年谱长编[M].上海：上海人民出版社，1983.

[3] 蒋林.梁启超"豪杰译"研究[M].上海：上海译文出版社，2009.

[4] 蒋林.严复与梁启超关于译语之争的焦点透视[J].中国翻译，2015(2).

[5] 赖光临.梁启超与现代报业[M].台北：商务印书馆，1968.

[6] 李天刚.清末民初的翻译与中国近代文化构建[J].河北联合大学学报(社会科学版)，2012(2).

[7] 李小秀.梁启超的佛经翻译史研究初探及思考[J].中国翻译，2014(3).

[8] 李运博.流入到近代中国的日语借词——梁启超作品中的日语借词[J].天津外国语学院学报，2003(4).

[9] 连燕堂.二十世纪中国翻译文学史(近代卷)[M].天津：百花文艺出版社，2009.

[10] 梁启超.翻译文学与佛典[A].转引自罗新璋.翻译论集[C].北京：商务印书馆，1984.

[11] 梁启超.梁启超佛学文选[M].武汉：武汉大学出版社，2011.

[12] 梁启超. 梁启超全集[C]. 北京：北京出版社，1999.

[13] 梁启超. 梁启超游记（欧游心影录 新大陆游记珍藏版）[M]. 北京：东方出版社，2012.

[14] 梁启超. 论小说与群治之关系[A]. 饮冰室文集点校·第二集[C]. 昆明：云南教育出版社，2001.

[15] 梁启超. 清代学术概论[M]. 上海：上海古籍出版社，2019.

[16] 梁启超. 三十自述[A]. 梁启超文选（上集）[C]. 夏晓虹 编. 北京：中国广播电视出版社，1992.

[17] 梁启超. 夏威夷游记·饮冰室合集（第7册，专集之二十二）[M]. 北京：中华书局，1989.

[18] 梁启超. 新中国未来记[A]. 饮冰室合集：专集八十九[C]. 北京：中华书局，1989.

[19] 梁启超. 中国历史研究法[M]. 上海：上海古籍出版社，1998.

[20] 林克光. 康有为教育改革思想与实践[A]. 胡绳武. 戊戌维新运动史论集[C]. 长沙：湖南人民出版社，1983.

[21] 罗选民. 意识形态与文学翻译——论梁启超的翻译实践[J]. 清华大学学报（哲社版），2006.

[22] 庞焱、陈华荣. 意识形态操控下梁启超对《佳人奇遇》的改写[J]. 东北亚外语研究，2016(1).

[23] 上海图书馆 编. 江南制造局翻译馆图志[M]. 上海：上海科学技术文献出版社，2011.

[24] 王克非. 翻译文化史论[M]. 上海：上海外语教育出版社，2000.

[25] 王明德. 草堂万木森 变法维新政 ——康有为和他的弟子[M].

广州：广东教育出版社，2011.

　　[26] 夏晓虹 编. 饮冰室合集 (集外文) (下册) [M]. 北京：北京大学出版社，2005.

　　[27] 许知远. 青年变革者梁启超 (1873—1898) [M]. 上海：上海人民出版社，2019.

　　[28] 杨枫. 国家翻译能力建构的国家意识与国家传播[J]. 中国翻译，2021(4).

　　[29] 袁锦翔. 梁启超与翻译[J]. 武汉大学学报 (社会科学版)，1984(1).

　　[30] 张永芳. 中西文化交流与大众传播媒介的产物——试论梁启超的散文创作[J]. 社会科学辑刊，2000(6).

　　[31] 张之洞. 广译第五[A]. 劝学篇[M]. 北京：华夏出版社，2002.

　　[32] 赵稀方. 翻译现代性：晚清到五四的翻译研究[M]. 天津：南开大学出版社，2012.

　　[33] Lefevere Andre. Translation/History/Culture [M]. Taylor & Francis e-Library, 2003.

"从别国里窃火"的鲁迅

贺爱军，戚萍洋

鲁迅(1881—1936)是伟大的文学家、思想家、革命家，也是伟大的翻译家。他翻译成就卓著，翻译数量达300多万字，与其创作数量平分秋色。他提出的"硬译"的翻译方法对中国文学和文化产生了深远的影响，在翻译史上留下了宝贵的遗产。本文将梳理翻译家鲁迅的生平事迹，展现其翻译成就，聚焦其翻译故事，展现真实、立体的鲁迅。

一、家道中落，由盛转衰

1881年9月25日，鲁迅出生于浙江绍兴城内东昌坊口的新台门周宅，他是周家的长房长孙。彼时，周家正由中兴走向末路，家族的主人、祖父周福清正在京城做官，他对这个长孙充满了期望，当抱孙的喜讯传到他那里时，正好有姓张的高官来访，于是便给长孙取乳名为阿张，学名樟寿，字豫山。后因"豫山"与"雨伞"谐音，被同学笑话，于是改名为豫才。1898 年鲁迅前往南京的江南水师学堂入学时，在该校工作的叔祖为其更名为周树人。"鲁迅"则是他在 1918 年参与新文化运动期间发表《狂人日记》时使用的一个笔名。这个笔名，用的是母亲鲁瑞的姓，一则寄托了他对仁厚而善良的母亲的爱，二则蕴涵着"愚鲁之人应当赶快做"的自勉精神，三则出于在古代中国周姓和鲁姓原本一家的传统。之后，人们便习惯称他为鲁迅。

　　鲁迅小时候个头不高，但很机灵，大家都叫他"胡羊尾巴"[1]。夏日的夜晚，院中乘凉的时候，祖母常常给他讲故事、猜谜语，其中"猫是老虎的先生""白蛇娘子"等故事给小鲁迅留下了深刻的印象。鲁迅年幼时，喜欢在家中的百草园玩耍，那时的百草园是他的乐园，里面有"碧绿的菜畦，光滑的石井栏，高大的皂荚树，紫红的桑葚"，而他最爱的活动是在冬日的雪地里捕鸟。

　　7 岁时，鲁迅开始启蒙读书，启蒙老师是玉田老人。从 7 岁到 11 岁，鲁迅一直在新台门内的几个长辈那里求读。1892 年春，鲁迅进入三味书屋学习，一直到 18 岁升学才离开。鲁迅一家共八口人：曾祖母戴氏、祖父周福清、继祖母蒋氏、庶祖母章氏 (祖父姨太太)、父亲周伯宜、母亲鲁瑞、小姑周康和鲁迅本人。辈分最高的曾祖母是一位有个性的长辈，在三台门中享有很高的威望。祖父周福清，字震生，又字介孚，清同治十年辛未科进士，翰林院庶吉士。由翰林改官，曾任江西金溪县知县，后遭弹劾，改任内阁中书。继祖母蒋氏是一个内心孤独凄凉，脸上却总是笑呵呵的人，她也是一个慈祥的老太太，鲁迅曾在回忆童年的文章中几次写到幼年时听祖母讲故事等。父亲周伯宜

1　绍兴方言，是对聪明伶俐孩子的褒义称呼。

是个温文儒雅之人，但又有些懦弱，他对孩子充满了爱和宽容，偶尔也有些许的严厉。每当鲁迅想要出去玩，他都要求鲁迅背完书才可以出去。母亲鲁瑞是家中和鲁迅最亲的人，她也最了解鲁迅。

不幸的是，1893 年曾祖母逝世，随后祖父周福清因为科场舞弊案犯事下狱，周家也迅速衰败，陷入困顿，年幼的鲁迅生平第一次品尝到了人生的艰辛，也感受到了势利之人的白眼。由于祖父周福清被判"斩监候"，父亲周伯宜陷入了深深的惶恐和焦虑之中，最后酿成大病，不幸英年早逝。这对当时的鲁迅而言又是重重的一击，家道中落，家人接二连三地离世，让鲁迅饱尝世态炎凉，也看到了封建社会的腐败和封建道德的虚伪。

二、东渡日本，弃医从文

鲁迅的祖父周福清是个开明的官僚，他并不主张孩子们一味钻研八股文，曾给过鲁迅等人《示樟寿诸孙》的字条，上面写道：

"初学先诵白居易诗，取其明白易晓，味淡而永。再诵陆游诗，志高词壮，且多越事。再诵苏诗，笔力雄健，辞足达意。再诵李白诗，思致清逸。如杜之艰深，韩之奇崛，不能学亦不必学也。"

这一"意见书"对鲁迅的启蒙阅读产生了直接的指导作用。正是在祖父的引导下，鲁迅的开蒙读书并不像其他人那样阅读的是《三字经》和《百家姓》。

1892 年春，鲁迅离开新台门前往三味书屋求学。他从 12 岁起在三味书屋读书一直到 18 岁，前后共 6 年，老师是寿镜吾先生，他教会了鲁迅读书和做人。在三味书屋学习期间，鲁迅勤奋好学、博闻强记，课余喜欢读野史笔记与民间文学书籍，对绘画艺术也产生了兴趣。他不囿于四书五经，多方寻找课外读物，努力掌握历史文化知识。

1898 年春，鲁迅离开故乡，考入洋务派创办的江南水师学堂。在水师学堂求学约 5 个月后，又考入江南陆师学堂附设的矿务铁路学堂。在这里，鲁迅学习到所谓的洋务，接触到许多西方的自然科学和人文科学知识，打开了了解世界的窗口。

1902 年，鲁迅因成绩优异，在临毕业前，被选派前往日本留学。

鲁迅首先在日本东京弘文学院学习日语。东京樱花烂漫的时节，望去像绯红的轻云，在花下鲁迅总能看到成群结队的"清国留学生"，头顶上盘着大辫子，顶上的学生制帽高高耸起，像是一座座富士山；也有解散辫子，盘得平的，除下帽来，油光可鉴，宛如小姑娘的发髻，还要将脖子扭几扭。这些学生晚上在留学生会馆彻夜跳舞，令鲁迅感到非常失望，萌生了"到别的地方去看看"的想法，希望到一个没有中国留学生的医专学习。1904 年，鲁迅来到仙台，开始在仙台医学专门学校学习，在这里，他结识了藤野先生。藤野先生对他照顾有加，也十分欣赏和认可他的学医能力，希望他可以将所学带回中国。那时，藤野先生要求鲁迅每星期交一回课堂笔记，每一回他都会把笔记从头到尾用红笔修改完善。一次，藤野先生指出鲁迅讲义上画的下臂血管图有一些问题，告诉他解剖图不是美术，实物是怎么样就应该怎么画，不能像美术一样觉得不好看就去修改完善。鲁迅嘴上应着，心里却很不服气，觉得自己画的就是比先生画的好看。藤野先生经常叫鲁迅去，有时说说讲义，有时又兴奋地探讨中国的一些小事。后来，有学生干部偷看了鲁迅的讲义，写信污蔑说鲁迅之所以考试成绩良好都是因为藤野先生在他的讲义上做了记号。鲁迅既觉得不可思议，又很生气，就把此事告诉了藤野先生。最后在藤野先生和其他好友的帮助下，总算澄清了这件事。但经过这件事，鲁迅感到自己作为中国人被别人看低了。"中国是弱国，所以中国人当然是低能儿，分数在六十分以上，便不是自己的能力了：也无怪他们疑惑……"明明是自己真实努力得到的成绩，却被同学怀疑和冤枉，对此，鲁迅深感愤懑不平。

1905年，鲁迅顺利升入了仙台医专二年级。这一年，学校新增了细菌学课程，由于细菌的形状全是用幻灯片来显示的，因此，在授课内容已完而还没到下课的时候，任课教师就会放一些时事片。当时正值日俄战争时期，课堂上关于日俄战争的片子便多起来，一般都是日本战胜俄国的情形。但偏有中国人夹在里边，给俄国人做侦探，被日军捕获，将要枪毙了。围在周围看的也是一群中国人，一个个身体强壮，但却表情麻木。鲁迅一边听着周围同学呼喊着"万岁"，一边看着电影里面的麻木的中国人，深受刺激。"我看见那些闲看枪毙犯人的人们，他们也何尝不酒醉似的喝彩，——呜呼，无法可想。"经过这次幻灯片事件，鲁迅认为"凡是愚弱的国民，即使体格如何健全，如何茁壮，也只能做毫无意义的示众的材料和看客"。于是他决心要用文字，去唤醒沉睡的中国人，用文字去治疗国人麻木的精神。此后，鲁迅毅然弃医从文，迈出了人生道路上具有决定意义的一步，选择了以文学艺术作为自己的人生追求和救国途径。

三、"大家"小事

一说到鲁迅，人们的印象通常是须发直立、横眉怒目、见谁怼谁的严肃样子。鲁迅的文章也因为思想深刻、语言晦涩，成为中学生语文学习中的"拦路虎"，所谓"一怕文言文，二怕写作文，三怕周树人"。然而，现实生活中的鲁迅其实并非如此，夏衍认为"鲁迅幽默得要命"，陈丹青则评价说"鲁迅先生是百年来中国第一好玩的人"。他爱美食、对生活有追求；也懂绘画，擅长设计，民国国徽和北京大学校徽都是鲁迅设计的。

还有一件趣事是关于鲁迅与理发店老板的故事。鲁迅在上海生活时，有一天，路过横浜桥的一家理发店，就顺便进去理发。老板上下打量着他，看他穿着普通的夹袍，头发蓬乱，胡子拉杂，认准是个穷教书匠，于是三下五除二给鲁迅剪了个茅草头。剪完以后，鲁迅什么也没说，只是拍拍身上的头发屑，摸摸没刮清爽的胡子，问老板"多少钱？"老板伸出一个手指头说："一角钱。"鲁迅摸出一块"袁大头"，递给了老板。当老板准备给他找钱的时候，他一挥手说："不用找了，算小账吧！"老板一下子惊呆了，他从没见过这样阔气的顾客，忙点头哈腰、左恩右谢，一直把鲁迅送到店门外。

没过多久，鲁迅又穿着那件普通的夹袍，再次来到这家理发店。老板一见，忙毕恭毕敬地把鲁迅请到座位上，又送茶来又敬烟，并说上次侍奉不周，这次包君满意等等的话。鲁迅见他这副低三下四的样子，没有吭声，只是微微地笑。这次，老板使出全身解数，认认真真地为鲁迅理发、洗头、刮胡子，之后还捏肩、捶背，足足伺候了一个多钟头，忙得满头大汗才住手。鲁迅照例不紧不慢地问："多少钱？"老板忙说："一角钱，小意思，一角钱。"鲁迅又摸出一块大洋，老板接过钱就想送客。鲁迅问："怎么不找钱啊？"老板忙赔着笑脸说："上次我马马虎虎给你剃头，你赏了我一块大洋。今天我伺候了你一个钟头，你一定会多加点小账。"鲁迅笑着说："你上回马马虎虎地理，我就马马虎虎地给；这回你认认真真地理，我就认认真真地给。"老板一听，满面通红。

四、"从别国里窃得火"

鲁迅是 20 世纪中国译介外国文学的先行者，他"从别国里窃得火来煮自己的肉"，为国人"运输切实的精神粮食"，为改造中国语言、文学，改造国民精神做出了巨大的贡献。从 1903 年翻译雨果的《哀尘》到 1936 年逝世前，他先后翻译了 14 个国家、100 多位作家的作品，约 300 余万字，其中包括长篇小说 6 部、长篇童话 3 部、短篇小说 92 篇，另外还有文论、诗歌、散文等。

鲁迅早期译作包括《斯巴达之魂》《月界旅行》和《地底旅行》等，大部分以编译和意译为主。这些作品主要是针对内容进行介绍，而在语言形式上是极其不讲究的，给人以似译非译、似作非作的感觉。后来鲁迅对这种随意增删的翻译方式产生了疑惑，甚至感到不满。于是，1909 年他与周作人合译的《域外小说集》，便采用了直译的翻译方法。这种译法更加注重保持原文的精神和力量，同时在语言形式上也更加忠实。

1. 《域外小说集》的坎坷命运

在留学日本期间，鲁迅总感到一种茫漠的希望，以为文艺是可以转移性情、改造社会的。因为这样的想法，便自然而然地想到要介绍外国新文学这一件事。但做这事业，一要学问，二要同志，三要工夫，四要资本，五要读者。单说资本这一项，一个家庭困顿的留学生，哪里有多余的钱用来出书呢？所幸的是鲁迅得到了同乡蒋抑卮的赞助。1908 年冬，浙江绍兴人蒋抑卮因耳疾到日本医治。他是绸缎庄的老板，兼做银行生意，是浙江兴业银行的股东。当他听说鲁迅要译印小说时，大为赞成，并愿意出资帮助。蒋抑卮垫出 200 元作为印刷经费，于是《域外小说集》第一、二册便于 1909 年出版。鲁迅非常重视这部书，精心设计，用一种蓝色的"罗纱纸"做封面，上边印着德国的图案画：一位古装的希腊妇女在绿茵浓密的山岗上弹奏竖琴，面对前方的旭日朝霞和欢乐飞翔的鸟儿，似乎沉醉在美妙的音乐声中了。图案下方是陈师曾依照《说文》所写的篆字书题。图案和题字互相辉映，交融着东方和西方、古老和新鲜的神韵，让人在古雅、凝重而充满朝气的情调中，感受到一种开放进取的文化精神。

《域外小说集》一共收录了 27 篇译作。虽然鲁迅只翻译了其中 3 篇——伽尔洵的《四日》、安特莱夫的《谩》和《默》，但负责了翻译作品的选材与译文的审定、修改等工作。周氏两兄弟虽然很卖力，也比较用心，但是读者并不买账。1920 年 6 月，二册全部印刷完毕，寄售在东京和上海。半年后，鲁迅去东京寄售处结账，发现第一册只卖出去了 21 本，第二册卖出 20 本，之所以第一册比第二册多售一本，还是因为一位友人怕寄售处不按照协商好的价格卖，多赚钱，就去寄售处试买了第一册，发现价格正是他们所定之价，于是第二册就不去试买了，因此第一册多售 1 本。上海寄售处的情况也差不多。销售状况不佳，第三册便没有再继续印下去，已成的书也都堆在上海寄售处堆货的屋子里。四五年后，寄售处失火，里面的书全都化为灰烬，《域外小说集》就这样被历史所尘封。

2007 年春末，《域外小说集》在网上拍卖时，卖主不懂"或"是"域"的篆体写法，将其错写成"或外小说……"，集字也用省略号代之。然而，卖主贴了 5 张书影，封面、序言、目录页、版权页、内文页各一张，起拍价 25 元，一下轰动了整个藏书圈，跟帖者与出价者人数创拍卖新高。由于该网络拍卖设定的最高成交价为 20000 元，所以《域外小说集》竞价至 19999 元就停止了。此时卖主或许感觉到这本书的不同寻常，于是就将书从网上撤下来私下交易。最后，《域外小说集》由中国书店海王拍卖有限公司拍卖，3 万元起拍，最后拍出了 27 万元的高价。

2. 翻译《工人绥惠略夫》和《毁灭》的点点滴滴

一战末期，北洋政府"对德宣战"，最后战争取得了胜利，中国作为战胜国，自然也要分些战利品，其中一种战利品是上海的德国商人俱乐部里的德文书。这些书总数很大，文学居多，都被搬来放在午门的门楼上。教育部派了许多人去分类整理这些书，其中就有鲁迅。据说总长要看看那些书是什么书，因此，就雇人用中文将书名译出来。有义译义，无义译音。于是，该撒呀，克来阿派忒拉呀，大马色呀……都出来了。做这个翻译工作，每人每月有十块钱的酬劳，鲁迅也差不多拿了百来块钱。大概一年多后，对德和约成立了，德国就来取走了一部分书。而鲁迅手里仅留的一篇《工人绥惠略夫》的德译本正是从那一堆书中整理出来的。

至于为什么留下这一篇，鲁迅自己也记不太清了。大概是觉得民国以后，有许多改革者的境遇和绥惠略夫很像吧，所以想借他人的酒杯，浇自己的块垒。改革者为群众的利益奋斗，吃过许多苦，但群众未必能够理解他，甚至反过来迫害他。这一困境，无论是在过去、现在还是将来，即便是几十年以后，都仍然存在。这也许就是激发鲁迅翻译《工人绥惠略夫》的动机所在。

《工人绥惠略夫》选自俄国作家阿尔志跋绥夫的短篇小说集《革命的故事》，是鲁迅从德译本转译过来的，甚至还参考了日译本。小说主人公绥惠略夫是一个革命者，也是一个愤世嫉俗的青年。当被警察发现后，他在室友亚拉籍夫[1]的帮助下侥幸逃脱，躲进了一家剧院的包厢，最后走投无路，拔出枪来向观众胡乱射击。鲁迅翻译的方法依旧是彻底的直译，除了几处不得已的地方，全文几乎是逐字译，并且是在好友齐宗颐的协助下翻译完成的。"我本来还没有翻译这书的力量，幸而得了我的朋友齐宗颐君给我许多指点和修正，这才居然脱稿了……"

在鲁迅翻译的作品里，一多半是俄国和苏联时期的作品，除了上面提到的《工人绥惠略夫》外，还有法捷耶夫的《毁灭》。《毁灭》生动地展现了1919年远东乌苏里边区游击队的生活。主人公共产党员莱奋生率领一支仅150人的游击队同日本干涉军及白匪高尔察克展开了浴血奋战。在敌众我寡的情况下，游击队员拼命战斗，最后只剩下19人。这19人临危不惧、继续战斗，终于杀出了重围。

1　又译"亚拉借夫"。

《毁灭》的翻译出版，成为当时文化界的一件大事。瞿秋白非常喜爱这部译著，他说自己"看着这本《毁灭》，简直非常的激动：我爱它，像爱自己的儿女一样"。他写信给鲁迅，说："你译的《毁灭》出版，当然是中国文艺生活里面极可纪念的事迹。翻译世界无产阶级革命文学名著，并且有系统的介绍给中国读者，（尤其是苏联的名著，因为它们能够把伟大的十月，国内战争，五年计划的"英雄"，经过具体的形象，经过艺术的照耀，而供献给读者。）——这是中国普罗文学者的重要任务之一。……可是，谁能够说：这是私人的事情？！谁？！《毁灭》《铁流》等等的出版，应当认为一切中国革命文学家的责任。每一个革命的文学战线上的战士，每一个革命的读者，应当庆祝这一个胜利。"1942 年，毛泽东在《延安文艺座谈会上的讲话》同样提到了这部译作，他这样评价道："法捷耶夫的《毁灭》，写了一支很小的游击队，它并没有想去投合旧世界读者的口味，但是却产生了全世界的影响，至少在中国，像大家所知道的，产生了很大的影响。"

3. 《小约翰》的故事

1906 年，鲁迅在日本东京留学时，除了听讲及抄写讲义外，还有一些自己的小乐趣——看看神田区一带的旧书坊。夏日的傍晚，会有许多破衫旧帽的学生聚集在那一带的旧书店里，鲁迅也和那些学生一样，忍不住要进去看上一通，每次进去看看，不买又觉得不好意思，就总会买上几本。有一回他翻到了一本德语文学杂志——《文学的反响》，就买了下来。那时买它的目的仅仅是想看看他们每半个月所出版的书名和各国文坛的消息，却偶然发现《小约翰》这部童话，以及这部童话的介绍和作者评传。这令鲁迅非常神往，几天后便跑到南江堂去买，又跑到丸善书店，都没有买到，只好托书店老板向德国定购。三个月后，鲁迅终于如愿得到了这本书，自然对之十分珍爱。

"我也不愿意别人劝我去吃他所爱吃的东西，然而我所爱吃的，却往往不自觉地劝人吃。看得东西也一样……"。《小约翰》是一本他自己爱看，又愿意别人也看的书，不知不觉间就产生了把它翻译成中文的想法。然而，想法虽有，却一直没有付诸实践。究其原因，所谓"忙"是一方面，但最主要的还在于鲁迅仍有许多不懂之处——看上去似乎懂了，一旦要提笔开始翻译的时候，却又疑惑起来。"总而言之，就是外国语的实力不充足……"直至1925年，鲁迅下定决心，准备利用暑假将其译完，结果又因为其他事情而被迫耽搁。

一直到1926年夏，鲁迅即将离开北京，又记起来这本书的译作还未完成。正好当时齐宗颐也在，他之前曾帮助鲁迅一同翻译《工人绥惠略夫》，鲁迅便询问他是否愿意再次合作。齐宗颐答应了，他们便开始一起翻译《小约翰》，并约定在暑假译完。

两人每天下午都会在中央公园（即现在的中山公园）的一间红墙小屋里进行翻译，身边必须放着一壶好茶，身上也都会汗湿一大片。有时进行得很快，有时又会为几句话而争得面红耳赤，有时商量，有时谁也想不出合适的译法。译得头晕眼花时，他们便看看窗外的日光和绿荫，才使得心绪渐静，慢慢地听到高树上的蝉鸣，这样的日子大概持续了一个多月。此后不久，鲁迅和齐宗颐便各奔东西，鲁迅前往厦门大学任教，他带着译稿，计划在那里做一些整理，然而并没有抽出时间，后又对厦大不满，准备离职前往中山大学任教。本打算在中山大学继续抽空整理译稿，结果和在厦大的情况如出一辙，于是鲁迅便带着译稿转住进白云楼。

在白云楼独居的日子，鲁迅感受着这大千世界的悲欢离合、谈笑哭骂，渐渐地感觉到在这沉默的都市中还有他生命的存在，纵然已经节节败退，但又未尝沦亡。于是他便重新振作，开始着手整理《小约翰》的译稿。

由于齐宗颐不在身边，后续的翻译整理均由鲁迅独自完成。有时也会遇到困难的地方，却无从商酌或争论了。加上那时正值"四一二"反革命政变，"访问的，研究的，谈文学的，侦探思想的，要做序题签的，请演说的，闹得个不亦乐乎"，这些对鲁迅的翻译产生了干扰，以至于他"执笔又时时流于草率"。虽然波尔·德·蒙特称《小约翰》所用的都是"近于儿童的简单的语言"，但翻译起来却还是让他觉得有些困难，结果也总是不尽人意。想要直译，又感觉到文句变得十分晦涩；想要意译，但鲁迅当时的外语水平又不能忠实地表达出原语意思和情感。例如结尾处紧要而有力的一句："Und mit seinem Begleiter ging er den frostigen Nachtwinde entgegen, den schweren Weg nach der grossen, finstern Stadt, wo die Menscheit war und ihr Weh."鲁迅刚开始译为"上了走向那大而黑暗的都市即人性和他们的悲痛之所在的艰难的路了"，自己也觉得冗长而又费解，但他没有更好的译法，因为觉得一拆解，精神和力量就很不同。然而原文是非常清楚的："上了艰难的路，这路是走向大而黑暗的都市去的，而这都市是人性和他们的悲痛之所在。"

不仅是这些关键句子让鲁迅觉得吃力和困惑，《小约翰》书中还有很多动植物的名称翻译也给他造成很大的困难。当时鲁迅手边只有一本《新德和辞书》（即《新德日辞书》），他只能从词典中先查出德文名对应译过来的日文名，再从一本《辞林》，也就是日语词典中去查对应的中国字。经过这样浩繁的过程，仍有 20 余种动植物名查不到。即便是那些译出来了的名字，他也不懂究竟在现实中是何种东西。比如 primel "莲馨花"，虽然是依着字典写下来的，但这个花究竟是怎样的形色，他其实全然不知。更有许多生息在荷兰沙地上的生物，也难怪他不熟悉。

文字是想要偏直译的，但人名的翻译却相反，需要意译了，因为名字包含象征意味。比如小鬼头 Wistik，本来商定将其译为"盖然"，后因"盖"字存有疑虑，令人不解，于是又改为"将知"。象征科学研究的冷酷的精灵 Pleuzer，即德译的 Klauber，本来是最好译作"挑剔者"，挑谓挑选，剔谓吹求。但自从陈源教授造出"挑剔风潮"这一句妙语以来，鲁迅便改变主意，故意避开不用，怕《西滢闲话》的教导力太大，这译名也将被解为"挑拨"，所以将其改为"穿凿"。小姑娘 Robinetta 也令鲁迅久久不解其义，甚至想译音，之后还是拜托了江绍原先生设法作最末的考查，几天后就有了回信。江先生告知，未查到 Robinetta 一名，韦氏大字典人名录都未收录，查了 Robin，得知是 Robert 的亲热称呼，而 Robert 的本训则是"令名赫赫"。由此，鲁迅决定将其译为"荣儿"。

整理好译稿，正式译完这本书时，已经 8 月底了，暑假也刚好临近结束。到 1928 年 1 月，鲁迅的《小约翰》译本才正式由北京未名社出版，列为《未名丛刊》之一。

参考文献

[1] 方华文. 20世纪中国翻译史[M]. 西安：西北大学出版社，2005.

[2] 方梦之，庄智象. 中国翻译家研究·民国卷 [M]. 上海：上海外语教育出版社，2017.

[3] 连燕堂. 二十世纪中国翻译文学史 (近代卷) [M]. 天津：百花文艺出版社，2009.

[4] 刘少勤. 盗火者的足迹与心迹——论鲁迅与翻译 [M]. 江西：百花洲文艺出版社，2004.

[5] 鲁迅.〈小约翰〉引言 [G]//鲁迅全集 (第10卷). 北京：人民文学出版社，2005.

[6] 鲁迅.〈域外小说集〉译序 [G]//鲁迅全集 (第10卷). 北京：人民文学出版社，2005.

[7] 鲁迅. 朝花夕拾[M]. 南京：江苏凤凰文艺出版社，2018.

[8] 鲁迅. 鲁迅文集 (第3卷) [M]. 哈尔滨：黑龙江出版社，1995.

[9] 鲁迅. 鲁迅自述 [M]. 北京：京华出版社，2005.

[10] 鲁迅. 呐喊 [M]. 北京：北京新潮社，1923.

[11] 鲁迅. 译了〈工人绥惠略夫〉之后 [G]//鲁迅全集 (第10卷). 北京：人民文学出版社，2005.

[12] 陆建、赵亦农. 中国民间故事丛书 (虹口卷上) [M]. 上海：知识产权出版社，2016.

[13] 罗新璋、陈应年.翻译论集[C].北京：商务印书馆，2009.

[14] 倪墨炎.大鲁迅传 [M].上海：上海人民出版社，2013.

[15] 彭定安.鲁迅探索[M].辽宁人民出版社，2005.

[16] 温中兰、贺爱军、于应机.浙江翻译家研究 [M].上海：上海交通大学出版社，2010.

[17] 许寿棠.鲁迅传 [M].北京：九州出版社，2017.

胡适及其翻译二三事

贺爱军，林英

胡适(1891—1962)是我国著名的思想家、教育家、哲学家和翻译家。他曾任北京大学校长，在哲学、伦理学等领域造诣非凡，是五四以来影响中国学术与文化较为深远的历史人物。他不仅两次获诺贝尔奖提名，而且获"世界一百位最有影响人物"称号。可见，胡适的思想和学术均产生了世界性的影响。深厚的文学功底加上优秀的外语水平，使得胡适天然具备从事翻译的条件。他把翻译作为一种方法和手段，广泛而大量地引进、吸收西方文化，促进中国语言、文学的变革，同时展开对中国传统文化的批判。

胡适作为新文化运动的旗手和白话文运动的倡导者，曾坚定地发出"文学革命"的时代强音。他精心选择西洋名著，主张"赶紧多多的翻译西洋的文学名著做我们的模范"；他通过娴熟的翻译将国外先进的思想引入中国，实现"启迪民智"、推翻中国几千年封建思想堡垒的目的；他坚持用白话文翻译，认为"今日之文言乃是一种半死的文字、今日之白话是一种活的语言"。

在 20 世纪那个大师云集的时代，胡适几乎成为了一个世纪神话。他是思想启蒙者、新文化运动的先驱，是中国融入世界、迈向现代的标志，也是一位伟大的翻译家，首开白话译诗的先河，并最终确立了白话文的翻译规范。

一、胡适的早年生活

胡适于光绪十七年十一月十七日（1891 年 12 月 17 日）出生于上海川沙。父亲胡传曾在广东、河南、江苏、台湾等处任幕僚或地方官佐。胡传有过三次婚姻，前两个妻子先后死于战乱和疾病，第三次续娶冯顺弟，也就是胡适的母亲。冯顺弟虽然出身农家，但是为人稳重、言语不多。胡适出生仅 90 天，父亲便往台湾供职。1893 年春，冯顺弟带着胡适来到台湾，老夫少妻稚子相聚，度过两年的团聚生活。甲午海战爆发后，冯顺弟又带着儿子回到徽州绩溪老家。不久，便传来胡传病死厦门的消息，那时胡适仅 3 岁零 8 个月。

胡适自幼身体弱小，5 岁时连徽州老宅那样高的门槛，也难以跨迈。胡适在学堂年龄虽最小，识字却最多。乡下孩子多有逃学的习惯，但冯顺弟管教严厉，胡适又聪颖好学，常常一个人坐在学堂里温书念书，直到天黑才回家。徽州山里的蒙馆学费很低，每年只交两块银元，先生教的只是念死书、背死书，从不讲书。但母亲清楚读书的重要性，便有意增加学费，嘱托先生要为儿子讲书。每读一字，须讲一字的意思；每读一句，须讲一句的意思。胡适说："我一生最得力的是讲书。"一次，同学的母亲请先生以她儿子的口吻给丈夫去信，信写成后，先生让同学带回家。同学偷偷抽出信来看，头一句便是

"父亲大人膝下"，这位同学不懂何谓"父亲大人膝下"，前来向胡适讨教。这时，胡适才明白，"我母亲增加学金的大恩惠"。

胡适幼年失怙、家道衰落，在挫折中，胡适感受最深切的便是博大、慈祥的母爱。胡母冯顺弟给了儿子待人接物的榜样示范、处世做人的实际教诲，不经意间，胡适已得到了完善的人格培养。正如他自己所说："如果我学得了一丝一毫的好脾气，如果我学得了一点点待人接物的和气，如果我能宽恕人，体谅人——我都得感谢我的慈母。"母亲的督导和教育，使胡适受益终生。冯顺弟 23 岁守寡，正是如锦年华，而她所接受的家业却已经失去往日的荣盛。胡传前妻所生的儿女几乎与冯顺弟年龄相当，长子自小便不成器，后来又染上吸鸦片、赌博的恶习，挥霍无度，欠下许多债务。每年除夕，总有一帮债主前来讨债，一个挨一个地坐在堂屋的座椅上。胡适母亲已是见怪不怪，照样心平气和地料理着过年的事情。一直挨到半夜，快"封门"时，她才从后门出去，央求本家亲戚或邻居来家转圜，给每个债主打发些钱，好说歹说，将他们支出家门。这时，那个瘾君子才敲门回家，母亲却从不骂他，也不在脸上挂一点愠色，一家人还是和和美美、欢欢喜喜地过年。

胡适一生谨遵母命、恪守孝道。1904 年，母亲做主为他与江冬秀订立终身大事。江冬秀因父亲早逝，家中重男轻女，识字不多，又自小缠足，完全是一个旧式乡村女子。胡适与江冬秀从未见过面，自然与她没有感情。然而，由于是母亲所定，便只能认作神圣不可改变的事情。尽管后来胡适在大洋彼岸有了心仪之人，也在给母亲的信中委婉表达过，然而，胡适终究是个孝子，他想到寡母独处家中，经济拮据，甚至要以首饰抵借过年，不免感慨系之，思绪万千，再也不敢违拗母命。

1904 年，胡适离家来到上海，先后受教于梅溪学堂、澄衷学堂、中国公学、中国新公学，这是胡适人生的第二个阶段，也正是在这个阶段，胡适见识到了一个不一样的世界。这一时期，严复翻译的《天演论》风行一时，在这样的背景下，胡适取"物竞天择，适者生存"中的"适"字为自己改名。1910 年 7 月，胡适用美国退还庚子赔款所设的学额赴美留学。在美 7 年间，胡适先后入学康奈尔大学和哥伦比亚大学。原本主攻农学，但因为"农场上的经验我一点都不曾有过，而且我的心也不在农业上"，入学一年半后，胡适转入了文理学院，选择重新与字符为伴，这段经历加深了胡适的哲学和文学底蕴，为其后期的翻译创作打下了坚实的基础。1917 年回国后，接受过西方文化洗礼的胡适，面对满目疮痍的中国、顽固守旧的国民，愤然发表《文学改良刍议》，率先提出"文学革命"的主张，并翻译了大量的西方著作，打开国民思想排外的阀门，推动中国翻译事业踏出了重要一步。

二、胡适与翻译

早在 1906 年在中国公学读书时，胡适就开始尝试翻译，他一生大约翻译了 30 多篇诗作和 17 部短篇小说及其他一些作品，可分为三个阶段：早期（1906—1910）、中期（1910—1917）和晚期（1917—1940）。

就读中国公学时，胡适在老师姚康候的指导下，用文言文翻译了一些作品，如托马斯·坎贝尔的《军人梦》，托马斯·胡德的《缝衣歌》等。1910 年，胡适启程赴美留学。这一时期，胡适结交了许多来自不同国家的朋友，接触到不一样的思想文化，他博览群书，从易卜生到莫黎再到赫胥黎，从诗歌到小说再到戏剧，翻译语言也由文言文向白话文转变，这些潜移默化的改变最终通过他的译文表现出来。留美期间，胡适翻译了法国作家都德的《割地》（即《最后一课》），勃朗宁的《乐观主义》和拜伦的《哀希腊》等作品。其中，《最后一课》大受好评，使胡适"暴得大名"，至今还被收入中学课本。1917 年，留学归国的胡适应蔡元培等人的邀请，担任北京大学校长一职。此时正值新文化运动兴起，胡适毅然决然地加入陈独秀等人的队伍，成为一位新文化运动的旗手，并主张发起"文学革命"，提出《文学改良刍议》。同时，胡适还翻译了莎拉·蒂斯代尔的《老洛伯》《关不住了》，勃朗宁的《清晨分别》和《扑克坦赶出的人》。这些译作极大地促进了当时的白话文运动。

除了笔译实践活动外，胡适还有丰富的口译实践，杜威教授和夫人在中国期间曾莅临多所学校并进行了多场演讲，这些都是由其弟子胡适陪同完成。值得注意的是，胡适不仅对自己的翻译事业孜孜不倦，同时也不断资助并鼓励他人开展翻译活动，梁实秋就是其中之一。

梁实秋 12 岁考入清华学堂，1923 年赴美留学，1927 年学成归来，加入了胡适主持的新月派。因梁实秋的夫人程季淑也是安徽绩溪人，因此胡适常称梁实秋为"绩溪女婿"，两人因此非常亲近。1930 年夏，经杨振生斡旋，梁实秋被聘为国立山东大学外国文学系主任兼图书馆馆长。梁实秋爱饮酒，常常"呼朋聚饮，三日一小饮，五日一大宴，猜拳行令，38 斤一坛花雕酒，一夕便饮而尽"。有一天，胡适恰巧路过，看到这一场景，劝勉梁"戒酒"，并推荐他去北大任研究教授。当时北大的教师职称有两种——名誉教授和研究教授，研究教授课少但薪资却比名誉教授高出四分之一，目的是吸引年轻人才从事研究工作，胡适对梁实秋的关切由此可见。这份"过度的"关切甚至引起了当时不少学生的非议，认为梁实秋"既不名誉也不研究"。

胡适对翻译持有一种特殊的感情，他认为要想救国应该让民众接触到西方思想，因此对于西书的翻译，胡适格外关注。他当时在中华教育文化基金董事会编译委员会担任主任委员，既有人脉又有资源，于是决心组织翻译队伍，邀请了徐志摩、叶公超、闻一多、陈源和梁实秋等人，其中一项任务就是翻译《莎士比亚全集》。他们计划于1931年召开第一次年会，用于分享和交流翻译工作的进展。不过，这朵希冀之花很快就夭折了。因为不久，徐志摩就因飞机坠落意外离世；而叶公超开始对政治感兴趣，渴望从政；闻一多和陈源公务繁忙，无暇投身于翻译事业。只有梁实秋坚持了下来，前后用了38年的时间朝圣莎翁，引领无数中国人踏进莎士比亚的净土，也将自己的一生与莎士比亚紧紧连在一起。

但当时梁实秋可谓一筹莫展。一方面，国内可供查阅的文献简直是杯水车薪，虽然他本人出国深造过，可时间毕竟有限，尚不足以应付莎士比亚戏剧里的奥妙之处。另一方面，动荡的时局也使他倍感疲惫，无法潜心钻研那一个个晦涩难懂的文字。所幸，胡适承诺给予极高的报酬回报梁实秋的翻译工作，并且为他排除外界纷扰，提供好的翻译环境，同时还在梁实秋遇到问题时为他提供翻译方法方面的建议与参考。

梁实秋在翻译过程中受到胡适思想的影响，尤其是胡适提倡的

"明白清楚的白话文"。倡导"文学革命"的胡适认为白话文是活的文学，因此对当时林纾和严复用古文翻译西方著作不以为然，甚至公开批评。而梁实秋在翻译《莎士比亚全集》时坚持用白话文翻译，这无疑是对胡适最大的支持。胡适对梁实秋的翻译工作也很关心。据梁实秋回忆，有一次胡适要赴美参加会议，临行前特地选了梁实秋刚翻译出来不久的《亨利四世·下篇》，作为在飞机上的读物。他说："我要看看你的译本能不能令我一口气读下去。"胡适还鼓励梁实秋说等将来翻译完莎翁全集，他要为梁实秋举办一个盛大的酒宴。可惜待梁实秋终于翻译完成时，胡适已经与世长辞，无法分享这份喜悦，也看不到他孜孜以求的事业取得了里程碑式的发展！梁实秋的翻译成就与胡适的精神与物质支持是分不开的，细心的读者不难发现，梁实秋的翻译文章与著作中都能看到胡适的影子。

有人把胡适比作梁实秋的翻译赞助人，这并非溢美之词，而是一语中的，也是梁实秋多次公开承认的。他曾多次著文称赞胡适，称他是他们一代人中"思想学术道德人品上最杰出的一个"。他还称："领导我、鼓励我、支持我，使我能于断断续续三十年间完成莎士比亚全集的翻译者，有三个人，胡先生、我的父亲、我的妻子。"他将胡适列为三个人之首，体现了他对胡适的感激与一以贯之的尊敬。在那个许多人开口闭口都说"我的朋友胡适"的年代，梁实秋从来不呼胡适大名，每次都是"胡先生"。他说胡适虽然只比自己大11岁，可要论及思想见解与学识，说胡适大自己21、31岁也不为过，我们可以从这些真切的肺腑之言中窥见他对胡适的敬佩与欣赏。梁实秋还说："若没有胡先生的热心倡导，我根本不会走上翻译莎翁的路。"胡适之于梁实秋是良师益友，帮他在生命的沙漠中垦得十里绿洲；而胡适之于近代中国，则是发掘了一个莎翁翻译的权威，推动了我国翻译事业在激流中扬帆起航！

胡适对翻译的贡献还体现在他使用地道的白话文翻译外国诗歌上。胡适将梁启超开创的白话文体推进到诗歌领域，首创白话诗。他翻译的《关不住了》突破了中国诗歌的传统形式，把原诗的形式直接移植过来。下面就欣赏一下胡适《关不住了》和《老洛伯》的白话译文。

《关不住了》

我说，"我把心收起，

像人家把门关了，

叫爱情生生的饿死，

也许不再和我为难了。"

但是屋顶上吹来

一阵阵五月的湿风，

更有那街心琴调

一阵阵的吹到房中。

一屋里都是太阳光，

这时候爱情有点醉了，

他说，"我是关不住了，

我要把你的心打碎了！"

《老洛伯》

(一)

羊儿在栏，牛儿在家，

静悄悄的黑夜，

我的好人儿早在我身边睡了，

我的心头冤苦，都迸作泪如雨下。

(二)

我的吉梅他爱我，要我嫁他。

他那时只有一块银圆，别无什么；

他为了我渡海去做活，

要把银子变成金，好回来娶我。

(三)

他去了没半月，便跌坏了我的爹爹，病倒了我的妈妈；

剩了一头牛，又被人偷去了。

我的吉梅他只是不回家！

那时老洛伯便来巴结我，要我嫁他。

　　以上两首诗歌的翻译全部使用白话文，不仅通俗易懂，而且通篇用的是村妇口气，每个句子都非常率真，且分段、分行和标点符号均与古典诗歌的形式截然不同。

三、胡适与友人

胡适与齐白石，一个是驰名中外的思想家、教育家，一个是享誉世界的国画大师，似乎难有交集，但两人在北平的天空下还是惺惺相惜，彼此敬重。因五四运动而"暴得大名"的胡适吸引了社会各界的注意，其中就包括齐白石。怀着对胡适这样一位先进知识分子的敬仰之情，齐白石于 1945 年送给胡适一枚石章，石章上刻有"适之"的篆字阴文，并附送了自制的印泥，令胡适又惊又喜。在这样一份诚意十足的礼物面前，胡适也公开表示了自己对齐白石的欣赏与敬重，一首忘年交的乐歌悄然奏起。出于对胡适的信任，齐白石于 1946 年再次登门拜访胡适，交给胡适许多关于自己生平经历的材料，包括《自状略》《白石诗草》以及与人来往的信函等，透露想请他为自己写传记的心迹。胡适深谙这是齐老对自己的看重与信任，便欣然接受。然而在整理材料的过程中，胡适发现与事实相矛盾的内容：《自状略》的年岁与齐白石其他记载里的年岁有两岁的差异。本着"大胆的假设，小心的求证"的精神，胡适综合各方面的资料记载，认为齐白石自己撰写的《自状略》中的生年 1861 年是错误的，应该是 1863 年。

为了求证这件事，胡适请教了黎锦熙先生，因为黎锦熙先生与齐白石一样生于湘潭，且黎齐两家世代有交情，想必黎锦熙能够解开这一疑问。最终，胡适证实了他的假设是对的：白石老人因为相信算命先生，担心 75 岁有大灾难，自己用瞒天过海法把 75 岁改为了 77 岁。假设得到了验证，胡适很高兴。一般人认为既然两岁年龄的差异是齐老有意为之，那么又何必去捅破这样一个隐私呢？倒不如做个顺水人情，还能为自己挣个好名声。然而，胡适偏偏不这样。他把这个隐私的来龙去脉一五一十地公布出来，并且把相关记载做了订正。这让齐老很不高兴，自己费了九牛二虎之力才做到的瞒天过海的隐私就这样被公布了。后来，齐老又让艾青为他重新做传。由此可见，齐老对于胡适的"一意孤行"一直耿耿于怀。

抛开胡适与齐白石之间的孰是孰非，有一点是很明确的——胡适秉持着一种严谨治学的态度。现在关于齐白石的研究资料，在生卒年份这一块，"有这么一行赫然入目的文字：'卒年九十七岁（实为九十五岁，因信术者言，跳过两岁）'"。或许正是由于胡适对学问的执着，才能使他作为思想家与教育家蜚声中外，也使得他逝后这么多年仍为我们所推崇和学习。

人们常说，地位高的人往往有骄矜的态度，盛气凌人；学问好的人往往有不近人情的坏脾气，不易相处，但胡适是个例外。他是享誉中外的大学者，在许多领域的建树都令人望尘莫及，可是他却笃厚热情，始终以一颗真诚的心与人交流，不论对方处于何种社会阶层。其中，最令人印象深刻的是胡适与一个芝麻饼小贩袁瓞的故事。

袁瓞，江苏清江人，高中文化，以卖芝麻饼为生，闲暇时喜欢阅读政治书籍。然而，受制于自己的知识水平，书上许多内容对他而言晦涩难懂。于是，他抱着试试看的态度给胡适写信请教。没想到，信寄出去两天就收到了胡适的回信。回信中，胡适耐心解答了他的困惑，告诉他如果需要什么书可以大胆地向他要，同时表示想与他做朋友。这对于一个芝麻饼小贩是莫大的鼓励与认可，令袁瓞激动得几宿没睡。后来与胡适见面时，袁瓞送给胡适十个芝麻饼，胡适当即非常享受地拿出来一个放到嘴里，连连称赞。这种不做作，没有架子的风范一下子消除了袁瓞的顾虑。聊天中，袁瓞得知胡适鼻孔里长了个瘤，激动地表示自己也长了瘤，不过因为承担不起治疗费用而没有治疗。胡适听后，当即给某医院院长写信，称愿意为袁飚负担一切医疗费用。一介布衣尚能与胡适成为真心朋友，也就难怪当时很多人都开口闭口"我的朋友胡适"了。

参考文献

[1] 曹伯言. 胡适日记全编[M]. 合肥：安徽教育出版社，2001.

[2] 陈金淦. 胡适研究资料，北京：北京十月文艺出版社，1989.

[3] 郭著章. 翻译名家研究[M]. 武汉：湖北教育出版社，1999.

[4] 胡适. 佛教的翻译文学[C]. //罗新璋、陈应年. 翻译论集. 北京：商务印书馆，2009.

[5] 胡适. 胡适来往书信选（中册）[M]. 北京：中华书局，1979.

[6] 胡适. 胡适四十自述[M]. 长春：吉林大学出版社，2016.

[7] 胡适. 齐白石年谱[M]. 合肥：安徽教育出版社，1999.

[8] 胡颂平. 胡适之先生年谱长篇初稿第2册[M]. 台北：联经出版事业公司，1984.

[9] 胡颂平. 胡适之先生年谱长篇初稿第6册[M]. 台北：联经出版事业公司，1991.

[10] 黄艾仁. 胡适与中国名人[M]. 南京：江苏教育出版社，1993.

[11] 江南. 江南小语[M]. 北京：中国友谊出版公司，1985.

[12] 姜义华. 胡适学术文集：语言文字研究[M]. 北京：中华书局，1993.

[13] 梁实秋. 影响我的几本书[C]. //梁实秋著、陈子善编. 梁实秋文学回忆录. 长沙：岳麓书社，1989.

[14] 苏华. 胡适与都德的《最后一课》[J]. 文艺理论与批评，1998(02).

[15] 屠国元."外师造化，中得心源"——胡适翻译拜伦《哀希腊》的报国思想研究[J].中国翻译，2017(06).

[16] 闻畦之.无聊无耻无行[M].北京：中国友谊出版公司，2005.

[17] 智效民.胡适和他的朋友们[M].北京：世界知识出版社，2004.

陈望道：真理的味道非常甜

茹 静

陈望道(1891—1977)是我国完整翻译《共产党宣言》的第一人，他所翻译的《共产党宣言》中译本，是我国第一部《共产党宣言》中文全译本，是中国共产党成立前后在中国传播最早、影响最大的一本马克思主义著作，为中国共产党的创立和发展奠定了坚实的思想理论基础。

1920 年早春，在浙江省义乌县的一个小山村里，跟往年一样，天地万物开始逐渐显现出回春的迹象。一间普通的柴屋里，一块门板被平放着当作桌子，一位青年坐在这张简陋的桌子边，正聚精会神地伏案工作。只见他一会儿翻看手边的书籍，一会儿又挥笔写下一段文字。虽已入春，然而春寒料峭，天气依然相当寒冷，夜晚尤甚。刺骨的寒风袭来，再加上长时间伏案工作，青年的手脚冰冷发麻。虽然手脚冰凉，青年的内心却在热烈地翻滚。眼前的文字，仿佛一团熊熊燃烧的火焰，映照得青年双眼发亮。这团火焰，不仅赋予这位青年热量，而且还将通过他的笔端，传播到中国各地，为广大追求真理的进步爱国人士带来光明和温暖。这蕴含着热量和光明的文字，正是国际共产主义运动的纲领性文件——《共产党宣言》。这位青年，就是《共产党宣言》首部中文全译本的译者陈望道先生。正是在这间简陋的柴屋里，《共产党宣言》的第一个中文全译本诞生了。

尽管条件艰苦，陈望道还是一丝不苟地工作。为了专心译书，甚至茶水和一日三餐都常常是母亲送到柴屋。一天，陈望道的母亲包了些粽子给他当点心充饥，还带来一碟红糖。过了一会儿，母亲在屋外高声问他："吃粽子要蘸些红糖，你吃了吗？"陈望道连声回道："吃了吃了，甜极了。"谁知，当母亲进来收拾碗筷时，却发现儿子的嘴里满是墨汁，红糖却一点儿也没动。原来，陈望道只顾专心致志地翻译，完全不知道自己蘸了墨汁吃粽子。其实，佐餐粽子的，不仅是墨汁，更是马克思主义的真理。真理的味道不仅甜在舌尖，更甜在心头！

一、天生我材必有用，千金散尽还复来

陈望道翻译《共产党宣言》时所在的这个原本不起眼的小山村叫分水塘村，由于"高高一池塘，滢滢三千方，西流泽义乌，东灌润清江"而得名。分水塘村依山傍水，地势险要，景色秀美，1891 年 1 月 18 日，陈望道就出生在这里。他原名陈参一，祖辈皆为农耕之家，从祖父开始，在务农的同时兼营染坊，销售靛青，由此家境逐渐殷实。他的父亲陈君元虽为农民，但思想开明，重视教育。陈望道天资聪颖，6 岁入私塾，学习四书五经等传统典籍，勤奋好学，尤其擅长作文。

　　家乡半耕半读的生活虽然宁静，却愈来愈无法满足少年求知的渴望。16 岁时，陈望道离开家乡分水塘村，进入义乌县城的绣湖书院学习。为了更好地实现救国强国的理想，18 岁那年，陈望道考入金华中学（原浙江省立第七中学）继续求学。这一时期，陈望道萌发了"兴实业，重科学，希望国家富强的思想"，在这一思想的激励下，他在金华中学发奋学习数理化等现代科学知识，取得了优异的成绩。这一时期的陈望道，"以为欧美的科学发达，要兴办实业，富国强民，不得不借鉴欧美科学"，因而打算赴欧美留学深造，学习先进的现代科学技术。他先是到上海一家补习学校补习了一年英语，然后又考入浙江之江大学¹专攻英语和数学。可是由于经济条件所限，他后来决定放弃欧美，改赴耗资相对较少的日本自费留学。陈望道虽家境还算殷实，但绝非大富之家，父亲陈君元先生知道儿子的打算后，痛惜留学花费巨大，一时有些迟疑。倔强的陈望道也不争辩，只是抄录了"天生我材必有用，千金散尽还复来"的诗句贴在墙上。他还向父亲表明："自己愿做一个无产者，将来决不要家中一分田地和房产。"父亲感于陈望道的志气，终于同意了他的请求，变卖田产作为陈望道留学之用。

　　带着家人深沉的期望，怀着强国兴邦的理想，1915 年初，陈望道东渡日本，开始了留学生涯。他先在日华同人共立东亚高等预备学校学习了一段时间的日语，接着先后在早稻田大学法科、东洋大学印度哲学伦理科、中央大学法科学习，同时还在东京物理夜校攻读数理课

1　之江大学萌兴于 1845 年，是浙江最早的高等学府。在 1952 年的全国高等学校院系调整中，各系科分别并入浙江大学、同济大学、上海财经大学、浙江师范学院等高等院校中。

程。陈望道非常珍惜留学的机会，在留日的四年半时间里刻苦学习，涉猎了法律、经济、物理、数学、哲学、文学等多个学科领域，最后于1919年7月6日毕业于中央大学法科，获法学学士学位。

留日期间，陈望道发奋读书之余，非常关心当时的政治。1915年初，日本趁西方国家正处于第一次世界大战期间无暇东顾，提出了严重侵害中国主权的"二十一条"。时任大总统的袁世凯接受了日本提出的"二十一条"，留日学生对此表示强烈反对，他们立即行动起来声讨袁世凯，组织各项爱国活动。陈望道作为留日学生的一员，也积极参加反对袁世凯接受"二十一条"的活动。1917年，俄国十月革命爆发，震撼了全世界，也对日本产生了巨大的影响。日本的一些进步学者积极翻译、介绍、研究和传播马克思主义，在日本的中国留学生也十分关注十月革命。这一时期，陈望道结识了著名的进步学者河上肇、山川均等。河上肇当时是日本京都帝国大学经济学部教授、早稻田大学兼职教授。山川均为社会活动家，担任过《平民新闻》的编辑。他们在十月革命前后，积极宣传、传播社会主义。陈望道充满热情地阅读他们翻译介绍的马克思主义论著，并且在新思潮的影响下，"同他们一起积极开展十月革命的宣传和马列主义的传播活动，热烈向往十月革命的道路"。他已认识到，"救国不单纯是兴办实业，还必须进行社会革命"，而马克思主义的学说恰恰为社会革命提供了有力的武器。

二、投身教育事业，追求革命真理

1919 年，轰轰烈烈的五四爱国运动爆发。受到五四运动的感召，陈望道一毕业就立即启程回国。回乡途中他经过杭州，暂住于杭州泰丰旅馆。1918 年陈望道曾在《教育潮》第 3 期上刊文，由此结识了《教育潮》的主编沈仲九先生。在这篇《致仲九》的通讯中，陈望道写道："适应时代的，才可以叫做真理；所以我们主张适应时代的知识和道德的人，不过是服从真理……"此时，得知陈望道路经杭州，沈仲九前去探望，并把他引荐给浙江第一师范学校校长经亨颐，后者聘请陈望道担任浙江第一师范学校国文教员。彼时，新文化运动正在如火如荼地进行，浙江第一师范学校正是浙江新文化运动的中心。陈望道积极参与其中，和当时浙江一师的其他教员一起，大力推行革新措施，提倡新道德、新思想、新文化，反对旧道德、旧思想、旧文化。他们反对尊孔读经，提倡白话文，主张传授注音字母，出版国语丛书，编订国语新大纲和新教材等。陈望道还支持文字改革和汉字横排。除进行国文教育革新外，他还积极支持学生兴办刊物。浙江一师学生编辑出版的《浙江新潮》就是在陈望道等人的支持下创办起来的，这是浙江受十月革命影响宣传社会主义的最早刊物之一。

然而很快，陈望道在浙江一师的任教生涯就戛然而止。事情起因于陈望道的学生施存统写了一篇题为《非孝》的文章，这篇文章遭到顽固势力的猛烈攻击，校长经亨颐被冠以"非圣、蔑经、公妻、共产"的罪名，陈望道也受到牵连，和夏丏尊、刘大白、李次九一起被列为"四大金刚"。浙江省教育厅下令撤换校长经亨颐，并派军警包围学校。浙江一师的学生对此进行了坚决的反抗，是谓轰动全国的

"浙江一师风潮"。经历了这次风潮后，原名陈参一的陈望道将自己的名字改为"望道"。"望"的意思是展望和探索；"道"指法则、道德、道路。这个新名字表达陈望道探索、展望、寻找新的道德、法则、革命道路的意志与决心。"浙江一师风潮"事件后，经亨颐不再担任校长，陈望道也从浙江第一师范学校离任，暂时离开了教书育人的讲台。

离开讲台未满 1 年，陈望道就在复旦大学中文系主任邵力子的邀请下，于 1920 年秋开始在复旦任教，再次投身到教育事业中。同一时期，他晚上还在上海马克思主义研究会开办的外国语学校和平民女校授课，刘少奇、丁玲等都曾在这些学校学习。1923 年秋，陈望道又在陈独秀的委派下，到上海大学兼任中文系主任。除负责上海大学中文系的行政工作外，他还在上海大学开设了修辞学和文学概论等课程。在中国共产党的领导下，上海大学师生积极参与各项革命活动，尤其是 1925 年的五卅运动，上海大学师生几乎全部参加了斗争。在斗争的关键时刻，陈望道接任上海大学教务长和代理校务主任的职务，带领师生继续战斗。蒋介石发动"四一二"反革命政变后，上海大学因被指责为"赤色大本营"，被国民党当局查封。此时，中共地下党组织为了培养干部以及发展左翼文艺事业，接办了中华艺术大学，由冯雪峰和夏衍出面邀请陈望道兼任校长。陈望道接受邀请出任校长，鼓励师生关注现实，深入工厂和社会发动运动，推动社会进步。中华艺术大学也因此一度成为左翼文化人士和进步师生活动集会的场所，1930 年 3 月 2 日中国左翼作家联盟成立大会就是在这里召开的。在紧张的白色恐怖中，中华艺大的左翼倾向和部分师生的革命活动引起了国民党当局的注意，1930 年 5 月 25 日，中华艺术大学遭到查封。

　　1931 年，因保护左派学生，国民党特务密令杀害陈望道。得知消息后，陈望道被迫离开执教 10 年的复旦大学。1933 年暑假到 1934 年初，他曾经在安徽大学中文系短暂任教。1935 年他又受聘前往桂林任教，担任广西师范专科中文科主任，并开设文法学和修辞学课程。在广西师专，陈望道积极推进教育革新，反对封建思想，倡导白话文写作，扶植话剧发展，活跃学术思想和文化活动，在秀美的桂林山水间掀起了新文化的波澜。两年后，抗日战争全面爆发，陈望道离开广西，回到上海。随着形势的恶化，1940 年秋，陈望道从上海经由香港到达重庆，回到已迁校于重庆北碚的复旦大学中文系任教。自此以后，他再也没有离开复旦大学，将自己的一生奉献给了教育事业。

　　陈望道在教育事业中，自觉把学术研究和推动社会进步紧密联系起来，主动响应时代的召唤和要求，教书和育人并重，孜孜不倦地走在追求真理的大道上。

三、真理的味道非常甜

　　1919 年底，离开浙江一师的陈望道接到《星期评论》的邀约，请他试译《共产党宣言》。创刊于 1919 年 6 月 8 日的《星期评论》是在五四运动的影响下创办于上海的进步刊物，接受孙中山及其领导的国民党的指导与经济资助。主编戴季陶在日本时购买了日文版《共产党宣言》，有意将其翻译出来在刊物上连载发表，时任《民国日报》主编的邵力子便向他推荐了曾留学日本的陈望道。陈望道在日本留学时就曾读过日文版的《共产党宣言》，十分赞同马克思主义，接到翻译邀约时他已从浙江一师离任，时间上也相对空闲，于是便欣然应允。陈望道从戴季陶那里得到日文版的《共产党宣言》，为了译文的准确，又委托陈独秀从北京大学图书馆李大钊处借来了英文版的《共产党宣言》，以相互对照参考。

　　带着《共产党宣言》的日文版和英文版，陈望道回到家乡义乌分水塘村，开始专心翻译。简陋的柴房里，煤油灯昏暗的灯光下，陈望道度过一个又一个不眠之夜。为了节省时间，一日三餐和茶水常常由母亲送到柴房，他在柴房用餐完毕，又立即投入到译书之中。由于过于专心，才发生了本文开头"真理的味道非常甜"这一广为传颂的故事，误将墨水当作蘸食的红糖，吃得满嘴乌黑，自己却浑然不觉，完全沉浸在"非常甜"的真理中，并且急着要将这"非常甜"的真理传播给更多怀揣救国救民理想的爱国人士。

　　经过努力，陈望道"费了平时译书五倍的功夫，才把彼底全文译了出来"。1920 年 4 月下旬，译稿完成，马克思主义经典文献《共产党宣言》第一个汉语全译文就这样在分水塘村的一间柴屋里诞生了。不久，陈望道收到《星期评论》的电报，邀请他担任该刊的编辑。他赶赴上海，但是《星期评论》却受到当局查禁，于 1920 年 6 月 6 日停刊，此时陈望道翻译的《共产党宣言》还没来得及在《星期评论》上刊载。然而真理的光芒是无法阻挡的。1920 年 8 月，《共产党宣言》汉语译本经陈独秀和李汉俊校阅，作为"社会主义研究小丛书第一种"由上海的社会主义研究社正式出版，成为第一个公开发行的汉语全译本。这一译本全文用白话文译出，文中保留了一些专有名词的英文，还添加了部分名词的释义。书的封面是马克思微侧身体端坐着的半身肖像，用水红色印出，但是由于排版疏忽，书名《共产党宣言》错印成了《共党产宣言》，于是又立即印了第 2 版，将书名更正为

《共产党宣言》，书的封面也改用蓝色印刷。

译本出版后不久，陈望道还曾将译本寄给他素来景仰的鲁迅先生。鲁迅接到后，当天就翻阅了一遍，称赞"这个工作做得很好"。后来鲁迅还把自己翻译的《域外小说集》回赠给陈望道，作为对其寄赠《共产党宣言》的答谢。

除鲁迅先生外，陈望道《共产党宣言》译本的出版在其他先进知识分子中间也引起了强烈的反响，1920年8月版的千余本《共产党宣言》很快销售一空，还有读者写信给出版发行机构询问该书的发行情况。为了满足读者的需求，《共产党宣言》于同年9月再版。中国共产党成立后，1921年9月在上海成立了人民出版社，该社曾刊出马克思全书目录，其中就包括《共产党宣言》。第一次国内革命战争时期，平民书社将《共产党宣言》重印了10次，到1926年5月，已经重印到第17版。中国共产党的早期革命家大多受到过这本书的影响。陈望道《共产党宣言》译本在首次出版后的20余年中不断再版重印，只是书名、译者名和出版社常有更换。据陈家新的不完全统计，先后有10多种不同版本。这一诞生于分水塘村一间简陋柴屋里的《共产党宣言》译本一再重印，广为流传，对马克思主义在中国的传播产生了重大的影响。译本出版后不到1年，中国共产党在上海成立。作为马克思主义的经典著作和国际共产主义运动的纲领性文件，《共产党宣言》全译本的出版为中国共产党的成立做了思想上、理论上的准备，深深影响了一批马克思主义者。该译本的出版标志着《共产党宣言》这一马克思主义经典文献被正式译介到中国，从此开启了马克思主义中国化的道路，也推动了更多的中国进步人士追求"味道非常甜"的马克思主义真理。

四、以笔为枪，参与建党

《星期评论》停刊后，陈望道在陈独秀的邀请下，转而参加《新青年》的编辑工作。1920 年 12 月，陈独秀赴广州任职，于是将《新青年》的编务工作交由陈望道负责。《新青年》翻译刊登了大量马克思主义的相关论著和介绍、研究社会主义的文章，同各种反马克思主义的言论积极斗争，成为宣传马克思主义的重要刊物。陈望道还经常参与当时有较大影响的《民国日报》副刊《觉悟》的编辑工作，支持青年学生的改革要求。此外，1920 年 8 月创刊的《劳动界》，陈望道亦曾协助出版。《劳动界》是上海共产主义小组的工人刊物，旨在向工人介绍和宣传马克思主义。《劳动界》共出版了 24 册，陈望道积极供稿，撰写了《女子问题和劳动问题》《劳动者唯一的"靠著"》等文章，号召工人联合起来推翻人剥削人、人压迫人的不合理制度。1920 年 11 月，陈望道还参与创建了上海共产主义小组出版的内部理论刊物《共产党》月刊。《共产党》共出版 7 期，介绍宣传共产主义和马克思列宁主义建党学说。这一时期，陈望道还翻译了《劳动运动通讯》《劳工问题的由来》等多篇文章，介绍国外工人运动的经验，以供中国工人运动借鉴。

1920 年 5 月至 8 月，在编辑《新青年》的同时，陈望道参与组织了上海马克思主义研究会，成为中国共产党上海发起组的成员。1920 年 8 月，上海马克思主义研究会正式成立。陈望道回忆道："在上海共产主义小组成立之前，陈独秀、李汉俊、李达和我等先组织马克思主义研究会。……马克思主义研究会是对外的公开名称，内部叫共产党，有组织机构，有书记，陈独秀就是书记。"所以上海马克思主义研究会其实就是上海共产主义小组，在中国共产党的创立过程中，担负了发起组的任务，把各地共产主义者联系组织起来。陈望道是上海共产主义小组的负责人之一，在小组开展的各种活动中，发挥了不容忽视的作用。他还参与创建中国共产党，是中国共产党的早期活动家，还曾被确定为中共一大代表。由于不满陈独秀的独断作风，陈望道最终未参与中共一大，甚至一度脱离党组织，但是即使在党外，他也一直在为党服务，对党的事业始终忠贞不渝，践行了自己"我信仰共产主义终身不变，愿为共产主义事业贡献我的力量"的诺言。而且在白色恐怖的年代，诚如他所说，他在党外"也许比党内更方便"。1957 年经中共中央批准，陈望道正式成为中共党员，但一直未公开对外宣布。1973 年 8 月，陈望道作为中共十大代表赴京出席党代会，其党员的身份才得以公开。

除参与建党工作外，陈望道还积极在群众中宣传革命思想，用平实的白话宣传革命的道理。1921 年旧历新年期间，中共上海地方党组织向上海主要街道过路行人和各家各户赠送贺年卡片。这些贺年卡片正面印着"恭贺新禧"四个大字，背面印着一首《太平歌》，歌词即为陈望道所起草：

太平歌

天下要太平，劳工须团结。

万恶财主铜钱多，都是劳工汗和血。

谁也晓得：

为富不仁是盗贼。

谁也晓得：

　　　推翻财主天下悦。

　　　谁也晓得：

　　　不做工的不该吃。

　　　有工大家做，有饭大家吃。

　　　这才是共产社会太平国。

　　此外，陈望道还积极倡导中国妇女解放运动。陈望道本人是旧式婚姻制度的受害者，他的第一任妻子张六妹是分水塘村私塾张先生之女，他们幼年时就由双方父母定下婚约，陈望道18岁时两人奉父母之命完婚。然而父母之命的婚姻没有爱情作为基础，这让觉醒了的陈望道十分痛苦。他向六妹提出分居，一向顺从丈夫的六妹搬回娘家，不久之后竟抑郁而终。切身的遭遇使陈望道深刻认识到封建礼教对妇女的压迫，他在《新青年》《觉悟》《劳动界》等报刊上发表了大量文章，揭露和抨击旧式婚姻制度的罪恶，倡导妇女解放运动。1921年8月《民国日报》副刊《妇女评论》创办，陈望道负责编辑工作。他为《妇女评论》写了创刊号宣言，编排了《女子地位讨论》《自由离婚》等专号，还发表了有关妇女恋爱、婚姻、劳动、生育等问题的各类文章。他还译介了日本、俄国等国关于妇女问题和两性关系的文章，比如《俄国婚姻律全文》[1]《妇女劳动问题底一瞥》[2]《女性底演

1　该译文为重译，即转译，署名晓风，载《民国日报》副刊《觉悟》1921年11月3日。

2　原文作者为日本学者河上肇，载《星期评论》1920年5月1日劳动纪念号。

说》[1]《文化与两性关系》[2]等。

　　陈望道以笔为枪，积极投身于新文化运动，热情地宣传马克思主义，大力倡导打破旧式婚姻制度，推动妇女解放运动，并身体力行参与了中国共产党的创建。

五、心系语文，致力学术

　　1920 年秋，陈望道开始在复旦大学中文系任教，开设作文法研究、修辞等课程，并系统研究中国语文文法、写作、修辞等。1922 年，他的《作文法讲义》由上海民智书局出版，这是中国"第一部讲解白话文作文法的专书"。翌年，在课堂讲义的基础上修订而成的《修辞学发凡》油印本问世。1931 年，陈望道因保护左派学生，受到国民党的仇视，为躲避暗杀，他蛰居于上海的寓所，潜心修订《修辞学发凡》。全书共 12 篇，其中 7 篇为旧稿整理修订而成，5 篇为新稿，共分为上下两册，1932 年由大江书铺正式出版。这本书在广泛收集材料的基础上，对汉语中的各种修辞格进行了系统的分析和总结。《修辞学发凡》兼顾文言和白话，打破了白话文不能修辞的保守偏见，是我国现代修辞学的奠基之作。

　　早在日本留学期间，陈望道就涉猎了社会科学的多个领域。除了《修辞学发凡》外，陈望道在哲学、美学、政治学、社会学、文艺

1　原文作者为日本社会主义活动家堺利彦，署名晓风，载《民国日报》副刊《觉悟》1921 年 5 月 29 日。

2　原文作者为岛村民藏，署名晓风，载《民国日报》副刊《觉悟》1921 年 6 月 29 日。

学、语言学等多个学科领域均有著译，是我国最早把马克思主义方法运用于学术研究的学者之一。陈望道学术研究的一个突出特点是把学术研究和推进社会变革进步联系在一起，学以致用，而不仅仅是坐而论道。甚至他之所以选定语文研究作为自己的学术重点，也是出于推动国家和社会进步的追求。陈望道曾谈及自己从事文法研究的原因："中国语文问题常与中国的国运连同升降，每逢国运艰难，就有无数远见的人士关心语文问题，誓愿扫除文盲文聋，而要真正解决语文问题扫除文盲文聋乃至建立科学的语文教学法也有赖于科学的文法学的建立，故……我就从事中国文法学的研究。"

1934 年 5 月，南京国民政府教育部汪懋祖、许梦因等发起了"文言复兴运动"，提倡尊孔读经。针对这一逆流，陈望道和上海其他进步文化界人士发起了大众语运动。是年 6 月 19 日，陈望道在《申报·自由谈》上发表了《关于大众语文学的建设》一文，提出大众语是"大众说得出、听得懂、看得明白、写得顺手"的语言，而且他还指出当前的白话文运动还不彻底，而"要建设大众语文学，必须实际接近大众，向大众去学习语言的问题，单单躲在书房里头不同大众接近，或同大众接近不去注意他们的语言，都难以成就大众语文学作家"。在大众语运动中，陈望道发表了一系列文章，如《怎样做到大众语的"普遍"》《大众语论》《建立大众语文学》《文学和大众语》《接近口头语的方法》等，为推动白话文的发展提供了许多有益的见解。此外，他还讨论了语文合一、汉字简写、创建拼音等重要问题。为了便于发表关于大众语的讨论文章以及进行大众语实践，在鲁迅等人的支持下，陈望道还创办了《太白》杂志，以抗衡林语堂倡导的"不问政治"的幽默小品文及其半文不白的语录体。之所以将刊物命名为"太白"，是出于以下考虑：其一，太白俗称太白金星，太白晨出东方为启明，因此又叫启明星，寓意黎明在即，光明在望；其二，太白的"太"可作"至"讲，白就是白话，"太白"即至白、极白，比白话还白，体现了刊物推进白话文和大众语的主张；其三，"太白"笔画简单，符合简化、改革汉字的主张。《太白》创刊于1934 年 9 月，一年后被迫停刊，共出版 2 卷 24 期。虽然时间不长，但是《太白》鲜明地提出了坚持并推进白话文运动的主张，推动了现代汉语的发展。这和陈望道坚持人民的立场、革命的方向和作为语言文字学者的敏锐及见识是分不开的。

随着大众语问题讨论的深入，推动新文字和文法革新也提上了日程，文化教育界的进步人士积极参与，陈望道在其中发挥了引领者的作用。新文字的普及有助于提高人民大众的读写能力，是革命事业的重要组成部分。1938 年，陈望道先后发表了《拉丁化北音方案对读小记》和《拉丁化北音方案对读补记》等文章，从理论上讨论文字拉丁化。他还研究制订了《拉丁化汉字拼音表》，6 月由开明书店正式出版。这年 7 月，上海语文学会成立，陈望道任副理事长。随后，《语文周刊》创办，成为实践新文字的阵地。在《语文周刊》的发刊词中，主编陈望道提出语文建设是文化建设的一个基本部门。在创刊号上，他还发表了《中国语文的演进和新文字》，讨论了新文字产生的三方面原因，否定了"打倒汉字"的口号，及时纠正了激进偏颇的倾向。除了研究新文字的发展，陈望道还身体力行，参加上海语文学会举办的新文字教师培训工作，推动新文字运动在上海的开展。1939 年2 月，国民党政府教育部在重庆召开全国教育会议，由上海各大学语文教授组成的上海语文教育学会提交了陈望道起草的《请试验拉丁化以期早日扫除文盲案》。从 1938 年到 1941 年，上海的语文学界还发起了革新汉语文法的讨论。陈望道是这场讨论的发起人和组织者，他提出要在探索汉语特点的基础上，借鉴西方语言文法体系，从汉语事实中总结缔造汉语的文法体系，上述观点对汉语语言学的发展产生了深远的影响。他还把相关讨论文章汇集起来，编辑出版了《中国文法革新论丛》。1947 年 2 月，他和郭沫若、叶圣陶等人共同发起成立了中国语文学会，以期促进现代中国语文的发展。

中华人民共和国成立后，在党和政府的推动下，推广普通话、简化汉字、制订和推行汉语拼音方案等文字改革工作得以系统开展，陈望道是这方面公认的专家。1949 年 9 月，上海新文字工作者协会成立，陈望道任协会主席。次月，中国文字改革协会在北京成立，陈望道被选为理事。1955 年 10 月 15 日至 23 日，第一届全国文字改革会议在北京召开，讨论《汉字简化方案》（草案）和普通话的推广。陈望道作为上海代表团成员参会，并当选为大会主席团成员。在 1955 年 10 月 25 日至 31 日中国科学院哲学社会科学部召开的"现代汉语规范问题学术会议"上，他作了总结发言，论证了"普通话"的规范标准。1955 年底，在陈望道的推动下，复旦大学成立了"语法、修辞、逻辑研究室"，1958 年正式更名为"复旦大学语言研究室"，成为当时全国高校中第一个语言研究中心。

虽然陈望道的学术研究涉猎甚广，然而语言文字始终是他最倾心的学术领域。他从推动民族发展和社会进步的高度研究语文，不遗余力地推动中国语言文字的现代化，在促进白话文发展、推动汉字简便化和注音字母化等方面发挥了引领性的作用，做出了卓越的贡献。

六、执教新闻，躬耕复旦

　　陈望道的一生与新闻和复旦结下了不解之缘。早在任职浙江一师期间，他就支持学生创办进步刊物。在家乡完成《共产党宣言》的翻译后，陈望道又接受《星期评论》的邀约担任编辑，后由于《星期评论》停刊，他转而担任《新青年》的编辑。此后，他编辑、主编过多种刊物，包括《民国日报》副刊《觉悟》《妇女评论》，上海共产主义小组内部理论刊物《共产党》，工人刊物《劳动界》《妇女周报》《黎明》《太白》等，甚至还创办过进步出版机构大江书铺，发刊《大江》月刊。虽然有些刊物，比如《太白》《大江》等，由于国民党反动派的查禁被迫停刊，但是这些刊物都成为了他追求真理的阵地，借助这些刊物，他宣传马克思主义、提倡妇女解放运动、推动大众语和新文字运动，积极投身于救国救民的新闻实践中。

　　陈望道不仅参与新闻出版实践，还在复旦大学开设新闻相关课程，培养专业人才。早在 1924 年，他就在复旦中文系开设"新闻学讲座"。1929 年，复旦大学新闻系从中文系分离出来，成为全国最早的新闻系。1942 年至 1950 年，陈望道担任复旦大学新闻系主任，主张学行并重，强调学生要见世面、炼品性。他提出"好学力行"勉励学生，鼓励学生把理论和实践结合起来。他曾说"我不教学生作绵羊，我教他们作猴子"，支持学生为真理而奋斗。为了使学生更好地学以致用，切实做到学行并重，陈望道发起募捐，在战时重庆北碚的复旦校园筹建了复旦新闻馆。1945 年 4 月 5 日，新闻馆落成开幕，大门上贴着"复旦新闻馆，天下记者家"的对联，馆内设有编辑室、印刷室、图书资料室、会议室和 10 余间收音广播室。新闻馆建成后，成为复旦新闻系的重要教学实习基地。除此之外，复旦新闻系还有一个重要的实习机构——复新通讯社。复新通讯社成立于 1931 年，是复旦新闻系设立的一个学生实习机构，1937 年复旦大学迁往重庆时停办，1943 年 3 月恢复活动，陈望道自任社长，每 5 日发油印稿一次，所发稿件有不少为各报社采用。正是在学行并重的教学理念下，复旦新闻系虽经历战争时期的艰难岁月，却获得了长足的进展，一直到中华人民共和国成立以后，始终是我国新闻教育事业的重要阵地。

陈望道与复旦的缘分可以追溯至 1920 年。当年秋季开学，陈望道在编辑《新青年》的同时，接受了复旦大学中文系主任邵力子的邀请，前往复旦任教，我国现代修辞学的奠基之作《修辞学发凡》正是陈望道在复旦大学中文系讲课的基础上修订而成的。后来，陈望道还出任复旦大学中文系主任，在他的支持下，学生们思想活跃，学习气氛浓厚，积极参加各种进步文艺团体，还自己创办刊物，发表有进步倾向的文章。在白色恐怖笼罩的年代，这样做需要莫大的勇气和对革命真理的坚定信仰。

陈望道十分关爱学生，一直支持和保护进步学生。夏征农曾经回忆自己在复旦大学中文系读书时的一件事：复旦大学中文系开设过一门"应用社会学"的课程，起初由陶希圣讲授。讲到中国社会时，陶希圣说中国社会只有大贫小贫之分，没有阶级之分，也不存在阶级斗争。他讲完就遭到学生一哄而上的质问："资本家有工厂，工人一无所有，只有出卖劳动力，这是不是两个阶级？地主有土地，农民无土地，或只有很少土地，这是不是两个阶级？怎么说没有阶级？"陶希圣哑口无言，怒气冲冲地就此离开，辞职不干。后来接任这门课的另一位教员讲到中国社会时，承认中国存在阶级，但不认为有阶级斗争，说阶级关系是可以调和的。对此，同学们又是一哄而起，把他包围起来，提出一连串的问题。他辩解了几句，苦笑一下，也溜走不干了。对于学生的起哄和质问，陈望道十分理解，但又担心学生会给他们自己带来麻烦。于是，他推心置腹地告诉学生问题可以提，但不要起哄，这么做不但对学校不利，对他们自己也不利。此后，"应用社会学"这门课就停开了。

1931 年，在复旦任教 10 年后，陈望道因保护左派学生被迫离开复旦。又过了大约 10 年，陈望道在抗战期间从上海经由香港回到暂时迁校于重庆北碚的复旦大学中文系，接续了和复旦大学的缘分，此后他再也没有离开复旦。抗战胜利后，陈望道跟随其他复旦师生于 1946 年夏复校回到上海。1949 年 7 月，中国人民解放军上海军事管制委员会任命张志让为复旦大学校务委员主任，陈望道为副主任。由于张志让此时在北京，而且不久就被任命为最高人民法院副院长，并未到复旦任职，因此学校工作就由陈望道负起重担。陈望道带领校务委员会接管了旧复旦大学，恢复和稳定教学秩序，并进行各项工作整顿。1952 年高等院校调整后，复旦大学的系科及教职员工多有变动，融合了十几所高校的复旦大学需要一位德高望重、作风正派的校长。1952 年 10 月，中央人民政府政务院任命陈望道为复旦大学校长，他因而成为中华人民共和国成立后复旦大学的首任校长。此后一直到 1977 年因病逝世，陈望道一直担任复旦大学校长，为新复旦大学的创建和发展鞠躬尽瘁，在复旦校史上留下了浓墨重彩的一笔。

从青年时期接受了马克思主义以后，陈望道就对马克思主义真理矢志不渝。他投身于文化教育事业，用自己追求进步、实践真理的一生，品味着真理的甜，更把这甜散播给进步学生和广大人民，让更多的人都能品尝到这真理的甜，在"非常甜"的马克思主义真理指导下共同推动民族的进步和国家的发展。

参考文献

[1] 陈光磊、陈振新. 追望大道—陈望道画传[M]. 上海：上海书店出版社/复旦大学出版社，2005.

[2] 陈家新.《共产党宣言》在中国的翻译和版本研究[J]. 中国国家博物馆馆刊，2012(8).

[3] 陈昆满. 我所知道的陈望道先生二三事[J]. 湖北文史，2017(2).

[4] 陈望道.《修辞学发凡》第九版付印题记[A]. 陈望道先生纪念集[C]. 上海：复旦大学出版社，2006.

[5] 陈望道.《语文周刊》"发刊辞"[A]. 陈望道语文论集[C]. 上海：上海人民教育出版社，1980.

[6] 陈望道. 陈望道文集（第1卷）[M]. 上海：上海人民出版社，1979.

[7] 陈望道. 关于大众语文学的建设[A]. 陈望道语文论集[C]. 上海：上海人民教育出版社，1980.

[8] 邓明以. 陈望道传（第二版）[M]. 上海：复旦大学出版社，2011.

[9] 贺越明. 关于陈望道重新入党和梅龚彬的政治身份——《30年代陈望道与中共的关系》一文补遗[J]. 世纪，2020(1).

[10] 鲁彦生. 陈望道与《新青年》——读陈望道同志五四时期的四封信[A]. 陈望道先生纪念集[C]. 上海：复旦大学出版社，2006.

[11] 宁树藩、丁淦林 整理. 关于上海马克思主义研究会活动的回忆——陈望道同志生前谈话纪录[J]. 复旦学报，1980(3).

[12] 潘佳. 陈望道：中国语文现代化的先驱[N]. 光明日报，2021–12–26(05).

[13] 钱益民. 30年代陈望道与中共的关系[J]. 世纪，2019(4).

[14] 夏征农. 忆陈望道老师[A]. 陈望道先生纪念集[C]. 上海：复旦大学出版社，2006.

横跨文理的翻译家赵元任

戎林海

赵元任(1892—1982)是一位享誉世界的杰出学者。他学问博大精深，兴趣爱好广泛，在数学、物理、哲学、音乐、摄影等领域都有所建树，尤其在语言学领域成就突出，被誉为"国际语言学大师""中国现代语言学之父"、中国的"舒伯特"。他精通英、法、德、日等多门外语，通晓33种中国地方方言。他一生专注于语言学的研究，取得了举世瞩目的学术成就。不仅如此，他还是一个出色的翻译家，曾为著名英国学者罗素做过口译，在笔译——即英译汉、法译汉和汉译英——方面也取得了令人瞩目的成就，其中尤以他翻译的《阿丽思漫游奇境记》为要。

1892 年 11 月 3 日，赵元任生于天津紫竹林；1896 年全家随祖父迁至祁州；1901 年返回故乡常州，居城中青果巷 48 号；1906 年入常州溪山小学；1907 年入江南高等学堂；1910 年参加清华庚款赴美留学考试，同年赴美国康奈尔大学学习；1915 年入哈佛大学攻读哲学，获博士学位；1920年回国受聘为清华学校讲师；1925年受聘为清华国学研究院导师兼哲学系教授；1938年举家迁居美国，先后在夏威夷大学、耶鲁大学、哈佛大学、密歇根大学、伯克利加州大学等大学任教。1973年，赵元任回国访问，受到周恩来的亲切接见；1981年，赵元任再次回国访问，受到邓小平的亲切接见，北京大学授予他名誉教授称号。1982年2月24日，赵元任在美国麻省剑桥黄山医院病逝，享年90岁。

一、书香世家，负笈海外

赵元任出生在一个书香世家。他的六世祖赵翼是清代著名诗人和史学家，所作诗句"江山代有才人出，各领风骚数百年"广为流传。他的祖父赵执诒是同治举人，在河北地方任知州。父亲赵衡年是个举人，母亲冯莱荪善昆曲，能唱能吹，还能写诗填词，是个才女。遗憾的是父母均英年早逝。

赵元任孩提时代接受了良好的教育。他的第一任老师是母亲，母亲教他描红写字、认字读书、背诵诗文并作诗等等；第二个老师是祖父，工作之余经常教他读《小学》《大学》等；第三个老师是祖父特地从常州请到河北的陆姓老师，他用常州音教赵元任读书。回常州后，一位张姓老师教他学习，同时父亲也开始教他读《书经》。1906年，赵元任入常州溪山小学，接受正规的现代学校教育，课程有中文、历史、英语、几何、代数、化学等等。他在这个学校学习了一年，成绩优异，课外活动丰富，自称这一年是其"身心发展的转折点"。

12 岁以前，赵元任就能说 4 种方言：北方话、常州话、苏州话和常熟话；更令人称奇的是他还学会了常州的"反切"、苏州的"倒反切"。少年赵元任已经显露出了非同一般的语言天赋。15—18 岁，赵元任离开家乡到南京的江南高等学堂预科学习。这是一所专科学校，水平相当于高中，开设的主要课程有国文、英文、数学、物理、生物、图画、体操等等。学校教学条件比较优越，不少教师是从国外聘请过来的。比如英文老师是嘉化 (David John Carver)，物理老师是从美国请来的查尔斯先生，教图画课的老师则是日本人。在南京，赵元任学习刻苦认真，兴趣爱好广泛，知识面愈加开阔。此外，他还选修了第二门外语德语，课余学会了弹钢琴。由于赵元任天生的禀赋以及学习的勤奋，原本三年的预科没有读完，他就到北京一边学习一边准备报考清华的留美官费生。1910 年 7 月 21 日，赵元任参加了第二批留美考试，在 70 名录取生中，赵元任以平均分 73.4 的优秀成绩名列第二。

1910 年 8 月，赵元任与其他官费留美生一起乘坐"中国号"轮船从上海赴美国留学。他到康奈尔大学后，原打算学机电工程，后改学理论科学，主修数学。经过四年的努力，赵元任以优异的成绩毕业，获得理学学士学位。毕业多年后，他还保持着数学考试满分的纪录。在康奈尔，赵元任还选修了不少人文艺术学科方面的课程，比如语言学、哲学和音乐等等。他曾选修戴维森 (Hermann Davidson) 教授的语音学课程，系统学习了国际音标和现代语音学理论知识，为其后来的语言学研究打下了良好的基础。

1914 年 9 月，赵元任进入康奈尔大学研究院学习哲学。1915 年 4 月，他获得哈佛大学的奖学金，于同年 9 月离开康奈尔赴哈佛大学研究院攻读哲学博士学位。其间，赵元任对语言学研究的兴趣不减反增。他选修了葛然简（Charles H. Grandgent）教授的"语言学入门"，还选修了梵语。也就是在这一段时间内，赵元任开始意识到自己在语言学、音乐和数学方面的天赋。他自己在 1916 年 1 月的日记中说："我想我大概是个生来的语言学家、数学家和音乐家"。之后不久，他便与胡适一起探讨中国语言的改革问题，也开始考虑如何在中国进行科学的语言研究。经过三年的努力学习，1918 年，26 岁的赵元任获得了哈佛大学哲学博士学位。

1920 年，赵元任回国后在清华任教，同时也收获了爱情与家庭。夫人杨步伟是留日医学博士，一生为赵元任主内，支持他的学术事业；大女儿赵如兰是哈佛大学音乐教授，二女儿赵新那是中南大学教授，三女儿赵来思是著名作家，四女儿赵小中从事天文物理学的研究。四个女儿都在某一个方面受到了父亲的影响，学业精进，学有所成。

二、大师身侧，译路同行

五四时期，梁启超游欧归国后，怀抱文化兴国的愿望，与一批具有国际视野的文化学者在北京成立了讲学社，每年邀请一位西方学者来华讲学。讲学社先后请了四位外国学者，包括美国哲学家杜威、英国哲学家罗素、德国哲学家杜里舒和印度文豪泰戈尔。

罗素是 20 世纪享誉世界的大学者，在众多领域都有卓越的建树。他通晓文理，是分析哲学的开山鼻祖；他的学术兴趣广泛，涉及数学、逻辑学、分析哲学、哲学史、语言哲学、宗教哲学、科学哲学等等；同时，他也是一个著名的社会政治活动家、和平主义者、反战斗士，1950 年因"捍卫人道主义理想和思想之自由"而荣获诺贝尔文学奖。其学术思想博大精深，影响广泛而深远。

1920 年 5 月，北京大学讲师傅铜向梁启超建议请罗素来中国演讲，梁启超同意后，具体事宜交由蔡元培和傅铜等经办。邀请函以梁启超和张东荪等人的名义发出后，是年 10 月，罗素来华。罗素演讲，谁来为他做翻译成了邀请方的一个难题。巧合的是，这一年赵元任也正好学成归国，接受清华学堂的邀请从事教学工作。进步党人及讲学社经过商量，决定请赵元任来为罗素做翻译。为什么要请赵元任呢？因为为罗素做翻译，不仅需要精通英语和汉语，还必须通晓哲学、数学、物理、逻辑学、心理学以及社会学等方面的知识。赵元任在美国康奈尔大学学习期间，不仅主修过数学、物理、哲学，还辅修过心理学和逻辑学；在哈佛大学期间，赵元任专攻哲学，兼修语言学，他在哲学领域的深入研究及其对罗素思想的熟悉与认同，使其成为罗素演讲翻译的不二人选。

然而，赵元任自己事先并不知道要为罗素做翻译的事，他是在南京参加中国科学社年会时才听同学胡适等说起。胡适等人提醒赵元任不要被进步党人所利用，赵元任对此表示，他会"小心行事"，他无党无派，只关心罗素的演讲内容，并表示很珍惜这个难得的机会。邀请方（即梁启超等）委派蒋百里我清华学堂的校长金邦正交涉，要把刚刚回国的赵元任借走一个学年来为罗素做翻译，清华校方权衡再三最后同意了。赵元任自己也愿意，因为罗素的著作对他在哈佛的研究经历具有极大的影响。

罗素在中国的演讲主要在上海、杭州、南京、长沙、北京、保定等地进行。演讲的内容主要有：社会改造原理、教育问题、爱因斯坦引力新说、布尔什维克与世界政治、哲学问题、心的分析、未开发国之工业、宗教的要素及其价值、物的分析、社会结构学、数学逻辑、中国到自由之路等。赵元任为了做好翻译，花了大量时间跟罗素讨论有关问题，也事先同有关人士探讨一些术语的翻译。由于准备充分、学识广博，他的翻译很到位，也逐渐表现出应付裕如的样子，尽管给罗素做翻译很累很难。比如，"在师范大学讲哲学问题，讲到老问题：什么是物质（Matter）？不足挂齿（Never mind）!什么是心意（Mind）？无关重要（It doesn't matter）！我翻译起来颇觉困难，只能说那是一种英文文字把戏"[1]。赵元任还认为"以译员的身份讲，比主讲人更有乐趣，因为译员讲后，才引起听众反应"。瞧，他在艰苦繁忙的翻译工作中还能找到乐趣，真是难能可贵。

为罗素做翻译趣事连连，其中有两则小插曲。一是用地方方言翻译。陪罗素去长沙演讲时，在从上海乘船去长沙的途中，赵元任跟同船的一位湖南赞助人杨端六学了几天湖南方言。到长沙后，他竟然能用长沙方言来做翻译，之所以用当地的方言来翻译，是为了让更多的人能听懂演讲内容，因为当时能说能听懂国语的人并不多。然而，赵元任的方言翻译无比流畅，以致演讲结束后有听者来问他："赵博士，你是湖南哪个县的人啊？"（赵元任许多年后回忆说："那个人没有听出来我官话说得好而湖南话说得很糟糕，他以为我是湖南人但是官话说得很糟糕。"）另一个插曲是赵元任为谈恋爱险误翻译。在北京为罗素当翻译时，赵元任正在与杨步伟谈恋爱。一天在师范大学

---

1 原文是："What is 'matter'? Never mind! What is 'mind'? It doesn't matter!" 许多年以后，赵元任的二女婿黄培云是这样翻译的："什么是'物'？可以不必关心！什么是'心'？无关重要之物！"

演讲，赵元任由于跟杨步伟待在一起的时间长了点，差点忘了还有翻译任务。于是赵元任拉着杨步伟一路小跑，赶到演讲厅，但还是迟到了几分钟，只看见罗素一个人呆呆地站在演讲台上。罗素看见赵元任走进来，后面还跟着一个女孩子，就低声对赵元任说 "Bad man，bad man"（坏蛋，坏蛋），引得全场一片哄堂大笑。

　　对赵元任为罗素当翻译一事，五四时期著名学者毛子水先生曾这样评价说："民国九年，英国哲学家罗素到中国讲演，我们能够请罗素来演讲，乃是当时一班有求知欲望的国人所最欣幸的事情。但罗素是不能讲中国话的。我现在想起来，当时我们有元任这样的人来做翻译，更是我们所最欣幸的事情。非特就讲演者和翻译者的学识来说是这样，即就两人的品行来说亦是这样。我想，元任任罗素的翻译，听众固能受到最大的益处，即罗素自己亦会觉得他的话决不会因翻译而走样的！"

三、触类旁通，多面翻译

　　赵元任的翻译实践量不是很大，但涉及的面却比较宽泛，有文学类的翻译、科学类的翻译，也有语言学、哲学类的翻译。在其一生的语言研究和翻译实践中，他对翻译问题有着独特的语言学家的视野，形成了自己的翻译观。赵元任以严谨科学的态度对待翻译活动，坚持"信达雅"，但又不墨守成规，拘泥于一字一句的"信"，翻译文本力求精益求精。他所译作品的认可度和美誉度极高。在我国翻译历史长河中，他的译作及其翻译思想是熠熠生辉的。

1. 科普翻译

20 世纪初，"科学救国"是一股涌动的社会思潮，在知识分子心中，这种想法最是强烈。作为第二批留美生，赵元任与不少同学一样，念念不忘"救亡图存，复兴中华"。在强烈报国心的驱使下，1914 年，他们在美国成立了"中国科学社"，创办《科学》杂志。在这两项活动中，赵元任都是积极分子和中坚，他不仅为《科学》组稿、撰稿，还为《科学》翻译了不少科普文章，以期向国人传播"科学思想、科学精神和科学原理"。1915 年—1918 年，赵元任为《科学》翻译的科普文章主要有：《科学与经历》《无线电》《海王星之发现》《烟煤之四害》《七天中三个礼拜日》等等。在翻译过程中，赵元任很注意作品的选择和翻译的技巧。比如在翻译《七天中三个礼拜日》时，赵元任用生动风趣的语言描述了一次奇特的航海旅行，以此说明东西两半球的"时差"问题，介绍相关天文学和地理学方面的知识。他的译文忠实可信、地道自然，语言准确生动，幽默风趣。

2. 文学翻译

赵元任对文学翻译的贡献主要在于"阿丽思"系列的翻译，包括《阿丽思漫游奇境记》和《走到镜子里》（又译《阿丽思漫游镜中世界》）。另外还有几个短剧的翻译，如话剧《软体动物》《野玫瑰》和《最后五分钟》（编译跟定谱，附北平语调的研究）等等。

《阿丽思漫游奇境记》（以下简称《阿丽思》）是 19 世纪英国作家刘易斯·卡罗尔（原译加乐尔）创作的一部脍炙人口的儿童文学名著，于 1865 年出版。故事讲述了英国小女孩阿丽思在兔子洞中梦游的奇遇，展示了五彩缤纷的童话世界。作品充满了童趣，细腻刻画了儿童的心理世界。主人公一会儿掉进兔子洞，一会儿又钻进老鼠的洞穴，一会儿长大，一会儿变小，牢牢地抓住了儿童求新求异的心理特征，充满了超现实的想象，真可谓引人入胜。

这是一本蜚声世界的儿童书，也是一本笑话书，还是"一本哲学的和论理学的参考书"，这本书语言幽默风趣、浅显易懂，叙事对话相间，图文并茂，是"除《圣经》之外，流传最广的书籍"。"在英美两国里差不多没有小孩没有看过这本书的。但是世界上的大人没有不是曾经做过小孩子的……所以……英国人，美国人，个个大人也都看过这书。"据说这本书初次出版的时候，英国维多利亚女王看了就非常喜欢。有评论家认为此书的文学价值甚至达到可与莎士比亚作品和《圣经》媲美的高度。

在美国康奈尔大学读书的时候，经老师赫维茨教授的推荐，赵元任接触到了这本《阿丽思》，不看不知道，"一看就完全着了迷"，并"喜欢上路易斯·加乐尔的书了"。而且这种挚爱一直保持到他生命的最后，正所谓"大人者，不失其赤子之心也"。

读罢此书，赵元任不禁萌发了要将此书介绍给更多中国读者的欲望。"我想，要是把它们翻译成中文会很有趣。"后来在胡适的鼓励下，赵元任便着手《阿丽思》的翻译。那是1921年上半年的事，当时英国著名学者罗素正在中国讲学，赵元任正是罗素的翻译。1921年3月，罗素在河北保定演讲时不幸染上了肺炎，治疗修养了3个多月的时间。在这段时间里，赵元任夜以继日地翻译，终于完成了《阿丽思》的译介。译本于1922年1月由商务印书馆出版，成为这部小说的第一个中文全译本。虽然庄士敦曾把全书内容口译给末代皇帝爱新觉罗·溥仪听过，但一直没有中译本问世。究其原因，可能是此书虽是一本儿童书，但书中有很多"似通的不通，再翻译了变成不通的不通了"——比如那些难以处理和翻译的打油诗、谐音双关语和文字游戏等等——所以，五十多年来"没有人敢动它"。

赵元任聪颖过人、才识超群，又融会古今、学贯中西。他从小就对语言有着很大的兴趣，对不同地方的话语能辨音、能学说，而且说得跟本地人一模一样。赵元任还精于"文字游戏和游戏文字"，能"倒着说，倒着唱"，他曾"把一段英文完全倒着发音朗读并且录下音来，等到把这段录音再倒过来放的时候，听众听到的是纯正的英语发音，这让听众目瞪口呆！"赵元任还专门写过一篇这方面的论文，题目叫《听写倒英文》。《阿丽思》的原作者刘易斯·卡罗尔也是一个奇才，他原本是一个算学教师，却"不务正业"地写了这么一本儿童书，而且还用了那么多"玩文字"的东西。一个擅长语言和语言游戏的人来翻译一本充满"文字游戏"的书，那是再合适不过了。真可谓"奇人奇才译奇人之奇书"。

赵元任翻译《阿丽思漫游奇境记》不仅出于个人兴趣喜好，还是他在推动白话文运动方面进行的一次有益尝试，在语言上有特别的目的。他在三个方面进行了试验：即"语体文"（白话文）、新的"代名词"（如他、她、它）和语体诗式（白话诗体）。为此，他下了很大的功夫。他的"翻译法子是先看一句，想想这句的大意在中国话要怎么说，才说得自然；把这个写下来，再对对原文；再尽力照'字字准译'的标准修改，到改到再改就怕像外国话的时候算危险极度。但是有时候译得太准了就会把似通的不通变成不通的不通。或是把双关的笑话变成不相干的不笑话，或是把押韵的诗变成不押韵的不诗，或是把一句成语变成不成语，在这些例里，那就因为要达原书原来要达的目的的起见，只可以稍微牺牲点准确的标准。例如第七章里 in the well 和 well in 能译作'井里头''尽尽里头'这种双关的翻译是很难得这么碰巧做得到的。"

为使书中的对话活灵活现，赵元任还恰到好处地采用了一些南北方言，为此特意编制了一份《特别词汇对照表》，供读者参考。译本前面还有凡例，对翻译体例和译者认为必须交代的注音等问题做了详细的说明。赵元任翻译此书的良苦用心和一丝不苟的译书态度由此清晰可见。

《阿丽思漫游镜中世界》(亦译《走到镜子里》) 是刘易斯·卡罗尔创作的第二部"阿丽思"系列儿童书，于 1871 年出版。赵元任翻译此书是在 1929 年，断断续续一直到 1931 年 1 月上旬才全部译完。赵元任的次女赵新那曾经提到，这个译本是赵元任自己认为很重要的一个译本，也是他很得意的一个译本。原本可以在 1932 年出版，却在"一·二八"战火中毁于上海商务印书馆，未能付梓。1937 年，赵元任在长沙时就开始整理译本残稿并补译残缺的部分，重译 *prefatory poem* 等诗歌，并同叶公超讨论翻译这些诗的有关问题。后来一有时间，赵元任就对译著加以修改，对不满意的地方进行重译。1968 年，这部译著作为《中国话的读物》(*Readings in Sayable Chinese*) 第二本，在美国正式出版，这距离 1932 年已经过去了整整 36 年！赵元任本人对这个译本非常满意，他在写给友人的信中说："我把双关语译成双关语，韵脚译成韵脚，在《阿丽思漫游奇境记》里我没有能做得这么好。"国内正式出版这部译著是在 1988 年，不过不是单独出版，而是以《阿丽思漫游奇境记附：阿丽思漫游镜中世界》(英汉对照本) 的形式，由北京商务印书馆出版。

1974 年，80 多岁的赵元任在接受采访时谈到"阿丽思"系列翻译时说，在《阿丽思漫游奇境记》这部小说的翻译里，"我没有严格贴近原著的语言风格。在《走到镜子里》，我才比较严格地贴近原著并且坚持口语风格。还有，在翻译《走到镜子里》的时候，我遵守英文原有的节奏和押韵的模式。你不能用古代汉语来翻译，因为要用中文表达英文所能表达的意思，需要多得多的音节。在现代汉语口语，不管怎么样你都得使用比较多的音节。"

3. 《中国音韵学研究》翻译

《中国音韵学研究》是著名瑞典汉学家高本汉撰写的一本皇皇巨著。赵元任接触到此书是在 1921 年，读后印象深刻。他认为这本书"是对中国音韵的第一次定量的解释，因为中国人对我们所谓的韵书（实际上是字典）的大多数研究，或多或少是建立在抽象的基础上的，就像是代数，而不是算数。高本汉在很多抽象的术语上能给你具体的数值"。为将此书译成中文，原中央研究院历史语言研究所拨出专款，请赵元任和罗常培等翻译，"李方桂翻译了一部分，……罗常培，他的法文不太好，在翻译某些章节的时候，我们得用有蜡盘的那种口授留声机，因为那时候还没有圆盘录音机呢。我把法文译成中文，罗常培把它整理成更加严谨的句子"。翻译过程中，赵元任主要负责语音学和方言材料方面的内容，罗常培主要负责音韵方面的内容，全书文字的可读性、体例的一致性、内容的恰当性等等都由赵元任负责。

"《中国音韵学研究》的翻译并不是一般的翻译工作，而是一件需要付出大量学术研究的艰苦工作。在赵元任的主持下，翻译人员同高本汉商量，商定了五条翻译原则：第一，将全书作一忠实能读之翻译；第二，改其错误；第三，加入新材料；第四，改用国际音标注音；第五，一部分重编。"另外，在书前，除了序言之外，译者还增加了"译者提纲""字体及标点体例""名辞表""音标对照及说明""常引书名简称表"等内容。《中国音韵学研究》法文版在1915—1926年间分4次出版，赵元任主持翻译的中文版于1940年初版，1948年再版，1987年北京商务印书馆根据再版本进行了影印。

对《中国音韵学研究》的翻译，傅斯年给予了高度的赞许："元任先生悉心详校……经之营之，五年乃成，虽同仁在期中不专治此，然为此消费之功夫实超过数计之数倍矣。此固近年我国译学上未有之巨业，瞻望明代译天算诸贤，可无愧焉。"

赵元任的翻译作品虽不丰富，但却涉及多个方面。从中国翻译史的角度看，赵元任翻译的《阿丽思漫游奇境记》和《阿丽思漫游镜中世界》无疑是熠熠发光的，对我国儿童文学的翻译做出了杰出的贡献。此外，他主译的《中国音韵学研究》在中国翻译历史画卷中也是一道不可忽视的风景线。

赵元任的翻译态度是科学严谨的，对吃不准、把握不好的问题"不耻下问"，对"不忠实、不准确、不自然"或自己不很满意的地方愿意进行反复的修改。他的翻译是研究式的翻译，是"归化与异化"的有机结合，有的译文是创造性的叛逆，令人叹为观止，拍案叫绝。他的翻译思想既传统又现代，既打上了"语言学派"的烙印，又散发着"文化学派"的芬芳。他的翻译观和翻译实践值得后人不断地学习与研究。

参考文献

[1] 罗斯玛丽·列文森. 赵元任传[M]. 石家庄：河北教育出版社，2010.

[2] 苏金智. 赵元任传[M]. 南京：江苏文艺出版社，2012

[3] 赵新那，黄培云. 赵元任年谱[M]. 北京：商务印书馆，2001

[4] 赵元任 等译. 中国音韵学研究[M]. 北京：商务印书馆，2020.

[5] 赵元任 译. 阿丽思漫游奇境记[M]. 北京：商务印书馆，1988

[6] 赵元任. 赵元任生活自传[M]. 北京：中国华侨出版公司，1989

傅东华翻译的使命感

陆颖

傅东华(1893—1971)翻译的《飘》奠定了他在普通读者心目中的地位，然而他的翻译功绩远不止于此。他于世事艰难之际开启翻译之路，历经五四运动、左翼文学运动、抗日救亡、中华人民共和国初建等历史时期，人生世事起伏变迁，孜孜于译坛46年(1913－1959)，毕生译著百余种，半数以上为名作。同时参与编办《文学》等刊物近10种，先后活跃于文学研究会、上游社、中国文艺家协会、上海市文化界救亡协会等多个文艺社会团体，融职业文学翻译、编辑、教育家、作家、文字学家等多重身份于一体，在中国现代文学舞台上尽现才能，为中国现代文学转型和文化交流做出了独有的贡献。

"终年常着一件蓝土布长衫，带着金丝近视眼镜，身体瘦得像只剩皮包骨头一把枯柴，他碰到朋友们去访问他，他一开口便似留声机话匣，一个人独唱不休，又似名人讲学，娓娓不息，文坛为人，毕竟肚子里好像藏有不少诗词，待人接物工架老到，当然的，他是饱经世事的学者。"这段文字几乎是茫茫故纸堆中对傅东华音容笑貌仅有的描述。

一、饱读诗书，伏蛰译坛

1893 年 4 月 21 日，傅东华生于浙江金华曹宅镇大黄村，其诞生地今为该村长弄堂巷 23 号[1]。他本姓黄，名璧照，东华为其号之一，因早年出嗣舅父，改从母姓，名为傅则黄。在金华府立中学堂就读时，曾用名黄约斋，之后常用傅东华一名。

傅东华出生于书香门第。据《金华和谐黄氏宗谱》记录，其曾祖父黄容禄为太学生，殉难蒙，载入两浙忠义录；祖父黄普恩为邑庠生；父亲黄秉焖是金华城里"以严厉著称的教读先生"，因此，傅东华从小耳濡目染，受到极好的熏陶。傅东华的兄长黄奎照，号西华，为邑禀生，毕业于日本早稻田大学；同村一路之隔的堂兄黄人望，为清优行廪膳生，也毕业于日本早稻田大学，三兄弟并称为"金华三黄"。

傅东华幼年在家塾读书，博览绣像小说，后就读于金华府立中学堂 (现在的浙江金华第一中学)，与何炳松、邵飘萍为同学，金兆梓、陈望道等为其学弟，这些人日后都是他人生轨迹中的同道中人。不过与另"两黄"相比，傅东华的求学道路并不一帆风顺。1910 年代末，父兄相继离世，家道不幸中落，"剩下寡母和弱妹，家徒四壁"。中

1　其出生的前屋因村内修路，已于近年拆除，仅保留危旧后屋 (据陆颖 2018 年 11 月查访)。

学毕业后，勤奋好学的傅东华考取"那时候最有名的学校"南洋公学（现上海交通大学）中院，入学后博览群书，在英语上苦下工夫。1912 年毕业后，他曾短暂就读于上海哈佛医学院，终因家计困难，被迫辍学，故翌年转而考入中华书局当练习生，凭借优秀的古文功底和英文能力成为编译员，从此走上翻译的道路。

他的第 1 篇译稿刊于 1913 年《中华教育界》，1914 年初他开始文学翻译，至 1915 年底，分别与瓶庵、枕亚合作，在《中华小说界》发表《美人丹》等短篇小说译作 6 篇，均刊于杂志起首。傅东华后来回忆，这些小说都是留学生从 *Short Story Magazine* 这一类国外文学杂志上挑选来，再交由他翻译的，经资深翻译修改审定后方才刊发，自己并没有什么选择权和自由发挥的空间。

1916 年，傅东华离开上海，辗转于东阳、北平等地教授英语，期间在同窗邵飘萍主编的《京报》担任编辑，在《晨报副刊》连载诗论。此时的傅东华时常得"靠着卖文字过活"，自认是个地地道道的拿稿子兑现的"作工"。低廉的稿酬不足果腹，其间之艰辛，日后连他自己都感叹当年的"勇气"。

即便如此，傅东华的翻译热情不曾消退。他自行译稿 10 多篇，并发下愿心，翻译 100 首诗歌，来改善我国的古典韵文，试验创造新体韵文。他认为，光"从创作方面着手，总不免仍要落入旧韵文的窠臼"；而翻译时，译者"只得创一种新的声调去凑合原文"，这样，"翻译得愈多，创出来的新声调也愈增加"。他也希望通过翻译"改变读者的 taste"，为创作提供题材和体裁源泉，促进新文学健康发展。10 余年后，《布衫行》《阿龙索与尹木真》等两篇英国诗歌收入他的首本译文选集《参情梦及其他》，另有两篇译作刊于《小说月报》[1]。

二、追本溯源，译助革命

1921 年，傅东华在北京加入文学研究会，很快成为中坚力量。他积极供稿《小说月报》《文学周报》《东方杂志》《晨报副刊》等文学刊物，在译介文学理论方面首屈一指，为中国文坛输入了文学社会学研究的基本思路，参与推进文学研究和文艺理论的近现代化，被誉为五四以来译介外国文学思潮和理论成绩最突出者之一。傅东华首译的多部重要文论，包括潘莱的《诗之研究》、亚里士多德的《诗学》、法国洛里哀的《比较文学史》、意大利克罗齐的《美学原论》、美国蒲克的《社会的文学批评论》、美国亨德的授课提纲《文学概论》等。其中洛里哀的《比较文学史》是中国比较文学领域的第一部汉译专著，为鲁迅及众多后世学者称道；而莫尔顿的《文学的近代研究》等书，则对郑振铎、田汉、瞿世英、王统照等相当多的中国现代作家都颇有影响。

傅东华开始从事文学理论翻译，得益于郑振铎的一次偶然谦让。郑振铎计划主编《文学研究会丛书》时，本打算亲自翻译莫尔顿的《文学的近代研究》、亨德的《文学的原理与问题》、蒲克的《文学之社会的批评》等著作，并在《小说月报》上登了广告。但后来郑振铎忙于他事，这几本书都陆续转由傅东华翻译完成。翻译中，傅东华

1　因缺乏进一步史料确定具体篇目，因此无从获知其他几篇的发表情况，此处无法细述。

逐渐认识到翻译文艺理论于中国文坛的重要性。他认为"读者社会之缺乏文学的趣味与常识"，中国文论短缺、散乱、缺乏科学方法，要改变这一局面，必须依赖他山之石，他希望通过翻译引进西洋文艺理论书籍，让读者"得到真正的文学观念"，促进中国旧文学整理和新文学创作，使文学具有"真精神"，内容充实，"真正有感情思想可以表达"，不至内容"稀薄"，囿于形式，以"声调之美"为"止境"。1920 年代到 1930 年代，傅东华曾在武昌中山大学任英文教授，后于复旦大学、中国公学、上海大学中文系任教，两度受聘于暨南大学中文系，他教授的科目除了古今文学选读外，文艺理论课程占了极大多数，如在复旦大学开设的"艺术概要""艺术批评""诗歌原理""文艺批评"和在暨南大学开设的"文学批评"。傅东华的文艺理论翻译受到文坛和学界的推崇，一贯对他译文吹毛求疵的梁实秋，也称赞他选材眼光独到，有"过人"的"胆量气魄"。

　　这一追本溯源式的文学革新理想，在他的文学翻译作品中也有响应。他坚持翻译名家名作，输入"中国从不曾有"的题材、体裁和流派，让读者和创作者逐渐体会文学作品的精妙，以创造新体。1920 年代初，傅东华尤其重视英国经典诗歌、古希腊史诗，翻译了比利时象征派作家梅脱林的《青鸟》、古希腊荷马史诗《奥德赛》、魏琪尔的《伊泥易德》[1]以及拜伦、丁尼生等英国诗人的代表作。1920 年代末，他以自创韵体翻译弥尔顿的《失乐园》，延续了他早年诗歌翻译中"工具的试验"，意在"扩大加强"旧诗歌的声韵，"使任何内容都可装得进，任何体裁都可用得着"。他的这一尝试招致颇多争

1　今通译为《埃涅阿斯记》，维吉尔著。

议，梁实秋、朱维基等相继撰文指摘。但傅东华认为，他将原诗的无韵体 (blank verse) 译成"比较自然的音节"，意在不去"催眠"读者，同时"借此熟练运用韵语的技巧"，"增加旧韵语的屈折性和容纳性"。

小说译介方面，傅东华坚持译介未曾有的风格、作品和流派。在他眼中，"作风别致"的法国安丢贝蒲萨、"喜用僻字，造句亦极生涩，又带有极浓厚的地方色彩"的奥亨利[1]、"善于描写恐怖、悔恨等情节，为别人所不及"的爱伦坡、长于象征的但丁、"风格非常奇特"的苏联作家皮涅克等，都能让读者和创作者逐渐体会文学作品的精妙。

1920 年代末，傅东华的文学翻译"趣味""渐渐改变"，转向了苏俄及欧美革命题材和进步作家的中短篇小说，试图改变读者对革命、对人生的认识，鼓舞文学爱好者士气，为国内作家树立楷模。作为文学研究会的一员，傅东华坚信文学"为人生"的信条，他直言不讳地批判"为艺术而艺术"和缺乏真情的"'血和泪'的文学"；他视革命文艺为"反映时代的真正文艺"，是饱含时代"生机和意义的最高试验"，"充满着一种对于'将来'无限创造的信仰"。他认为，俄国的革命较中国"先进"，因此其革命文艺的创作原则，"应该无条件地采取"。为此，他着力将苏俄"最特出"的革命文学作家译介到中国，以"显示革命意义之实在"，其译作包括屠格涅夫、罗曼诺夫等的中短篇小说，数量超过他同时期翻译的欧美作品，大都反复刊发，辑集成册。他译介的欧美进步作家则包括厄普顿·辛克莱、

---

1 现通译为欧·亨利。

刘易斯、德莱塞、约翰·李特等。他是翻译德莱塞的干将，除翻译短篇小说5篇外，他翻译的长篇小说《真妮姑娘》是1949年前唯一译入中国的德莱塞长篇小说，得到茅盾、伍蠡甫、赵家璧等人的关注和好评。

三、主编《文学》，广兴译事

1930年代傅东华主编《文学》杂志，这是他职业生涯中浓墨重彩的一笔，而他被授此重任还有一段传奇。1932年，《小说月报》因"一·二八"战火终刊后，国内文坛亟缺一个中心刊物，此前左联办的杂志在当局压迫下难以生存，《文学》便被期待成为一个能长期生存的大型进步刊物。发起人茅盾"是被戴上红帽子的"，郑振铎"又远在北平教书"，权宜之下，两人商定邀请傅东华担任主编。

此时傅东华在文化界已小有名气。1924年返沪后他即开始参与《时事新报》副刊《文学》的编辑工作，供职商务印书馆近十年，写文很快，在商务编译所中是比较有能力的，也因正忙于主编商务的中学国文教材，茅盾一度担心他舍不得丢开这个月薪百余元的铁饭碗。但除了出色的编译能力外，茅盾和郑振铎更看中的，是傅东华能给刊物带来一层保护色。一方面，傅东华政治中立，暗地里却倾向进步。继早年加入文学研究会后，1927年元旦，他又与茅盾、郭绍虞等在武汉组织上游社，1930年代初加入笔会。左联成立时，冯雪峰特意叫傅东华和叶圣陶、陈望道"保持表面中立"，"便于联系一些人"。另一方面，傅东华的堂兄任浙江省教育厅官员，茅盾和郑振铎认为，鉴于这层关系，杂志会比较容易通过审查。除此之外，傅东华还有赌性独豪这一"怪病"，文坛皆知，早在 1927 年郑振铎的旅欧日记里就有所记载："今天他穿着最漂亮的冬衣，明天却换了又旧又破的夹衣，冻得索索抖：无疑的，他的冬衣是进了质库。他常失踪了一二天，然后又埋了头坐在书桌上写译东西，连午饭也可以不吃，晚间可以写到明天三四点钟。"茅盾在回忆录中也曾提到他发起病来，非通宵赌到"一切输光，罗掘俱穷，他在家睡了一、二天，这场怪病算是过去了。于是他'发愤'译书（在馆外翻译），什么都译，得了稿费先还债，然后赎还当铺中的首饰、衣服等等，渐渐手头有点积蓄了，于是老病又发了。""非要经过一时赌，不能再掀起傅先生写作之心了"。果然他的这一癖好，在主编《文学》时，成为人们津津乐道的海派文坛掌故，的确增强了他的非政治色彩，给杂志带来一层保护色。好在进入 1930 年代，傅东华早已和他的"怪病"断绝关系了，故而顺利出任《文学》主编，在上海协助郑振铎"实际办事"，社址就设在拉都路（今襄阳南路）敦和里傅东华家的隔壁。

经编委会商讨，《文学》创刊号的发刊词由傅东华执笔，于是便有了著名的《一张菜单》。文中他满怀诚意，郑重指出，《文学》与文学的目的就是要将读者引向"光明之路"，"把历史的轮子推进一分一寸"。办刊过程中，傅东华实际办了不少事，甚至一度因审稿用稿较为独断，被冠以文坛"秦始皇"之名，这一带有贬义和斥责的称谓，颇能折射出傅东华在当时文坛的影响力。

《文学》定位服务创作，但为《文学》和文学的发展计，仍给翻译辟出了充分空间。不仅刊载的文学翻译作品数量众多，而且体裁多样，时空跨度大，流派多元，秉承了创刊词中提出的"杂"这一精神，这或多或少是翻译家傅东华主编刊物带来的印记。傅东华认为，现代文学应时而生，在写作对象、创作路径和审美标准上都与传统文学不同，故不应沉湎于旧学"杂货"，而需广泛接受世界文学名著，对其创作题材、体裁和手法要"收融（assimilation）"并蓄，以扩大汉语传统文学形式的"容纳性"，让翻译服务于创作，让读者受益。在他看来，德莱塞"大胆打破从前那种讲究结构（plot）的作风，而自创一种新风格"，乔伊斯的文字难以读懂但"风格特别"，"德国的巴尔扎克"瓦塞曼以心理描写见长，都极其值得借鉴。故他坚持以辩证、批判而实用的态度，从"现代的视角"和"历史的视角"共同"去下批判"，灵活而切实地让世界文学作品"增富现代"。

　　鉴于此，傅东华强调"有计划有系统的译书"，而非囿于旧学"陈货"，或"杂凑"有限的文学翻译。他以"最少的限度"，拟定 100 本需译的书，包括："古代的 classics 如荷马史诗，希腊悲喜剧，罗马散文，乃至丹丁（但丁）神曲等等，约占三分之一"；"中古的罗曼司，文艺复兴时代，乃至浪漫主义，如西万提斯，莎士比亚，大小仲马，巴尔扎克，嚣俄，司各德等，亦占三分之一"；"写实主义[1]及自然主义，如易卜生，左拉，莫泊桑，托尔斯泰等，亦占三分之一"；"其余十分之一则选译新兴文学名著十种"。受出版形态局限，《文学》并不能完全实现这一计划，但其中提及的流派都有所译介。其中写实主义及自然主义文学和新兴文学占极大多数，符合刊物的左翼进步定位，因为这些作品反映现实中革命阶层的"感情和意识"，"最能认识现代问题"，能唤醒水深火热中的国人，鼓舞中国青年的斗志。与此同时，作家风格和创作手法的可借鉴性及作品的时

　　1　傅东华所称"写实主义"实与"现实主义"相通，但与"自然主义"相区别。

效性也是入选翻译的重要因素，办刊过程中，《文学》紧跟国际文坛动态，第一时间译介了诸多获诺贝尔文学奖的作品，以及许多对世界文坛颇有影响的大家之作。纵观傅东华一生译绩，也与这一计划有诸多耦合。

傅东华主编《文学》期间，还出谋划策，巧妙地帮助刊物渡过审查危机。1934 年 1 月 23 日，《文学》面临当局的严重压迫，茅盾和郑振铎到傅东华家研究对策，决定"以完全之策，避开这三斧头，化被动为主动"，从第 2 卷第 3 号起连出 4 期专号，即翻译专号、创作专号、弱小民族文学专号和中国文学研究专号，其中由郑振铎负责中国文学研究专号。茅盾历来居幕后，"备受读者称许"的翻译专号和有着"殊见精彩"的弱小民族专号自然出自傅东华之手。这两个专号不仅集中刊载译作，其中的翻译专号还畅谈文学翻译的本质、方法、出路，"文学论坛"栏目下的 6 篇文章中，就有《翻译的理想与实际》和《译什么和叫谁译》2 篇，出自傅东华之手。他指出时下翻译"完全成为一种社会服务"，不得不需要一些"富有服务精神的忠实译者"，翻译实践上要以"复写原文"为首要标准，即使"不顺"，读者也"只可拿自己的习惯去迁就不惯的风格，不可叫不惯的风格来迁就我们的习惯"，而篇目选择上则要有组织有计划，和"读者来做一种产销合作"，确保所译能产生实际效用。为此，这一期《文学》首开先河，组织文学翻译读者调查，向读者了解译作阅读喜好，让读者评价所刊译作。该调查共收到 633 份答卷，为翻译乃至创作都指明了方向。在《文学》的带动下，《现代》等刊物也相继开展读者调查，文坛掀起翻译高潮，译坛论争迭起，1934 年就此有了"翻译年"之誉。在 1934 年的大众语论争中，《文学》再次成为重要阵地，傅东华积极倡导以大众"活"的语言为根本，有的放矢地融入文言、方言和白话，适当欧化，试图借此从深层次焕发文学活力。鉴于此，傅东华被认为是"一九三四年的中国文坛十分努力的一个人"。

出任《文学》主编期间，傅东华的文学翻译使命感可谓达到顶峰。身兼翻译、编辑、作家、教授数职的傅东华，月入数千大洋已多年，生活优厚，早已摆脱了"卖文"为生的窘况，但他却甘愿以每千字 1 元大洋到每千字 6 元大洋的稿酬进行翻译，据其子傅养浩晚年回忆，1935 年时傅东华为中华书局译完一部小说，稿费也不过 400 大洋。显然驱动其躬身翻译的绝非偿还赌资的压力或媚众之心。这一时期，他的译作篇幅和数量大增，以小说为主。他以包容的胸怀译介不同新兴流派作品、以激进的姿态译介当代各国左翼进步作品和弱小民族文学，以敏锐的眼光译介了年度诺贝尔文学奖获得者代表作和相对处于文坛边缘的美国黑人作家。其中乔伊斯的《复本》是首部完整中译的乔伊斯作品，而对黑人作家休士的译介则引起黑人文学译介的突破性进展。他集辑出版的《化外人》小说集，收录多篇弱小民族文学译作和美国进步文学译作，让满目疮痍的中国从别国历史中获得动力。经他翻译，房龙的《我们的世界》、德莱塞的《真妮姑娘》、温索尔的《虎魄》及塞万提斯的《吉诃德先生传》等长篇脍炙人口。

《译文》于 1934 年在上海创刊，是我国最早专门译介外国文学的刊物，由鲁迅和茅盾创办并领导。傅东华出任编委，一度是其主要译者，先后翻译萧伯纳、歌德、莱蒙托夫、海涅等人的作品，德莱塞的《一个大城市的色彩》也刊于此。此外，他还是《文学季刊》《太白》等多个刊物的编委，积极参与国际文学交流、介绍国外文坛作家，多方位投入译介活动，广兴译事。

四、抗日救亡，译以抗敌

抗战初期，虽然被人指责"不是作家"，"不配翻译《吉诃德先生传》"，但傅东华还是执着地表示"倘使国法不禁止我的话，以后我还是想翻译几部书"。在译完《吉诃德先生传》后，他曾"颇倦于译事"，宣称要歇笔，但仍为作品所动，笔耕不辍，致力于革命文学、战争文学和经典作品的翻译。

这一时期的傅东华，社会责任意识达到顶峰。他直面灾难深重的国家，勇挑匹大之责，立志成为战斗员的"精神支撑者"。他曾立下盟誓，鼓舞士气：

> 谢谢敌人的恩典！
> 我们的团结已像金刚一样坚。
> 我们誓为人道、正义、自由而战；
> 我们誓将暴力与蛮横，扫当出火地之面。
> 任凭你机械队、化学队、轰炸机，主力舰，
> 休想冲破我们的阵线！
> 我们要把我们的尸体，供后继者作砂包，
> 我们要留我们的血迹，让后继者去踩践。
> 谨此立盟，皇天实鑑！

他认为"当这民族命脉不绝如缕的关头"，文艺家责无旁贷，"纵不主张'强心'是唯一的工作，却不能不主张它是迫切的工作"。这需要广大文艺工作者"心无二用"，"把我们的笔集中于民

族解放斗争"。他清楚地指出，在这关头"为稿费而创作"是无济于事的，而要"为做事而做事"，这样做起文章来，才"能丢开个人"，"为集体服务"。

1932 年，傅东华被推举为文化界反帝抗日大联盟常委会委员。1936 年 6 月，中国文艺家协会在上海成立，号召文艺家联合起来，共赴国难。傅东华为 43 位发起人之一，与茅盾、夏丏尊、洪深、叶圣陶、郑振铎、徐懋庸、王统照、沈起予等其他 8 人一同被选为理事，1937 年，加入中国笔会数年的傅东华，被推举为临时主席。1938 年初，复社在上海成立，由胡愈之等一批坚守上海的爱国文化人士发起，致力于通过翻译"促进文化，复兴民族"。八一三事变后，上海市文化界救亡协会成立，傅东华为主席，并担任《救亡日报》编委，负责短评。1939 年 1 月，又与夏丏尊、陈望道等在上海组织创办中国语文教育学会。

1936 年，他趁着苏联电影《夏伯阳》热映，翻译了苏联革命文学《夏伯阳》，这部描写著名游击战士英勇战绩和政治参与工作的小说，无疑是"一部正合时宜的读物"，向处于"夏伯阳时代"的中国读者明确揭示："革命在今天是如何的艰难，它有血，它有黑暗，然而也有光明伟大的明天"，号召国人奋起抗敌。同年，傅东华又集辑多篇弱小民族文学和美国进步文学作品，出版小说集《化外人》，让满目疮痍的中国从别国历史中获得动力。1938 年，他与胡仲持、王厂青等 12 名复社成员，仅用不到 2 个月的时间，共同翻译了斯诺的《西行漫记》，这无疑是他翻译生涯中最夺目的篇章，让中国人重新发现了自己的力量，"发现了一个充满希望的中国的'新大陆'"，同时"更加坚信全世界民族国联合战线的胜利前途"，对当时的进步青年影响巨大。同年，他还独自翻译了《孤岛闲书》系列，从不同角度展现世界大战背景下的人生百态、世态炎凉。国难面前，向来追求完全复写原文的傅东华，此时却对文本大幅删改起来。翻译《我们的世界》时，因对房龙所谓"唯有善能利用领土为人类造福者才配享有领土，不但国家的观念可以打破，就是种族的分限也可以满不在乎"的"世界主义者"观念不满，他果断地将书中"关于中日最近冲突的一章（原书第三十九章）""整章删去了"，以自己的译笔为匕首，投向敌人。

五、一《飘》难逝，毁誉并存

上海沦陷后，傅东华居于孤岛，生活颠沛，其翻译活动发生了戏剧性变化，更青睐"风行"世界的、有轰动效应的作品，其中1940年翻译的《飘》最具有代表性，译本至1950年再版9次。一本《飘》，为他在后世读者中赢得了长久声誉，在一般读者印象中，傅东华的翻译家盛名便来源于此。

翻译《飘》前，时值该书拍摄的电影《乱世佳人》热映，电影"在上海上映四十余日，上海的居民大起其哄，开了外国影片映演以来未有的记录，同时本书的翻印本也成了轰动一时的读物，甚至有人采用它做英文教科书了"。然而，当时傅东华"厌倦译书工作的心理并未改变，又以为一部时髦书未必一定就是一部好书"，一度"迟疑不决，停顿了近一月"，"直至书的内容涉猎过了，电影也领教过了，才觉得它虽然不能和古代名家的杰作等量齐观，却也断不是那种低级趣味的时髦小说可比——它的风行不是没有理由，它确实还值得一译"。同时，他又获悉当时日本的两个译本行销甚好，才"发了一股傻劲"，着手翻译。

《飘》的翻译一直饱受关注，至今仍为译界热议话题。傅东华认为作者只不过是想借南北战争的史迹来烘托几个特殊人物的普遍人情，故摒弃各种所谓的"主义"，将其定义为通俗作品。翻译时，傅东华认为，行文需避免"沉闷"，要替读者省点气力，让读者看译作能如闻其声，所以觉得不必如译 classics 一样字真句确，但"求忠实于全书的趣味精神，不在求忠实于一枝一节"。译文中，傅东华对原文大幅删减、缩写、替代、增补，呈现出一个战时三角恋爱故事，原作中不少很有表现力和思想深度的心理描写被删去，涉及美国内战各种看法及人物背景等与爱情主线联系不密切的内容或被删节或被略去，全文短句相接，节奏明快，接近口语，常用俚语俗语轻松幽默地进行表达，让文本具有娱乐性。他采取归化方法，即他所说的"中国化"译法：西方的文化意象用中国的替代，因而黑奴口吐孔夫子圣言"己所不欲，勿施于人"，佣人像太监一样伺候主人，主人则打算盘、用荷包装钱，甚至将知更鸟蛋的蓝绿色译为"鸭蛋一般的湖绿色"；外国人名地名都译成中国名字，体现中国的命名习俗及其特定意义，因而不仅有"饿狼陀"(Atlanta)、"曹氏屯"(Charleston) 等让人哭笑不得的译名，郝思嘉的小名也别有意味地从 Katie 变成"加弟"，富有的 Evan Munroe 则被译为"孟亿万"。总之，小说中出现的文化意象、人物品行、风俗习惯等，一律中国化处理，仿佛让人置身于一个民国初年中国南方封建大地主家庭，生活行事方式都是彼时彼地的写照，人的观念和品性都有传统文化痕迹，甚至留有封建残余。傅东华曾在序言中提到对话方面"力求译得象中国话，有许多幽默的、尖刻的、下流的成语，都用我们自己的成语替代进去，以期待阅读时可获如闻其声的效果"。加上译文汉语地道，古意斑斓，文白相间的译文中夹杂着浓重的吴语方言，还时常引用或改作诗句，"使读者读时，无异读创作小说"。

《飘》用国产洛阳纸精印，出版后多次重印，一书难求，各地报章都登载《飘》的广告和预售通知，更有读者致信报社，"希望内地能有人商得译者的同意，用土报纸翻印"，让读者能以较低廉的价格读到内地难觅踪迹的《飘》。一时间，关于《飘》和傅东华的各种报道也突增，更有小报称该作出自几个大学生之手，傅东华纯属挂名翻译，全文杂乱无章。

《飘》风行后，傅东华的翻译事业本可再上一个台阶，然而战局剧变，1942 年 7 月，傅东华应暨南大学之聘，携眷赴福建途中，在金华为日军所俘。据傅东华自述，"暨大内迁之役，他（何炳松）是三十一年二月间走的，我到四月下旬才成行，五月初到达金华，情势已经很紧。那时他已到达建阳，我不得和他会面，而敌机空袭无虚日，我不得不侍奉七十七岁的老母奔避南山。后来他从建阳回金华，金华已下强迫疏散令。他寄信叫我进城，但是我进城时他又已经走了。其时最后一次西行的火车已经开出，城里已疏散一空，又别无交通工具，我只得又回到南山。未几金华沦陷，唯南山一隅尚未见敌踪，我曾托金华自由区县长由递步哨到宣平转函建阳告急，久之消息杳然，而南山亦告沦陷，我遂陷敌而失去自由了。"此后傅东华历经波折，被解往南京，"胁迫其出任伪职，经严词拒绝，旋解杭州，敌曾惨施毒刑，傅不为屈"。后在汪伪政权的清乡干部学校任职任教，编撰过汪伪刊物《东南》，从此背负了"汉奸""逆士""附逆文人""有毒素"等骂名，即使 1946 年获教育厅转于金华府的忠贞事实证明书，也于事无补。此后，傅东华的文学翻译数量骤减，仅借翻译通俗文学"消磨若干日力"或用作"自戒"。

1949 年后，傅译《飘》成为翻译界阶级批判的靶心之一，曾被作为散播帝国主义毒素的典型反例加以批驳，1952 年《文汇报》连刊 10 篇读者来信批判《飘》的毒害作用。1960 年，北大西语系法文专业 57 级全体同学编著并印行了《中国翻译文学简史（初稿）》，专辟《傅东华译'飘'的批判》一节，大加挞伐，斥责傅东华"以翻译做为服务于帝国主义和为个人谋利挣钱的工具……宣言帝国主义文化，在读者之间散布毒素"。"文化大革命"期间，《飘》被批臭批倒。这一连串事件中，傅东华作为译者罪责难逃。这种悲剧性命运即使在 1979 年浙江文艺出版社重印《飘》时也没有彻底结束，无怪傅东华在 1957 年填写履历时，企图将这段往事，连同其解放前的翻译创作，一笔勾销，超然地"让它象梦一般消散吧"。尽管如此，《飘》在广大读者心中的地位，丝毫没有动摇，至今畅销不衰。而在各种翻译讨论中，傅译《飘》的中国化常被引作经典例子，广为讨论探究。

六、重译旧作，译为新生

1949 年中华人民共和国成立后，傅东华先后任中国文字改革委员会研究员、中华书局《辞海》编辑所编审、《辞海》语辞学科主编、上海市政协特邀委员、上海文史馆馆员、中国作家协会上海分会会员。这一时期的傅东华主要埋头做语言文字研究和《辞海》编撰，潜心于校注古籍，翻译活动不甚活跃，但仍不乏可圈可点之作。

　　傅东华对于翻译理想的追求始终不变，早在 1930 年代就曾重译自己 1920 年代翻译的亚里士多德《诗学》，1949 年后，因语境变化，又对多部旧作进行了重译。1950 年，他用散文体重译《奥德赛》。在"大跃进"高潮中，经组织安排，新译《伊利亚特》，修订《失乐园》，重译《珍妮姑娘》，并补译《堂吉诃德》第二部。这些作品多具有强烈的人民性，原作者广受欢迎，翻译中傅东华用贴近人民的语言对原文进行改写，诗作或融入散文体，或改为散文体，增加口语词汇，突出作品的人民性，使作品更亲近普通大众，能更好地参与构建新中国意识形态和文化身份的重要议程中。其中，《伊利亚特》为第一个中文全译本，补译完的《堂吉诃德》则是杨绛译本出现前，"一个比较完善的译本"，而他重译的《珍妮姑娘》到"文化大革命"期间，共印 3 版。

　　值得一提的是，《珍妮姑娘》是傅东华除《飘》以外，另一部广受欢迎的译作。1935 年初译本《真妮姑娘》，作为《世界文学全集》首批入选作品之一，1949 年前多次重印重排。1959 年上海文艺出版社出版《德莱塞选集》时，傅东华重译该作，后成为各外国文学名著系列中不可或缺的译本。

　　初译本《真妮姑娘》翻译忠实透明，译文措辞紧凑，行文工整，语言杂糅。当时，德莱塞被国人视为"彻头彻尾"的写实主义，不带偏见，"拿锋利深入的眼光去暴露现代文明和社会组织的种种病象"。《真妮姑娘》"暗示"了"资本主义的注定的命运"，"间接的暴露出拜金主义文化之种种罪恶"，傅东华翻译中以保留德莱塞如新闻记者般客观记录事实的风貌为要务，还原大背景下小人物的悲喜人生，以触发国人思考和作家创作。

　　重译本与初译本相隔 24 年，呈现出截然不同的风貌。重译本以归化为主，语义明了，句式简洁，"文从句顺"，节奏张弛有致，民族特色浓郁，人物形象鲜明。同许多"十七年"作品一样，《珍妮姑娘》成为构建国家意识形态的工具。傅东华根据社会主义现实主义文学的创作要求重塑人物，将珍妮等无产阶级人物塑造得得正直、纯洁、完美、高尚，资产阶级人物则被刻画为卑劣、凶残、贪婪、冷酷的形象，鲜明的阶级标签和人物正反两极的夸张，强化了阶级对立，凸显人民的伟大和资本主义的罪恶。当时的文艺创作强调中国化、民族风格，加之当代文学素有"生动活泼""喜闻乐见"的亲民要求，因此重译本广泛借鉴戏曲、曲艺等民间形式，强化行文节奏感和情节戏剧性，深化情境描写以烘托气氛。重译本保留了初译本中诸多平行对称结构，又根据情节增补调整，并增加叠词，使译文朗朗上口，节奏起伏有致，人物口吻富于变化，对白贴合人物性格、身份、阶级和心理，人物个性鲜明、阶级差异明显。50 年代，傅东华[1]翻译的《夏伯阳》被视作"不纯洁不健康的译文"典型，遭《翻译通讯》及《人民日报》点名批评，指出他的译文语言生硬、离奇，不符合汉语表达习惯。为此，《珍妮姑娘》重译本使用规范的现代汉语，采用人民大众的语言来叙述故事，让珍妮更能走进大众而化大众。得益于建国后平和稳定的环境，傅东华在重译中努力追求译文的"神气"，注重行文的艺术性，这是他在初译时向往而未能有条件实现的。

　　傅东华一生从事翻译活动长达 46 年，历经了中国现当代文学发展的多个重要时期。他一生的翻译活动是严肃的，大部分时间都秉持改

　　1　傅东华翻译富曼诺夫的《夏伯阳》(1936) 时，署名郭定一。

良社会、革新文学的理想，百折不挠、孜孜不倦，译作成果丰硕，紧跟时代脉搏，贴近社会需求。他在作家作品择取中追求上品、名作，翻译时始终心怀读者。作为五四运动后成长起来的职业翻译家，傅东华在翻译领域的成长和发展，是当时特殊社会文化语境造就的，带有鲜明的时代烙印，与此同时，其个人的理想、主张与经历锻造了他翻译生涯的独特性。同许多文学先驱一样，傅东华的译介活动是中国现当代文坛的重要构建力量，他以翻译为依托，参与了中国的现代化嬗变，推动中国的文化、文学和社会转型。

参考文献

[1] 《〈飘〉是怎样一本书》编辑部.《飘》是怎样一本书[C]. 杭州：浙江文艺出版社，1980.

[2] 艾华. 用艺术的外衣，来掩饰自己可耻的剥削思想[N]. 文汇报，1952–6–5.

[3] 鲍祖宣. 关于傅东华[J]. 新文学史料，1985(1).

[4] 北京大学西语系法文专业57级全体同学. 中国翻译文学简史 (初稿) [M]. 未出版，1960.

[5] 查明建、谢天振. 中国20世纪外国文学翻译史 [M]. 武汉：湖北教育出版社，2007.

[6] 查国华. 茅盾年谱[M]. 武汉：长江文艺出版社，1985.

[7] 陈成. 文坛秦始皇日暮途穷：傅东华落魄杭垣 [J]. 新上海，1947(64).

[8] 陈福康. 郑振铎论[M]. 上海：上海外语教育出版社，2017.

[9] 陈福康. 郑振铎年谱(上册)[M]. 上海：上海外语教育出版社，2017.

[10] 陈淑(梁实秋). 书报春秋：亚里士多德的"诗学"：傅东华译 [J]. 新月，1928, 1(9).

[11] 陈玉刚. 中国翻译文学史稿[M]. 北京：中国对外翻译出版公司，1989.

[12] 陈芸.傅东华改译"乱世佳人"[J].一周间，1946(13).

[13] 东华(傅东华).盟誓:为文化界救亡协会成立作[J].抗战三日刊，1937, 2(5).

[14] 梵珂.游击英雄"夏伯阳"：苏联富曼诺夫原作，郭定一译[J].前哨，1937, 3(10).

[15] 傅东华.(译序)[A].哈代等著、傅东华译.两个青年的悲剧[C].上海：大江书铺，1929.

[16] 傅东华.(译序)[A].陶孙著、傅东华译.参情梦[J].小说月报，1925, 16(10).

[17] 傅东华.(作者简介)[A].乔伊斯著、傅东华译.复本[J].文学，1934, 2(3).

[18] 傅东华.(作者简介)[A].瓦塞曼著、傅东华译.琉卡狄思[J].文学，1934, 2(3).

[19] 傅东华.《文学之近代研究》译序[J].文学周报，1926(210).

[20] 傅东华.不是作家的作法谈[J].绸缪月刊，1935, 2(2).

[21] 傅东华.此路不通[A]读书杂志，1933, 3(1).

[22] 傅东华.非战斗员的责任[J].青年抗敌特刊，1937, 8.

[23] 傅东华.关于'失乐园'的翻译——答梁实秋的批评[J].文学，1933, 1(5).

[24] 傅东华.关于作者的话[A].房龙著、傅东华译.我们的世界[M].上海：新生命书局，1933.

[25] 傅东华.前记[A].哀禾等著、傅东华译.化外人[C].上海：商务印书馆，1936.

[26] 傅东华.上海语文学会会员登记表[Z].上海档案馆资料[卷宗号

C43–1–704]，1958–2–4.

[27] 傅东华. 什么是革命文艺[N]. 中央副刊，1927-3–22.

[28] 傅东华. 文学常识[M]. 上海：商务印书馆，1927.

[29] 傅东华. 文艺家协会成立之日：一种特殊的空气[J]. 光明，1936, 1(2).

[30] 傅东华. 我的读书经验[J]. 读书季刊，1935, 1(2).

[31] 傅东华. 序[A]. 德莱塞著、傅东华译. 失恋复恋[M]. 上海：中华书局，1935.

[32] 傅东华. 序[A]. 皮涅克著、傅东华译. 皮短褐，附序[J]. 文学周报，1928(313).

[33] 傅东华. 序[A]. 陶孙等著、傅东华译. 参情梦及其他[M]. 上海：开明书店，1928.

[34] 傅东华. 一张菜单[J]. 文学，1933, 1(1).

[35] 傅东华. 译后记[A]. 史普林著、傅东华译. 业障 (第2版)[M]. 上海：龙门出版公司，1947.

[36] 傅东华. 译序[A]. 马歇尔著、傅东华译. 欧洲与太平洋战争之胜利：美国驻华特使前陆军总参谋长马歇尔上将至陆军部之二年报告[M]. 上海：龙门出版公司，1946.

[37] 傅东华. 译序[A]. 米切尔著，傅东华译. 飘 (重印)[M]. 杭州：浙江人民出版社，1940/1979 (上海：国华编译社，1940).

[38] 傅东华. 中国作协上海分会1956年会员创作情况表[B]. 上海档案馆资料[卷宗号C52–1–134]，1957–1–18.

[39] 傅东华讲演、张道仁整理. 现代文学的趋势及对旧文学应有的态度[J]. 大夏月刊，1930, 3(2).

[40] 傅虹.坏小说曾经迷惑了我[N].文汇报，1952–6–5.

[41] 傅则黄（傅东华）.与我相处大半世的何柏丞[J].读书通讯，1946(117).

[42] 高亚军 主编.浙江金华第一中学(1902—2002)校友录[Z].内部资料，2002.

[43] 光.《飘》引导我走到错误的路上[N].文汇报，1952–6–3.

[44] 郭解.傅东华的"暴发"[J].七日谈，1945(1).

[45] 华（傅东华）.翻译的理想与实际[J].文学，1934, 2(3).

[46] 华（傅东华）.我们该怎样接受遗产[J].文学，1934, 2(1).

[47] 黄贤根 主编.金华和谐黄氏宗谱(第四卷·行传(下))[Z].新加坡：新加坡赤道风出版社，2012.

[48] 姜涛.早期新诗的"阅读问题"[J].中国现代文学研究丛刊，2002(3).

[49] 金峰.《飘》腐蚀了我[N].文汇报，1952–5–6.

[50] 黎叔.汉奸群象国人皆可杀！：周作人与傅东华[J].胜利，1945(9).

[51] 李今.三四十年代苏俄汉译文学论[M].北京：人民文学出版社，2006.

[52] 李乐群.《飘》阻碍了我的进步[N].文汇报，1952–5–6.

[53] 力文.《飘》使我产生了崇美思想[N].文汇报，1952–5–9.

[54] 梁实秋.傅东华译的《失乐园》[J].图书评论，1933, 2(2).

[55] 梁志芳.翻译·文化·复兴——记上海"孤岛"时期的一个特殊翻译机构"复社"[J].上海翻译，2010(1).

[56] 林志健.《飘》怎样麻醉我的？[N].文汇报，1952–5–10.

[57] 陆颖. 历史、社会与文化语境中的复译——Gone with the Wind 中译研究 (1940—1990) [J]. 同济大学学报 (社科版)，2008(4).

[58] 陆颖. 社会文化语境下的文学重译——傅东华重译《珍妮姑娘》研究[D]. 华东师范大学，2014.

[59] 陆颖. 珍妮·葛哈德在新中国的重生——评傅东华1959年重译《珍妮姑娘》[J]. 社会科学，2011(8).

[60] 毛龙. 傅东华出现苏北：反国拥共[J]. 海涛，1946(13).

[61] 茅盾. 多事而活跃的岁月——回忆录十六[J]. 新文学史料，1982(3).

[62] 茅盾. 我走过的道路 (上) [M]. 北京：人民文学出版社，1984.

[63] 牧子. 给戴上了双重有色眼镜——向《飘》的译者傅东华提出控诉 [N]. 文汇报，1952-5-9.

[64] 钱尚琪. 坏小说毒害了我的思想[N]. 文汇报，1952-5-10.

[65] 水 (傅东华). 译什么和叫谁译[J]. 文学，1934, 2(3).

[66] 王建开. 五四以来我国英美文学作品译介史1919—1949 [M]. 上海：上海外语教育出版社，2003.

[67] 魏岩. 中外作家：文学编者傅东华[J]. 读书顾问，1934(3).

[68] 文子. 傅东华消极[J]. 娱乐，1936, 2(3).

[69] 吴泰昌. 从郑振铎、叶圣陶没有参加左联谈起[N]. 人民日报，1980-3-1.

[70] 小将. 傅东华嗜赌成癖[J]. 春色，1936, 2(16).

[71] 晓云、艾然. 不纯洁不健康的译文举例[N]. 人民日报，1951-8-6.

[72] 徐铸成. 傅东华——一个被遗忘的人[A]//旧闻杂忆 (修订版)

[C]. 北京：三联书店，2009.

[73] 衣. 党政文化秘闻：傅东华好赌如故[J]. 社会新闻，1933，4(28).

[74] 佚名.《饥饿及其他》广告[J]. 文学，1933, 1(1)：广告页.

[75] 佚名.《飘》广告[N]. 大公报 (桂林)，1943–11–27.

[76] 佚名.《世界文学全集》广告[J]. 文学，1935, 4(6).

[77] 佚名.《夏伯阳》再版出书广告[J]. 文学，1937, 9(3)：封底.

[78] 佚名. 反帝抗日大联盟：积极推进工作巩固扩展组织：胡愈之傅东华等担任常委[J]. 文艺新闻，1932(43).

[79] 佚名. 傅东华爱赌[J]. 娱乐，1935, 1(17).

[80] 佚名. 文学月刊二卷五号出版[N]. 申报，1934–5–1.

[81] 译者. 译者附记[A] 斯诺著、译者译. 西行漫记[M]. 上海：复社，1938.

[82] 袁锦翔. 融会贯通 运用纯熟——傅东华译《珍妮姑娘》首段赏析[J]. 中国翻译，1987(1).

[83] 云和通讯. 傅东华被囚杭州[N]. 大公报 (桂林)，1943–3–12.

[84] 张春莉. 试论小说《飘》在我国的接受 (1949—1979) [D]. 上海外国语大学，1999.

[85] 张圣康. 我曾经迷失了青年人生活的方向[N]. 文汇报，1952–6–28.

[86] 赵家璧. 新传统[M]. 上海：良友图书印刷公司，1936.

[87] 知我. 文坛短讯：五〇、傅东华编辑教科书[J]. 草野，1930, 3(7).

[88] 中国版本图书馆. 1949—1979翻译出版外国文学著作目录和提要[Z]. 南京：江苏人民出版社，1986.

[89] 朱维基. 评傅译半部《失乐园》[J]. 诗篇月刊，1933(1).

[90] 子渔. 书报述评《真妮姑娘》[J]. 文学，1935, 4(6).

[91] 邹振环. 影响中国近代社会的一百种译作[M]. 北京：中国对外翻译出版公司，1996.

中西融通的学术翻译大家——潘光旦

赵巩翠

潘光旦先生(1899—1967)是中国现代知识分子的杰出代表，他以学识渊博著称，被学界称为"学贯中西，融汇古今，打通文理"的学者。清华校史专家黄延复曾有"清华四哲"之说，除了梅贻琦、陈寅恪、叶企孙，还有一位就是潘光旦。潘光旦一生涉猎广泛，他在优生学、性心理学、社会学、民族学、家谱学、教育学等众多领域都有很深造诣。他研译兼长，既是杰出学者，也是重要的学术翻译家。2000年由北京大学出版社出版的14卷《潘光旦文集》收入潘光旦各类作品超过640万字，其中第12至14卷为翻译卷，包括了他在不同时期完成的7部代表性译作。这些作品译笔流畅、注释丰赡，多属经典之作，足以奠定他在学术翻译领域的重要地位。

潘光旦，字仲昂，本名潘光亶（后以亶字笔画多，改为光旦），1899年8月13日出生于江苏宝山县一个末代士绅之家。他的父亲潘鸿鼎中过进士，做过翰林编修，在当地颇有声望。潘鸿鼎平时忙于乡国事务，少问儿辈的功课，但他对潘光旦的思想熏陶却极深。有一次，潘光旦写了一篇翻案文章《严光不仕光武论》，批严氏不该过于清高，而应以天下为己任出仕为官，父亲看后告诫潘光旦说，小孩子不要妄议古人，背离当时历史背景轻率下定论。父亲对历史和古人的敬畏深深影响了潘光旦，由此，他逐渐树立了对先贤的尊崇，并培养起对国学的兴趣。儿时的另一件事则可以说不仅影响，甚至成就了潘光旦：潘光旦 13 岁时偶然在父亲的书柜里发现一本性卫生题材的书籍，父亲非但没有阻止他，还容许他拿来阅读，这种开明态度和充分信任，给他营造了宽松有利的成长环境。潘光旦对此至为感念，并在其译作中多次提及父亲的开明教育对于自己的"性的发育以及性的观念，有很大的甄陶的力量"。母亲沈恩佩（璇圆）出身于诗礼之家，她对孩子的教育也恪守中国传统的礼让之道。小时候的潘光旦只要跟别的孩子发生争吵打架，到晚上母亲一定会责罚他。母亲的言传身教塑造了潘光旦待人宽厚、豁达大度的处世态度，"'温、良、恭、俭、让'诸美德，他可以当之无愧"。潘母让人敬佩的另一点是她对书籍和知识的敬畏。据说一次逃难时，她舍弃一切家中细软，只带了四担书籍。在这种家庭氛围中，潘光旦自幼饱读诗书，见识过人，养成了淡泊名利、宁静致远的品格。

　　1913 年，14 岁的潘光旦考入清华留美预科学校。在校期间，他"所习各科，成绩均极优异"，用他自己的话说，是"温峤羞居第二流"。此时，他过人的学术潜质也逐渐显露出来。1922 年，在梁启超所开的"中国历史研究法"课上，他上交了一份读书报告《冯小青考》，创造性地以弗洛伊德的性学理论，分析得出明代末叶奇女子冯小青的死因是"影恋"。梁氏读后对他大加赞赏，并在评语中写道

"以吾弟头脑之莹澈，可以为科学家；以吾弟情绪之深刻，可以为文学家"。大师对潘光旦的认可激发了他的学术信心，之后在《冯小青考》的基础上写成《小青之分析》（再版时改名为《冯小青：一件影恋之研究》），成就了中国现代学术史上的经典。潘光旦后来深耕学术，在诸多领域取得建树，验证了梁启超对其发展潜力的预期。

清华学校的目标是向美国大学输送插班的中国学生，因此格外注重英文教育和西学训练，潘光旦正是在此期间打下了扎实的英文基础。他"英语之熟练，发音之准确，隔室不能辨其为华人"。到1922 年出国前，他已可以不查字典随意阅览英文原著，还读完了英国性心理学大师亨利·哈夫洛克·霭理士的 6 册《性心理学研究录》（1929 年，霭氏又增辑了第 7 册）。霭理士是英国著名文豪，其一生涉猎广博，在性心理学、哲学、文学、社会学、美学等众多领域都有建树。他的著作思想深邃、旁征博引，连费孝通都说此书对于大学时的自己而言"读起来是相当吃力的，而且也不见得能懂"，当时的潘光旦能够通读这一皇皇巨著，并形成通透的理解，实属难得。出众的外语素养为潘光旦后来接受西方科学和从事学术翻译奠定了基础。

当时的清华学校在校园文化上也是一派西洋作风，很多学生崇尚西方文明，鄙弃中国传统文化。但潘光旦早年深受家庭的熏陶，对中国传统文化有着深厚的情感，并没有被这种民族虚无主义思潮所左右，而是利用课余时间大量研读史籍、方志、族谱等众多国学典籍，甚至去美国留学时，还随身带了一部缩印的《十三经注疏》。他在日后的研究和翻译中能够融会贯通中西、古今文化，很大程度上得益于早年对国学精华孜孜不倦的汲取。

清华学校素有重视体育的传统。一心想要"文武双全"（潘光旦语）的潘光旦在参加学校跳高比赛时意外受伤，因为没有及时得到有效治疗而被迫锯掉右腿，成为"独腿侠"。这一事故对于风华正茂的潘光旦是个巨大打击，但灾难并没有影响他豁达乐观的人生态度，他不以腿疾为碍，拄着双拐仍行动自如，甚至能和同学参加京郊几十公里的远足爬山。

1922 年潘光旦赴美留学，进入美国达茂大学插班三年级学习生物学，半年后因成绩特别优秀，学校教务长特地写信向他道歉，说他应该是插入四年级的，于是潘光旦直接转入四年级学习。1924 年潘光旦获得学士学位，并被授予美国大学优等生荣誉协会 (Phi Beta Kappa) 会员，之后到哥伦比亚大学读动物学、古生物学和遗传学，1926 年获硕士学位。留学期间，他曾师从诺贝尔生理学或医学奖获得者、遗传学家摩尔根和优生学记录馆创始人、美国优生学先驱达文波特 (C. B. Davenport)，打牢了专业基础。潘光旦学术兴趣极其广博，在学习生物学、遗传学、优生学的基础上，还涉猎了心理学、文学、哲学、历史学、社会学、人类学等领域，开阔了学术视野。他有时还会去听一些"烟斗课"，在这些课上，教师会叼着烟斗闲谈，实际上"闲话"中常常包含着大智慧，不经意间可以给人启迪。

此外，潘光旦在学术活动和社会活动方面也非常活跃。他撰写了大量文章，发表在《优生新闻》《留学生月报》以及《留学生季报》《东方杂志》《妇女杂志》《申报》等国内外报刊上。这些文章有以西方科学视角对中国社会问题的探索，有对国外学术思想的介绍，也有从学理角度对中西文化的对比研究。其中特别值得一提的是，1923 年还在读大学四年级的潘光旦就在美国学术刊物《优生新闻》发表了长文 "Eugenics and China: A Preliminary Survey of the

Background"，对中华民族的种族特征及某些影响深远的社会制度与优生学的关系做了初步考察。潘光旦曾回忆说美国老师一向很欣赏他的功课和英文写作，"先生宣读学生的短篇佳作，我的往往是第一篇，长的佳作还要替我向专门期刊介绍揭登"。如此看来，发表在《优生新闻》上的这篇文稿很有可能就是他所说的"长的佳作"之一。

1926年潘光旦硕士毕业回国，之后8年辗转在上海多个大学任教，历任吴淞政治大学教务长、上海东吴大学预科主任、上海光华大学文学院院长、吴淞中国公学大学部社会科学院院长，同时在复旦、沪江、大夏、暨南等校授课，并兼任《新月》杂志、英文《中国评论周报》编辑，《华年》周刊、《优生》月刊主编。1934年潘光旦回到清华大学任教，1937年卢沟桥事变爆发后随校辗转迁至昆明，任西南联合大学社会学系教授。从1934年至1952年，潘光旦先后担任过清华大学及西南联大教务长、社会学系主任以及清华大学图书馆馆长等职务。1952年全国院系调整，潘光旦调入中央民族学院（现中央民族大学），主要从事民族史和民族学研究。1957年以后，潘光旦在一系列政治运动中受到牵连，遭受不公正待遇，于1967年6月10日病逝。在这40年间，他的教学和研究工作覆盖优生学、遗传学、进化论、家庭问题、人才学、谱牒学、中国社会思想史、西洋社会思想史、性心理学、教育学、民族学等领域。他著述甚丰，内容涉及自然、人文和社会科学，作品还有时评和政论，大都收入14卷本、640多万字的《潘光旦文集》，于2000年12月由北京大学出版社出版。

潘光旦的学术翻译是其学术成果的重要组成部分。在《潘光旦文集》中，译作篇幅约193万字，约占著述总量的三分之一，涉及优生学、性心理学、社会学、教育学、生物学等众多研究领域。潘光旦是我国优生学的奠基人之一，在引介西方优生思想的过程中，除了原创著述外，他还采用"译""写"结合的方式，在借鉴国外学者理论或观点的基础上，更贴合地分析和解决中国的现实问题，《民族特性与民族卫生》与《优生原理》就属于此类作品。1929 年，潘光旦摘译的美国人文地理学家亨廷顿的著作《种族的品性》，以《自然淘汰与中华民族性》为题出版了单行本，后于 1937 年与译自明恩溥的《中国人的特性》中的 15 个章节一并辑入优生学作品《民族特性与民族卫生》一书。1949 年，潘光旦把编译的美国学者普本拿（Paul Popenoe）与约翰逊（R. H. Johnson）的《应用优生学》（*Applied Eugenics*）中的原理部分，与自撰的一个章节组合成《优生原理》一书。在西方性学思想的引入方面，为了启蒙国人形成科学的性观念，潘光旦着力翻译了霭理士的性心理学代表作品。1934 年，他先后从霭理士的《性心理学研究录》中节译了其中的《性的教育》（*Sexual Education*）和《性的道德》（*Sexual Morality*）两个章节。1944 年他又翻译了霭氏的《性心理学》，在书中，他以译注和附录的形式大量补充了中国传统文献中关于性的事例和见解，因而赋予原作更高的学术价值，也成就了中国性学领域的经典译作。在教育学方面，针对当时教育过于注重专才等问题，潘光旦于 1946 年节选了阿道司·赫胥黎的《目的与手段》中的"教育"（*Education*）一章，译成《赫胥黎自由教育论》，以重申自由教育或通达教育的重要性，探索解决各种教育弊端的良方。在社会学方面，为了课程建设的需要，潘光旦于 1949 年底开始根据莫斯科马恩列研究院的英译本转译恩格斯的《家族、私产与国家的起源》，在该书中，潘光旦同样精心添加了大篇幅的译注，通过梳理中国传统文献，追溯了中国社会的发展史。该书是"唯一一部由个人翻译并详加注释的马恩经典著作"，但由于历史原因，译本直到1999年才由光明日报出版社出版。他还翻译了《社会主义从空想到科学的发展》一书的"附录"——《玛尔克》，译文先是发表于《新建设》杂志，经补充、修订后出版了单行本。在生物学方面，1956年潘光旦接受叶笃庄邀请，开始翻译英国著名生物学家、进化论奠基人达尔文的巨著《人类的由来》。虽然此后因为接受思想改造等原因多次中断翻译工作，但他克服重重困难，终于在1966年译成此书。

此外，潘光旦还翻译了大量学术文章和重要史料。就读清华期间，他翻译的《美国战时战后维持论》刊于清华壬戌级结业纪念刊《进修津》。1932年潘光旦创办了以"助少壮求位育，促民族达成年"为宗旨的《华年》周刊，并担任主编和主要撰稿人，先后在此刊上发表译文20余篇。1964年，潘光旦接受中宣部交办的翻译反修资料的任务，翻译了诺尔曼·克欣斯的《近代人报废了》（*Modern Man is Obsolete*）和托马斯·默尔顿的《和平：一个宗教的责任》（*Peace: A Religious Responsibility*）两篇社会学论文，分别收入以内部读物形式出版的《资产阶级社会学资料选辑》第5辑和第4辑。1959年至1962年期间，他被抽调参加边界工作，翻译了约50万字的中印、中巴边界问题的英文史料。

总体而言，潘光旦学术译介成果丰硕、译笔流畅、注释精到，多部译作在中国学术翻译史上占有重要地位。张中行读了潘译《性心理学》后，赞叹说"如果100分为满分，则《性心理学》应得125分"；孙珉称赞《家族、私产与国家的起源》与原作"相互激发、相互补充"，堪称"翻译珍品"；《性心理学》与《人类的由来》一并被商务印书馆列入《汉译世界学术名著丛书》。这些经典译作在相关学科在中国的创建、国人思想的启蒙、民族问题解决之道的探索等诸多方面发挥了重要作用。回溯潘光旦先生代表性译作的完成过程，一位心怀国家、潜心著译、坚韧不拔、精益求精的老一辈学者型翻译家的形象跃然纸上。

一、志在启蒙大众，译出"125分"的《性心理学》

潘光旦翻译最多的应属性学大师亨利·哈夫洛克·霭理士的性心理学著作。霭理士是西方现代性学奠基人，被公认为19世纪末至20世纪初英语世界里首屈一指的性心理学大师，与西格蒙德·弗洛伊德并称为性科学领域的先驱。他一生著作等身，涉猎广泛，擅长以流畅多彩的文笔，传播严谨的科学知识。潘光旦曾坦陈自己很早就对性的问题产生兴趣，但在当时的环境下，向父母发问、找老师请教似乎都不可行，只能偷偷阅览相关图书，但是一般书籍的科学价值却很小。后来他在清华学校学习期间读到霭理士的6卷本《性心理学研究录》，深为霭理士宽广的学术视野和人文主义的性观念所打动。该书在当时并不对学生公开，所以他费了不少周折才逐本借阅一遍。此后便有不少同学就性方面的问题向潘光旦讨教，俨然把他当成了一个性学权威，让他颇为自豪。后来，他还陆续阅读了霭理士的其他作品，如《社会卫生的任务》(*The Task of Social Hygiene*) 和《男与女》(*Man and Woman*) 等。

五四运动之后，中国传统的性禁锢思想被打破，"性"问题成为知识界热门话题。在当时内忧外患的背景下，众多先进知识分子都不同程度地认识到，"性知识和性观念直接关系到中华民族的存续"，科学健康的性知识观念可以促进良好的婚姻和生育，进而根本上提高整个民族的素质。基于此种共识，"性"话语一度发展成为当时的公共叙事。在先进知识分子引进国外各种性知识与性学说的同时，不少劣质读物混杂其间，呈现泛滥之势。潘光旦对此深恶痛绝，曾多次撰文严厉声讨这些不负责任、粗制滥造的性读物。他意识到国人亟需树立健康的性思想和性道德观，于是又想到了霭理士，因为霭理士是公认的"对于这个问题研究最渊博、最细到、也是最有健全的见地的一个人"。而且，对霭理士的尊崇使他怀有一种私淑弟子的心理，进而"想把私淑所得，纵不能加以发扬光大，也应当做一些传译的工作"。由于《性心理学研究录》专业性强，对一般读者而言过于冗长和繁琐，他特意节译了其中最基本且与青年生活关系最密切，也较易为一般读者理解与接受的《性的教育》分题，之后又续译了《性的道德》分题。

在选译上述作品时，潘光旦甚至遗憾霭氏没有另写一本比较尽人可读的性学著作。但实际上，霭理士在一年以前已经出版了一本较 7 册《性心理学研究录》更为简括、易懂的性学书，题为《性心理学》，而且该书补述了性心理学研究的新成果。拿到这本书时，潘光旦如获至宝，以至于在译序中感叹"译者多年来许下的愿到此刻可以比较畅快的还一下了"。但由于行政工作的繁杂，加上一些研究与写作的需要，"还愿"过程颇费周折。抗战时期，潘光旦随清华大学颠沛流离，辗转迁至云南昆明。在当时的情况下，学术研究和写作缺乏资料和题材，他认为正是翻译的大好时机。于是，在日军频繁的空袭威胁下，在动荡不安、极端艰苦的物质条件下，潘光旦开始了翻译工作。从 1939 年 11 月起，其间时断时续，到 1941 年 11 月译完。全书约 34 万字，其中译注和附录占近 10 万字，书末所附《中国文献中同性恋举例》一文曾单独发表，有着非常高的学术价值。

在《性心理学》的开篇，潘光旦题诗一首：

"二《南》风教久销沉，瞎马盲人骑到今。欲挽狂澜应有术，先从性理觅高深。……我亦传来竺国经，不空不色唤人醒……"

可见，他译介性心理学的目的在于启蒙国人，倡导科学的性观念，祛除盲人骑瞎马般的无知愚昧，从而力挽狂澜，实现民族的复兴和国家的富强。

在译注中，潘光旦引用了多达 255 种中国传统文献，对历史上有关性问题的探讨和说法进行系统化梳理分析，以"与原文相互发明，或彼此印证，也所以表示前人对于性的问题也未尝不多方注意，所欠缺的不过是有系统的研究罢了"。这些译注不仅让中国读者易于理解原作，也更利于他们接受现代性学思想，其良苦用心可见一斑。正如他的学生费孝通所说，潘光旦"犹恐读者陷于中西之别，以他平时研究的成果，列举有关的中国资料来为原文注释。字里行间充分流露了他谆谆善诱的工(功)夫"。著名作家舒芜也曾表示："我读潘氏的译注，常常觉得对于中国古书古史古事古说，忽然有了新的合理的理解，得到一种中西融会、豁然贯通的理智的悦乐。"他谈到以前读《诗经》中《草虫》一篇（用的是朱熹的《诗集传》），解得稀里糊涂，读得也稀里糊涂，而潘光旦在译注中把《性心理学》《西厢记》与《诗经》联系起来，融会贯通，可谓开《诗经》之学前所未有的新局面，读后豁然开朗。当代学者邹振环认为"这一译本中近十万字的注，简直可以称为是中国性心理学的一部重要文献"。

　　另外，潘光旦对于原作思想并非简单的"取经"或"拿来"，而是选择性、批判性地接受。比如，或许是基于优生和社会发展的立场，他对于霭理士主张的婚姻"见习期"一说并不赞同，因此他通过译注对这一观点提出质疑，借以影响读者对原作思想的判断和认知：

　　见习的方面少，等于不见习，见习的时间长，见习的方面多，就等于实行婚姻，等于曾子所说的'学养子而后嫁'。婚姻好比人生的许多别的大事，原是一个冒险的历程，要把全部历程的安全于事前完全加以肯定，事实上是不可能的。下文霭氏不引埃克司纳"婚姻为一个造诣的过程"之说么？婚姻的本身既是这样一个过程，既须夫妇两人不断的彼此力求位育，才有日新的进步可言，才有高度的造诣可言，那岂不是等于说，全部婚姻的过程不就是一个见习的过程么？不等于说，有婚之日，莫非见习之年么？又何必别立一个见习的期限呢？

　　同时，在《性心理学》译序中，潘光旦也强调了自己的译语标准：

　　译笔用语体文，于前辈所持的信、达、雅三原则，自力求其不相违背。译者素不喜所谓欧化语体，所以也力求避免。译者以为一种译本，应当使读者在阅读的时候，感觉到他是在读一本中国书，和原文的中国书分不出来，越是分不出来，便越见得译笔的高明。

潘光旦以读者的阅读感受为中心，力求语言地道通俗。孟琨表示，《性心理学》"译笔的优美可谓无懈可击，流利融浑处令人拍节称赏"。孙珉也称赞他"文气的畅达体现了一种翻译快感"。他在翻译中使用家喻户晓的语言，辅以中国传统文化中的历史典故，成就了中国学术史上影响深远的经典译作。著名作家曹聚仁说："霭理士的《性心理学》是一部了不得重要的好书。在中国替这部书做翻译的潘光旦先生，是这一学科的专家。"他认为这本书能够扶起国人健康的性心理来，这样一本书即使放在一位少女的桌上或枕边也没有什么不适当的。著名学者张中行在评价该书时认为：

"精译"要满足四个条件，一是精通外文；二是精通本国语；三是有足够的所译著作这一门类的学识；四是认真负责。用此四个条件考试，即使出于林琴南、严复之手的也算在内，过去的译著必有多一半不及格。而潘译《性心理学》却可以得特高的分数。如果 100 分算满分，该书应得 125 分。

二、着眼强国优种，著译《优生原理》

潘光旦先生是我国优生学的先驱，对于优生学的传播与发展功不可没。他曾师从诺贝尔奖得主、著名遗传学家摩尔根教授主修生物学，是摩尔根的第一个中国嫡传弟子，而且颇得摩尔根赏识。然而，学成归国后，他并没有从事专业的生物学研究，而是热衷于优生学的学科建构和推广。潘光旦的这一学术旨趣来自于他对国家和民族的责任感。与同时代许多具有爱国情感和社会关怀的知识分子一样，他急于借助西方科学的思想和方法，为中华民族寻求出路，改变中国积弱积贫的现状。他说："优生学不是别的，就是在研究如何提高民族品质的一种学问。"在美期间，他曾跟随优生学纪录馆的创始人、美国优生学先驱达文波特学习，为后来从事优生学研究打下了坚实的基础。回国后他长期从事有关优生学的教学研究工作，先后出版了《中国之家庭问题》《优生概论》《日本德意志民族性之比较的研究》《人文史观》《民族特性与民族卫生》《中国伶人血缘之研究》《优生与抗战》与《优生原理》等多部优生学著译作品。其中，《优生与抗战》和《优生原理》是潘光旦于抗战期间在讲授优生学课程的基础上先后完成的，也是最具个人特色的两部作品。同时，他还在报刊杂志上大量发表宣传和介绍优生学思想的文章，为优生学在我国的发展奠定了基础。

　　《优生原理》是他长期从事优生学教研工作的最后结晶，也是抗战时期他在教学之余完成的多部重要著译作品之一。该书约 20 万字，共有 8 章，前 7 章属于编译（大约三分属编，七分属译），第 8 章由潘光旦撰写。该书主要以美国学者普本拿与约翰逊合著的《应用优生学》1933 年修订本为蓝本。普本拿是人类改进基金会的主任干事和家庭关系研究所所长，约翰逊是匹兹堡大学教授。潘光旦虽未见过这两位学者，只跟前者通过信，但他知道两位学者对优生学有湛深和通透的了解，而且他很早就读过《应用优生学》(1918 年首版)，从中获益很多，因此决定选译该书。他在对原著内容进行取舍时，充分考虑到中美国情差异，所遵循的原则就是作品与中国国情的适用性。根据此原则，他从原著中选译了基本的优生学原理，如先天遗传与后天教养的关系、人类遗传基因的性质、自然选择与社会选择等等，在内容方面做了适当删减，然后融入自己的心得体会，又增加了针对中国读者的大量注释。

该书前 7 章完成于 1941 年 8 月至 1942 年 5 月之间，其中第 1 章是在逃难途中，在峨眉山新开寺开始写作的，其余部分均在昆明完成。潘光旦在序言中回忆了惊心动魄的著译过程：

避地到过西南的人都知道这是敌人空袭最猛烈的一个时期。所谓疲劳轰炸就是在三十年八月初开始的。对于我，也幸而是学校行政工作摆脱的最干净的一个时期，因而能在授课与躲警报的夹缝中，多少争取了一些写稿的机会。记得当时写此稿写得最多的地点是西南联合大学总办公处的庶务办公室；我和庶务行政向无关系，正唯其没有关系，所以反而比较清静，比较更可以避免客人的枉顾，因而得安心从事。当时唯一无法避免的不速之客是敌机来袭的警报；不过问题也还简单，警报一响，我就把手边的稿子和参考书物收拾起来，向庶务室的大铁箱下面（不是里面）一塞，然后随着众人向联大后面的坟山疏散。

这段描述向我们展现了一位潜心学术的学者，在性命攸关之际，临危不乱、淡定从容的胸怀和气度。幸运的是，联大校舍在此期间没有中过炸弹，最终书稿也得以保全下来。《优生原理》正式出版于 1949 年，后于 1981 年作为"旧著重刊"再版，发行两万余册。

潘先生在如此危难和艰苦的情况下，仍能在短短几年的时间里完成多部著译作品，主要源于他自强不息、积极乐观的生活态度和孜孜以求、不断进取的学术精神。但在《优生原理》的自序中，他却慷慨地把该成果的一半归功于他的学生们：

他们听我讲授，和我讨论，甚至于和我辩难，很热烈的辩难，许多和寻常见解不同的地方也往往就是辩难所由引起的地方；对于这些同学我要借此机会表示我的欣慰和感谢，因为就一门新兴的学科说话，立意遣词，要力求其周匝平允，第一，眼前非有学殖稍具根柢的听众不可，第二听众中非有深思熟虑、善于质难，以至于不惜争辩的人不可；本书虽一半处于迻译，一半也未尝不是这一番切磋砥磨的成品。

三、心系课程发展，转译《家族、私产与国家的起源》

北平和平解放后，清华大学社会学系进行了教育改革，潘光旦负责为大三的学生讲授"马列名著选读"课程。为了上好这门课，他特地购买了莫斯科马恩列研究院出版的英译本 *The Origin of the Family, Private Property and the State*（《家族、私产与国家的起源》）。该书是马克思主义经典著作之一，是恩格斯在整理马克思所作关于路易斯·亨利·摩尔根《古代社会》一书的摘要和批语的基础上，结合自身对古代欧洲历史的研究而作。"著作将摩尔根《古代社会》这部当代罕见的跨时代的作品加以发展，以具体实例论证了历史唯物主义的理论，并且由此确立了马克思主义的人类历史发展一般规律的地位。"

深厚的学术积淀为潘光旦翻译《家族、私产与国家的起源》打下了坚实的基础。他曾在清华社会学系长期开设"家庭婚姻"课程，在家谱学研究方面亦成果颇丰，著有《家谱学》《明清两代嘉兴的望族》《存人书屋历史人物世系表稿》和长篇论文《近代苏州的人才》等。解放后他主要从事民族史方面的研究，撰写的14万字的长篇论文《湘西北的"土家"与古代的巴人》是民族史研究的典范之作，《开封的中国犹太人》是填补历史空白的宝贵研究资料，也是相关课题研究的必读书。

当时已有杨贤江的第一部全译本《家族、私有财产及国家之起源》和张仲实的全译本《家族、私产和国家的起源》，但可能潘光旦及周围的人并不满意已有译本。更为重要的是，潘光旦对恩格斯的一些论述有了自己的看法，希望通过翻译表达出来，还想补充一些与中国问题相关的材料。

在对原著详加研读的基础上，潘光旦于1949年底着手翻译该书，到1951年7月完成译注。译成后，他让女婿胡寿文根据德文原著细细核对一遍，后又于1962年和1964年进行了多次校读。

与其他译本相比，潘译《家族、私产与国家的起源》的最大特色就是其大量的注释。全部译文约15万字，而译注（包括原注）约有15万字，比《性心理学》中译注的篇幅还大。潘光旦指出"恩氏在全书中未尝有只字提到中国，不能不说是一个缺憾，本译本的大部分的译注是想多少弥补这一个缺憾的"。他在译注中征引了至少112种中国古代文献，38种中外近人著述，梳理了古代中国历史上的家庭、私有制和各民族演变历史等情况，就《起源》所述的具体问题进行中西比对探讨，与原作切磋琢磨，互相激发。这些译注"内容之丰赡，征引之广博，观点、思想之深刻，令人叹为观止，整体而言，可以说已经构成了一部比较完整的中国古代社会史"。其中两则译注分别以《复仇与中国的父系氏族社会》和《论中国父权社会对于舅权的抑制》为题，先后刊载于 1950 年 10 月出版的清华大学《社会科学》杂志第 6 卷第 2 期和 1951 年 2 月出版的《新建设》杂志第 3 卷第 5 期。

潘氏译注之精彩，不仅在其征引之广博，还在其分析之全面独到。比如，就恩格斯谈到的古代存在的群婚情形，潘光旦根据中国的情况做了一个长注，在这个注释中他先后征引了 20 多种文献，考察了古籍中对原始人类"知母不知父"的议论，又梳理分析了远古帝王"有母无父""感而受孕"的孕育神话。他指出一般关于帝王诞生的神话有三个可能的解释：一是记载的人明知帝王父亲的来历，却刻意制造神话，以显示帝王的伟大和与众不同；二是帝王之母与人野合成孕，后人对此事讳言并加以神化；三是远古时代，因为乱交的存在，无法确知帝王的父亲是谁，后世因而杜撰神怪之说。他认为，第一种解释更适用于后来的正史期内的例子，如汉高祖的薄姬梦龙据胸而生文帝（班固《汉书》）、孙坚夫人梦月入怀而生孙策孙权（干宝《搜神记》）之类，这一类感应发生于受孕之后，分娩之前。第二种解释也很不可能，因为"野合"或"礼和"的存在，必然涉及到某种婚制的存在，这在荒远的古代，也是很困难的。而第三种情况则适用于父子血统关系不为人所了解或不能指认的年代，因此他判断中国历史上也存在过一个群婚时期。潘光旦选择以帝王诞生的神话来论证中国的社会形态，可谓视角新颖、独辟蹊径。同时，这样的解释呈现给读者一种对中国神话的全新解读，具有非常重要的文化意义。

潘先生为人幽默风趣，这一点有时不免在译注中发挥一下。比如，谈到雅典统治者梭伦为实行新建制，明令直接免除穷人债务时，潘光旦联系到中国历史上新朝代开始时，为争取人民拥护，也有一些抑强扶弱、劫富济贫的措施。如汉高祖打击商人，明太祖把富户迁来迁去，"三千等一劫"，把他们作弄一番等等。但似乎没有做到像梭伦这么彻底，"因为这一类措施做得不多，社会正义得不到伸张，宋元以后的说部里，才有了《水浒》一类作品的重要地位"。这种不无戏谑的解释让译作读来趣味横生、引人入胜。

他还擅长从词源学的角度去考察问题。如在第3章注释中论证中国历史上母系氏族的存在时，潘光旦提到中国姓氏的由来："姓从女生，即从母得姓，即子孙从女族先计姓系。前人不了解这道理，在父系父权流行已久的社会里也自无法了解，所以他们提出的解释是倒果为因的。"这种解释有理有据，让读者茅塞顿开。

这些注释虽意在建立中西社会发展进程上的联系，但并没有机械套用西方古代社会发展形态，而是不忘观照中国传统社会发展的特殊性。在第5章中，当恩格斯谈到雅典氏族分裂之后才有了国家的兴起时，潘光旦指出中国氏族存在的特殊性。他说："这情形在中国，似乎有些程度上的不同……至于中国社会何以在这方面大徘徊特徘徊，而雅典人却是勇往直前，毫不犹豫，是一个大有趣味的社会发展史的问题。"

除了译注之外，译作的语言地道流畅，也给读者舒畅淋漓的阅读体验，孙珉曾说：

读《性心理学》和《人类的由来》时没把它当做外国书，读这本译著也有同感，首先是句子短，潘先生在处理叠床架屋的西洋语

言时，拆句子的技巧确实高明。……若说这本书改变了我对恩格斯的
印象也不为过，这是一个说中国话，很有通达见识，又平易近人的恩
格斯。

可惜这部佳作在当时迟迟未能出版。潘乃穆曾在《回忆父亲潘光
旦先生》一文中遗憾地谈到该书的遭际：

一些学校的教学人员不满足于当时能见到的译本，曾以他的稿本
作为教学参考。例如民院沈家驹先生就曾借阅此稿本并常和他进行讨
论……社科院民族研究所杨堃教授对他这本译注也评价甚好，认为极
具研究参考价值。……但是这本译稿从来没有过出版的机会，在他被
错划为右派之后，当然更不再有出版任何著作的可能。

另据沈昌文先生回忆，上个世纪 50 年代他在人民出版社工作时，
潘先生曾找到出版社，要求出版自己翻译的《起源》。虽然编辑部对
他的译作质量非常认可，但在当时背景下无人敢在公开场合说好，只
好婉言谢绝，缘由是恩格斯的书不能由个人翻译。直到潘光旦去世
32 年以后，译本才最终收入《潘光旦选集》，于 1999 年由光明日报出
版社出版。

四、历十年而不辍，译成《人类的由来》

　　《人类的由来》是潘光旦学术生涯中最后完成的一项伟业，凝集了这位中国老一辈学者的心血，也渗透着他的辛酸与悲愤。该书是达尔文继《物种起源》出版 12 年后的又一巨著，被认为是科学研究人类的起点。早在 1956 年，国家新闻出版总署决定翻译和出版《达尔文全集》，负责组稿和统校工作的叶笃庄亲自登门，邀请潘光旦承担《人类的由来》一书的翻译，当时潘光旦欣然承担了这一任务。据叶笃庄回忆说："潘先生早就研读过这部世界名著，他叼着烟斗，微笑着向我说：'我能胜任！我能胜任！'他那两只不大的眼睛透过高度的近视眼镜闪闪发出智慧的光芒，我庆幸有这样大学问家参加翻译，一定可以有一套传于后世的《达尔文全集》中译本问世。"

　　叶笃庄邀请潘光旦翻译《人类的由来》时，潘光旦尚没有该书的原著，只有一部苏联出版的译本，但接下翻译工作后，"他即函告在国外的友人，嘱代购该书原版。书到之日，他抚摸再四，不忍释手，可见其对该书的深情"。然而，该书的翻译可谓一波三折。1957 年，在反右派斗争中，包括叶笃庄和潘光旦在内的许多人被剥夺了发表作品的权利，《全集》的翻译和出版随即搁浅。在如此环境下，连编辑叶笃庄也认为"他不会再费心费力翻译此书了"。但潘光旦并没有放弃，经过多年的政治学习和政治运动"锻炼"后，因表现较好，他于 1959 年 12 月成为"摘帽右派"，学术工作得以稍稍恢复。1962 年他再次向商务印书馆提出由自己与女婿胡寿文合作承担翻译。当时曾有人提醒他，即便译出，是否还有机会出版？他一笑置之。对此，费孝通说："潘光旦先生决心要翻译这本书，使它成为推动中国科学发展的一个力量，他也愿意用这个艰巨的工作为我国现代化的社会主义事业做出一点贡献。"这句话道出了潘光旦的翻译初衷。

虽是合译，潘光旦花费的精力却远超独自翻译。翻译过程中，他先是向胡寿文反复讲解原文，然后对胡所交译稿逐字逐句地修改，还要向胡逐一讲明修改原因，再发回重抄。他说，给中国人读一定要符合中国人的阅读习惯，比如表示同样身份的不同的亲属称呼，它们的应用要取决于不同的场合，用得不妥当，甚至会闹笑话。他的女儿潘乃穟也曾执译其中两章，在数次校对后，潘光旦仍嫌译文"虽颇忠实，文字尚颇有不顺处，转弯抹角处亦有未尽理会处"，因而决定自己重译一遍，他精益求精的翻译态度从中可见一斑。

1957年至1967年的十年间里，包括他的学生在内，很少再有人接近他。以前在清华大学同莘莘学子切磋琢磨的温馨画面也不再重现，但潘光旦并不觉得落寞，反而觉得政治上的孤立正好给了他潜心学习和工作的环境。从潘光旦的日记可以看出，这时期他经常需要完成各种临时性任务，还要接受密集的政治学习，有时只能利用其间短暂的间隙从事翻译。这时他的视力已经很差，读书时眼睛贴着书，小孩们看见了，说他在"闻书""舔书"。即使在如此艰难的状况下，潘光旦也没有放弃翻译工作，但之后的"四清"运动使译事再次拖延。1965年元旦起，他开始夜以继日地翻译，终于在1966年初基本完成了约为80万字的译稿。译成后，潘光旦又自己逐字誊写清楚，蝇头小楷，句逗分明。誊好后分装成册，藏在一个红木盒里，放在案头，时常用手抚摸出神。1967年6月潘光旦去世，这部命运多舛的译作也成为他学术生涯中的绝稿。他去世后，这本遗稿被人弃置地下，遭水浸后部分纸张已经破烂，他的女儿发现后急忙携回保存，后来女婿胡寿文把破烂部分翻译补足，直到 1983 年才由商务印书馆编入《汉译世界学术名著丛书》出版。

费孝通在《潘、胡译〈人类的由来〉书后》一文中说道："现在还有多少学者能为一项学术工作坚持不懈达十年之久呢？"他认为潘先生的胜人之处是他为人治学的韧性，无论面临何种困境，他都能安之若素，做到平常人不易做到的事。正是凭着这种卓越的治学韧性，潘光旦能够坦然面对政治上的不公、社交上的落寞，克服精力的不济和身体上的不便，历经十年之久完成中国学术翻译史上的又一部经典译作。

潘光旦的译作涉及多门学科，在我国优生学、人类学、社会学和教育学等学科的创建和发展中产生过深远的影响，多数译作至今仍是相关领域的基本读物，足以奠定他在我国学术翻译界的地位。但是一直以来，他的翻译家身份似乎没有得到足够关注。这在笔者看来或有三方面原因：一则潘光旦曾在"文化大革命"中受到牵连，去世后的较长时间内他的学术成果，包括译作都无人问津，渐渐淡出人们的视野，导致后代学人对他的认知度不够；二则他在学术研究方面的卓越贡献在一定程度上遮蔽了他的翻译成就；三则翻译学界迄今对文学翻译青睐有加，对社会科学翻译家的贡献明显重视不足。潘光旦先生博雅多才、造诣过人，兼具高尚的人格魅力和人文情怀。他做学问不为名利，而是胸怀天下、心系社会，他一生治学严谨、成就斐然，却又虚怀若谷。他为人宽厚、处事达观，在身处逆境时仍然平和豁达。潘光旦先生的学识和人品都值得后辈学人敬仰和学习。

参考文献

[1] 曹聚仁. 书林新话 [M]. 上海：三联书店，1987.

[2] 陈理 等编. 潘光旦先生百年诞辰纪念[C]. 北京：中国民族大学出版社，2000.

[3] 费孝通. 潘、胡译《人类的由来》书后[A]. 潘乃穆、潘乃和 编. 潘光旦文集(第十四卷)[C]. 北京：北京大学出版社，2000.

[4] 费孝通. 重刊潘光旦译注霭理士《性心理学》书后[A]. 潘乃穆，潘乃和 编. 潘光旦文集(第十二卷)[C]. 北京：北京大学出版社，2000.

[5] 孟琨. 读性心理学[N]. 申报，1946–12–26(3).

[6] 潘光旦.《性的教育》译序[A]. 潘乃穆，潘乃和 编. 潘光旦文集(第十二卷)[C]. 北京：北京大学出版社，2000.

[7] 潘光旦. 家族、私产与国家的起源[A]. 潘乃穆，潘乃和 编. 潘光旦文集(第十三卷)[C]. 北京：北京大学出版社，2000.

[8] 潘光旦. 日记[A]. 潘乃穆，潘乃和 编. 潘光旦文集(第十一卷)[C]. 北京：北京大学出版社，2000.

[9] 潘光旦. 为什么仇美仇不起来——一个自我检讨[A]. 潘乃穆、潘乃和 编. 潘光旦文集(第十卷)[C]. 北京：北京大学出版社，2000.

[10] 潘光旦. 性心理学[A]. 潘乃穆，潘乃和 编. 潘光旦文集(第十二卷)[C]. 北京：北京大学出版社，2000.

[11] 潘光旦. 性心理学译序[A]. 潘乃穆、潘乃和 编. 潘光旦文集(第十二卷)[C]. 北京: 北京大学出版社, 2000.

[12] 潘光旦. 优生与抗战(人文生物学论丛第七辑)[A]. 潘乃穆, 潘乃和 编. 潘光旦文集(第五卷)[C]. 北京: 北京大学出版社, 2000.

[13] 潘光旦. 优生原理[A]. 潘乃穆, 潘乃和 编. 潘光旦文集(第六卷)[C]. 北京: 北京大学出版社, 2000.

[14] 舒芜. 有学问的译注——《性心理学》译注品评[A]. 潘乃穆 等编. 中和位育——潘光旦百年诞辰纪念 [C]. 北京: 中国人民大学出版社, 1999.

[15] 孙珉. 相互激发、相互补充的翻译珍品——读潘光旦译《家族、私产和国家的起源》[A]. 陈理 等编. 潘光旦先生百年诞辰纪念文集[C]. 北京: 中央民族大学出版社, 2000.

[16] 王健. 潘光旦译注《家族、私产和国家的起源》解读 [J]. 上海师范大学学报, 2010(5).

[17] 王燕妮. 光旦之华 [M]. 武汉: 长江文艺出版社, 2006.

[18] 严何. 潘光旦翻译恩格斯著作是毛泽东所请吗[J]. 博览群书, 2010(1).

[19] 姚崧龄. 关于潘光旦先生的补充[A]. 潘乃穆 等编. 中和位育——潘光旦百年诞辰纪念 [C]. 北京: 中国人民大学出版社, 1999.

[20] 叶笃庄. 一部译稿的艰难历程[J]. 读书, 1996 (3).

[21] 叶笃庄. 译书坎坷路[J]. 群言, 1999(4).

[22] 张中行. 负暄续话 [M]. 黑龙江人民出版社, 1990.

[23] 邹振环. 影响中国近代社会的一百种译作[M]. 北京: 中国对外翻译出版公司, 1994.

[24] Guo, T. Translating homosexuality into Chinese: A case study of Pan Guangdan's translation of Havelock Ellis' Psychology of Sex: A Manual for students (1933) [J]. *Asia Pacific Translation and Intercultural Studies*, 2016(3).

哲学翻译家贺麟

范先明

贺麟(1902—1992)，中国著名的哲学家、哲学史家、黑格尔研究专家、教育家、翻译家。他不仅把一生献给了哲学研究事业，还全面系统地翻译了近代西方哲学经典著作——从康德哲学、斯宾诺莎哲学到黑格尔哲学。

贺麟，原名贺光瑞，字自昭，四川金堂五凤镇人，我国近代著名哲学家、哲学史家、翻译家、教育家、黑格尔哲学研究专家、新儒学运动的代表人物之一。早年师从梁启超、梁漱溟，系统研究了宋明理学、心学及中国文化；后师从吴宓，学习翻译理论与技巧，23岁时就撰写了首篇有关翻译理论的研究论文——《严复的翻译》。在吴宓的影响下，贺麟立志从事翻译，以介绍和传播西方古典哲学为自己终生的"志业"。为学到西方古典哲学的正宗，他24岁便赴美留学，28岁放弃在哈佛大学攻读博士学位的机会，赴德国柏林大学学习德国古典哲学，29岁在得知日本帝国主义阴谋发动侵华战争后，毅然放弃在德国取得博士学位的机会，回国后长期从事翻译理论研究和哲学翻译实践，先后在北京大学、西南联合大学、中国科学院哲学研究所任职，直至晚年。贺麟的一生，不仅翻译和研究西方哲学，还始终不忘融通中西、比较参证，在西方哲学的翻译与研究方面走出了一条不同寻常之路。

一、耕读传家，清华立志

贺家非常重视子女的教育，这从成都贺麟故居大院堂屋门口挂着的"诗书传家"四个大字可见一斑。在故居的一个房间里，还悬挂着贺麟祖父所写的"锄经"烫金木匾（"锄经"典出《汉书·倪宽传》，即"带经书而锄"，意为"耕读"）。贺麟之所以成就非凡，与其家族"耕读传家"的家训是分不开的。在贺麟故居宗祠章程中，对宗族奖学金制度和族人助学义务有明确的规定，其目的就是要鼓励后代子孙立志成才、发奋读书。

贺麟的父亲贺松云是晚清秀才，曾担任过金堂中学校长及金堂县教育科长。他精通宋明理学，工作之余经常教贺麟读《朱子语类》和《传习录》等宋明理学经典。其祖父虽读书不多，但对贺麟期望尤深，只要是贺麟在学校写的文章，祖父都要亲自过目。但凡每次考试的诗文，他都要求贺麟背诵给他听。同时为打开孙子的思路，祖父经常要求贺麟将学校发生的奇闻轶事讲给他听。这种教育方式不仅训练了贺麟的思维，也提高了他的语言素养，开阔了他的视野，为其后来走上翻译之路打下了良好的基础。

1909 年，贺麟进入私塾读书，不久随姑丈到镇上小学就读。尽

管身居偏僻蜀地，但他在小学毕业时就立志长大后要做有为青年，要
"在一架书里走遍古今中外"。在私塾学习期间，虽然所学内容仍为
四书五经等古代经典，但幼年的贺麟天资聪明，对儒家哲学思想——
尤其是对宋明理学特别感兴趣，这为他后来研习国学打下了基础。贺
麟后来回忆说，他"从小深受儒家熏陶……特别感兴趣的是宋明理
学"。正是由于其深厚的国学功底，贺麟后来才走上了中西互鉴的翻
译道路。

　　1914 年，贺麟小学毕业。由于身材矮小、身体瘦弱，父母让他仍
在小学继续学习。在此期间，通过广泛阅读国学典籍，他立志"要读
世界上最好的书，以古人为友，领会最好的思想"。1917 年，贺麟考
入四川成属联中（现成都石室中学）。他对儒学情有独钟，广泛阅读了
各种书籍，尤其是宋明理学著作。尽管他的普通科目成绩一般，但国
文成绩却极为突出，曾受到国文老师的高度评价，说他是"全校能把
文章写通的两个人之一"。

　　1919 年，贺麟考入北京清华学堂（即现在的清华大学）中等科二
年级（当时的清华属留美预备学校，学校学制是中等科 4 年，高等科
4 年），开始接受长达 7 年的正规高等教育。在清华期间，贺麟遇到
了他人生中最重要的三个人：梁启超、梁漱溟和吴宓。贺麟后来之所
以成绩斐然，主要得益于清华期间各位名师，尤其是以上三位名师的
指点。在校期间，贺麟还撰文《新同学新校风》，文章提倡忠孝、仁
爱、信义、和平等中国传统美德和孔孟之道，该文发表在 1919 年《清
华周刊》第 2 期上。

　　1920 年春，梁启超受聘于清华大学，讲授"国学小史"和"中
国近三百年学术史"两门课程。贺麟抓住这千载难逢的机会，凡是梁

启超开设的课程，堂堂必听。在全面了解了梁启超的学术思想后，他还专门拜访了这位师长，并拿出一张长长的书单请梁指点，梁启超建议贺麟读戴东原的书。在梁的指导下，贺麟逐渐产生了学术研究的兴趣。梁启超也非常喜欢勤学好问的贺麟，经常主动将自己的藏书借给他看。

1923 年，在认真研读了梁启超为他推荐的焦理堂的《雕菰楼文集》一书后，贺麟撰写出了其国学研究的开山之作——《戴东原研究指南》和《博大精深的焦理堂》，这两篇论文分别发表在《晨报》副刊和《清华周刊》上。此外，该年他还在《石室学报》第 3 期上发表了其翻译的克里平格的《文学批评》一文，这是其翻译生涯中的首篇英译汉作品。此文的翻译，也标志着贺麟长达 10 余年的英汉翻译实践的开始。

1924 年，梁漱溟应邀到清华作短期讲学。在此期间，贺麟几次拜访梁漱溟先生。在治学方面，梁漱溟主要专注于王阳明和王艮（号心斋）二人的哲学思想研究。他曾对贺麟说："只有王阳明的《传习录》与王心斋的书可读，别的都可不念。"可以说，梁漱溟先生的指点为贺麟后来从事宋明心学和理学研究指明了方向。

在清华学习期间，除二梁外，对贺麟产生深远影响的还有当时担任《学衡》杂志主编的吴宓。1924 年，清华聘请吴宓担任国学研究所主任。作为当时著名的西方文学研究专家及翻译家，吴宓在翻译、介绍西方古典文学方面贡献极大。在清华任职期间，他为高年级学生开设了"英文翻译"选修课程，主要讲授翻译理论与实践技巧，并在课余辅导学生进行英汉翻译实践。在选修课上，贺麟、陈铨和张荫麟是班上最认真的三个学生，素有"吴门三杰"之称。在吴宓的悉心指导下，贺麟不仅在翻译理论知识方面得以加强，在翻译实践方面的水平也迅速提高。在此基础上，他开始翻译部分英文诗歌和散文，如华兹华斯的《佳人处僻地》（发表于《学衡》杂志 1925 年第 49 期）及蒲柏的《卜蒲之八不主义》（发表于《石室学报》1925 年第 4 期）等。除了从事翻译实践，贺麟还在吴宓的引导下开始翻译理论研究，其最具代表性的理论研究成果即《严复的翻译》一文。文章从翻译对象的选择、翻译标准的厘定和翻译副产品的生成等几个方面论述了严复翻译的功绩。通过翻译理论的学习和翻译实践的训练，贺麟打算"步吴宓先生介绍西方古典文学的后尘，以介绍和传播西方古典哲学为自己终生的'志业'"。贺麟曾回忆道："1926 年我在清华学校毕业，吴宓先生写了《送贺麟君游学美国》的长诗，作为临别赠言。其中'学派渊源一统贯，真理剖析万事基'一句，是指导我做学问和做人的富有哲理的名言。"这也是贺麟终其一生，介绍和传播西方古典哲学的动机之所在。

　　1925 年，基督教大同盟在北平举行会议。此次会议的召开，有赞成者也有反对者。为了让人们对宗教有正确认识，贺麟代表《清华周刊》撰写了《论研究宗教是反对外来宗教传播的正当方法》一文，表达了他对外来宗教所持的理性态度。此外，他还在《基督教与政治》一文中，明确区分了宗教在精神和组织方面的作用，进而肯定了宗教和艺术的相通性。他指出："耶教的精神是文化艺术的创造力和推动力……教会的耶教，如礼拜堂，钟楼，颂神歌，音乐仪式，及许多宗教上的雕刻塑像图画等……是'艺术之本身'"。事实上，贺麟还认为，对外来宗教的正确认识有助于发展中国自己的传统文化。在《儒家思想的新开展》一文中他还指出："如中国人不能接受基督教的精华而去其糟粕，则决不会有强有力的新儒家思想产生出来。"

这一年，英国巡捕在上海开枪屠杀示威群众，制造了震惊中国的五卅惨案。贺麟勇敢地投入到反帝斗争的洪流中，成为五卅惨案后援会的两个宣讲人之一。暑假期间，他前往石家庄、太原、开封、洛阳、信阳等地，宣传孙中山的"三民主义"思想。这为他后来未完成柏林大学的学业就归国埋下了伏笔，也体现了其关心国事的"入世"思想。

二、负笈欧美，潜心哲学

成长于国家和民族危难之际的贺麟很早就意识到："一个没有学问的民族，是要被别的民族轻视的。"为了真正学得古典哲学这一西方文化的精华，并把它介绍到中国，借以帮助解决中国哲学的根本问题，1926 年，贺麟踏上了前往西方"取经"的长达 5 年的求学之路。1926 年 9 月到达美国后，他被编入俄亥俄州奥柏林学院（Oberlin College）哲学系三年级学习。由于成绩优异，1928 年 2 月他提前半年毕业，获得哲学学士学位。同年 3 月，贺麟转入芝加哥大学专攻哲学。同年 9 月，由于不满于芝加哥大学的教学方式，他转入哈佛大学，进一步学习西方古典哲学。1930 年夏，贺麟毕业于哈佛大学，获哲学硕士学位。尽管他的几位老师曾极力挽留他在哈佛继续学习，但为了掌握黑格尔哲学的精髓，贺麟毅然离开美国，奔赴德国柏林大学专攻德国古典哲学。

贺麟之所以选择哲学专业与其身处的时代背景不无关系。如上所述，贺麟亲历了五卅惨案，并作为五卅惨案后援会宣讲人，深知当时的国人正生活在苦难之中。因而，尽管有"吴门三杰"的美称，尽管有着深厚的国学功底，他却最终选择了西方哲学作为自己的主攻方向。他说："哲学玄而不虚……是融会诗教、礼教和理学于一身的一门科学，他对启发自我意识，振奋民族精神，实现国家现代化，将会起极其巨大的作用。"可以说，贺麟当时就是怀着救国的心态才选择哲学作为其留学的专业。他希望通过哲学的学习，为孙中山先生的"三民主义"思想作哲理上的进一步论证，从而最终实现"天下为公""世界大同"的崇高理想。这可以从其之后对孙中山"三民主义"思想的支持中得到佐证。

1927 年，应伦理学任课教师耶顿夫人的邀请，贺麟参加了纪念荷兰著名哲学家斯宾诺莎逝世 250 周年的纪念读书会，读书会在耶顿夫人家里举行。正是在这场读书会上，贺麟对黑格尔和斯宾诺莎等西方知名哲学家有了更深入的了解，这启发了他后来的研究道路。为此，贺麟曾高度评价耶顿夫人："由于她的启发，奠定了我后来研究黑格尔和斯宾诺莎哲学的方向和基础，所以她是我永生难忘、终身受益的老师。"

1928 年，作为耶顿夫人举办的读书会的 7 名成员之一，贺麟很受老师的赏识，并意外获得了可以提前毕业的机会。他后来回忆说："有一天，耶顿老师告诉我说：'考虑到，你现在只缺少一个学分了。因此，你只须写一篇关于斯宾诺莎的论文，我便可以给你补上一个学分，你就可以提前半年毕业了'。"贺麟抓住这一机会，撰写了题为《斯宾诺莎哲学的宗教方面》一文，在 1928 年初提前半年从奥柏林学院毕业，获哲学学士学位。

同年 3 月，他转入芝加哥大学学习哲学，选修了"柏格森生命哲学""黑格尔精神现象学""格林、布拉德雷、西吉微克、摩尔的伦理学"等课程。他对格林的哲学十分推崇，写成《托玛斯·希尔·格林》一文，并由此逐渐接受了英美新黑格尔主义思想。这一年，他还在《芝加哥道德论坛》上发表了《中国革命胜利的主导思想》一文。

同年暑假，贺麟加入了芝加哥"东方学生会"。身在异国他乡的他，听到北伐胜利挺进的消息后，很快在学生会举办的学术会议上宣读了论文《中国革命的哲学基础》。在该文中，他曾断言："天下是三民主义的，因为它合于中国传统，有社会主义因素，扶助工农，所以北伐胜利不偶然。"该文后来发表于《清华周刊》英文版。

9月，因"不满于芝加哥大学偶尔碰见的那种在课上空谈经验的实用主义者"，同时非常希望能在极具西方古典哲学传统的哈佛大学进一步学习，贺麟转入哈佛大学。在哈佛大学，他选听了康德哲学、斯宾诺莎哲学、自然哲学等课程。此外，他还旁听了英国著名哲学家罗素在哈佛大学举办的学术演讲，并抓住机会，和沈有鼎等几个同学一起与哈佛大学知名哲学教授怀特海先生讨论中国哲学问题。

1929年，贺麟撰写了《斯宾诺莎身心平行论的意义及其批评者》一文，该文是哈佛大学霍金教授开设的"形而上学"课的课程论文。霍金教授在看完该论文后，认为其具有创新思想，给了贺麟满分。这一年，贺麟还完成了《道德价值与美学价值》和《自然的目的论》两篇论文。

1930年，贺麟从哈佛大学毕业，获哲学硕士学位。当时有一位教授曾极力挽留贺麟："我看你把斯宾诺莎的书翻成中文，再作一个英文长序，我们就可以给你博士学位。"尽管博士学位对贺麟来说非常重要，但为了真正学得黑格尔哲学的精髓，他选择了到黑格尔哲学的故乡——德国柏林潜心研究。

在柏林大学学习期间，贺麟主要选修了3门哲学专业课程：哲学史、哲学概论及历史哲学。通过研读有关黑格尔生平及相关学说的著作，贺麟的哲学素养有了很大提高，这为他后来翻译、介绍西方经典哲学打下了坚实的基础。其中，尼古拉·哈特曼开设的"历史哲学"课对贺麟影响很大，通过这门课程的学习，贺麟深刻领会到了辩证法在黑格尔哲学体系中的核心作用；亨利希·迈尔开设的"哲学史"课对贺麟的影响也很大，通过聆听他讲授的哲学史课，并阅读他的哲学史著作，如《苏格拉底》《情感思维心理学》和《现实的哲学》等，贺麟的哲学史基础有了很大的提高。之后，贺麟又阅读了迈尔的论文《五十年来的德国哲学》，感受颇深，认为该文"分析五十年来的欧美各哲学流派的趋势……尤能指出各流派往复变迁发展的线索，而归结到他自己的'现实哲学'"。贺麟认为该文对了解世界哲学的发展史非常有益，于1933年将该文翻译成中文，取名为《最近五十年之西洋哲学》，发表在1935年《新民月刊》第1期上。

同年，贺麟撰写了《朱熹与黑格尔太极说之比较观》一文，此文是其中西哲学比较研究的代表性著作，撰写的初衷是通过把传统儒家哲学和西方哲学融会贯通，最终达到推进儒家哲学现代化的目的。该文发表在1930年《大公报·文学副刊》第149期上，后又收入《黑格尔学述》一书的附录中。可以认为，该文是贺麟最终走上中西哲学比较研究之路的标志性论文。他后来回忆说："我是想从对勘比较朱熹的太极和黑格尔的绝对理念的异同，来阐发两家的学说。这篇文章表现了我的一个研究方向或特点，就是要走中西哲学比较参证、融会贯通的道路。"

1931 年，贺麟有幸结识了斯宾诺莎学会秘书长、斯宾诺莎研究专家格布哈特（von Carl Gebhardt）。通过格布哈特的推荐，贺麟正式成为国际斯宾诺莎学会的成员。7 月，贺麟撰写了《鲁一士〈黑格尔学述〉译序》一文，该文发表在《国风》半月刊 1933 年第 5、6 期上，作为黑格尔逝世 100 周年的纪念性论文。在德国的学习加深了贺麟对斯宾诺莎的了解，这为他后来翻译斯宾诺莎的《致知篇》积累了第一手素材。

1931 年，在得知日本帝国主义阴谋发动侵华战争之后，贺麟再也无法在国外安心求学了。他放弃了有望获得的柏林大学博士学位，于同年 8 月提前结束了欧美求学生涯，和其在清华上学时的老师吴宓一道回到了祖国。

贺麟所处的时代，正是强邻压境、内忧外患之际。在当时特定的历史条件下，不论在政治，还是在学术、文艺方面，中国和黑格尔所在时代的德国都极为相似。正是由于时代的需要，贺麟选择翻译和介绍黑格尔的哲学。他曾经指出："我们所处的时代与黑格尔的时代都是政治方面正当强邻压境，国内四分五裂、人心涣散颓丧的时候，学术方面正当开明运动之后，文艺方面正当浪漫文艺运动之后。"也正是因为认识到当时的中国和黑格尔所在时代的德国存在相似之处，贺麟通过深入研究黑格尔哲学发现，黑格尔的逻辑及其"重民族历史文化，重自求超越有限的精神生活的思想，实足振聋起顽，使吾人既不舍己骛外，亦不故步自封，但知依一定理则，以自求超拔，自求发展，而臻于理想之域"。可见，黑格尔的逻辑学在当时的中国亦有值得学习和借鉴的地方。因此，贺麟翻译、介绍西方哲学的目的是为了振兴中国学术，其间充满了强烈的历史使命感和爱国主义精神，而这也是他从事哲学翻译的初心所在。

1931 年，日本发动侵华战争后，贺麟"激于爱国热情毅然中止学业回国工作"。同年 9 月，他被聘为北京大学哲学系讲师，主讲伦理学、哲学问题及现代西方哲学等课程。他在天津《大公报》上发表了《德国三大哲人处国难时的态度》一组文章，热情宣传爱国主义思想，起到激励民心、同仇敌忾的作用。

三、由浅至深，译笔不辍

在清华求学期间（1919—1926），贺麟选修了吴宓为高年级学生开设的外国文学翻译课。在该门课上，他不仅学到了翻译的原理和技巧，还和老师及同学一道做了不少翻译练习。而这些练习中，最有代表性的是一些文学作品的汉译实践。这些译作原文大多选自英国古典主义和浪漫主义时期，且主要是英诗。除了这些诗歌翻译的训练，贺麟在 20 世纪 30 至 40 年代还翻译了几部有关黑格尔和斯宾诺莎的英文著作。在 20 世纪 50 年代之后，他主要翻译了黑格尔、斯宾诺莎及马克思的德文原著。总的来说，贺麟的翻译实践活动大致可以分为早期、中期和后期。

在 20 世纪 20 至 30 年代，贺麟的翻译活动主要是英诗汉译实践。这些实践主要包括三首短诗和一首长诗的翻译：包括威廉·华兹华斯的《佳人处僻地》（*The Lost Love*）、克里斯蒂娜·乔治娜·罗塞蒂的《愿君常忆我》（*Remember*）和《明志》（*Abnegation*）以及亚历山大·蒲柏的长诗《论批评》（*An Essay on Criticism*）。

除英诗外，贺麟还翻译了部分德文诗歌和文章，包括海因里希·海涅的《我们坐在渔家》、歌德的《河畔野蔷薇》和亨利希·迈尔的《最近五十年之西洋哲学》。此外，美国鲁一士的《黑格尔的精神现象学》译文刊于1933年《哲学评论》第1期。

在20世纪30至40年代，贺麟主要翻译了几部关于黑格尔的著作。值得注意的是，这些著作的原文都是英文，主要包括英国开尔德、格林的《黑格尔》和美国鲁一士的《黑格尔学述》。此外，他还翻译了荷兰斯宾诺莎的《致知篇》。

20世纪50年代之后，贺麟翻译了黑格尔、斯宾诺莎及马克思的原著，其中包括黑格尔的《小逻辑》、《哲学史讲演录》第1卷、《哲学史讲演录》第3卷等，马克思的《黑格尔辩证法和哲学一般的批判》和《博士论文：德谟克里特的自然哲学与伊壁鸠鲁的自然哲学的差别》以及斯宾诺莎的《伦理学》《知性改进论》。

贺麟不仅把一生献给了哲学研究事业，还全面而系统地翻译了近代西方哲学经典著作——从康德哲学、斯宾诺莎哲学到黑格尔哲学。由于黑格尔的哲学原著艰深难懂，所以他在翻译时，首先从英美黑格尔研究专家的英文文献中转译出了两部关于黑格尔和黑格尔哲学的著作：其一是以美国鲁一士关于黑格尔研究的两本英文著作《近代哲学的精神》(*The Spirit of Modern Philosophy*)和《近代唯心论演讲集》(*Lectures on Modern Idealism*)为原文，从中选取了关于黑格尔和黑格尔精神现象学的几个章节，转译出其关于黑格尔研究的著作《黑格尔学述》；其二是转译了英国的开尔德和格林合著的《黑格尔》(*Hegel*)一书。从翻译英美两国三位黑格尔研究专家的著作入手，贺麟较为全面地理解了黑格尔哲学的基本思想脉络，这就为他后来全面、系统地翻译黑格尔的德文原著打下了坚实的基础。

通过最初研读和翻译其他学者关于黑格尔哲学的著作，贺麟打开了一条通向黑格尔哲学研究的康庄大道，即通过从黑格尔哲学研究的二手（英文而非德文）资料入手，达到真正贯通黑格尔哲学的目的。贺麟之所以没从第一手资料的翻译入手，原因至少有三个方面：其一，限于其当时的德语水平，他还不能直接翻译德文文献；其二，黑格尔哲学素来以晦涩难懂著称，贺麟深知直接翻译德文原文这条路对他来说行不通；其三，他对当时国内的康德、黑格尔研究现状非常熟悉，他曾指出："三十年前，王静安先生四读康德而不得其解，竟至改变兴趣；梁任公先生作《西儒学案》，虽算是走上正轨，惜甚简浅而未继续深造。"由此看来，王国维和梁启超直接从德文第一手资料入手，最终由于各种主客观条件的限制没有取得成功。而贺麟研究黑格尔，首先通过从外围入手，因为贺麟当时就认识到，对黑格尔翻译介绍得较为全面、较为浅显易懂的莫过于美国哲学界大师鲁一士，所以他翻译《黑格尔学述》，其目的正是要附带介绍鲁一士的相关思想。他曾指出："因为鲁一士此书虽述黑格尔之学，而他于选材与着重之间，已暗示他自己的主张之大凡了。所以我们不妨说黑格尔有三。一为少年之黑格尔，自由浪漫；一为老年之黑格尔，独断保守；一为新黑格尔，亦即美国化或英国化之黑格尔，为前二黑格尔之综合与修正。"

其中，"新黑格尔"，或者说"美国化或英国化的黑格尔"，不仅是贺麟拟翻译介绍黑格尔所需要的，也是对黑格尔哲学进行过扬弃的成果，同时正是黑格尔哲学的精华之所在。正是由于汲取了前人的经验和教训，通过前期转译关于黑格尔和斯宾诺莎的英文著作，贺麟找到了一条研究康德和黑格尔的捷径。正是以西方知名哲人为突破口，贺麟完成了王国维和梁启超曾经想完成却没有完成的任务，真正弄清了康德、黑格尔、斯宾诺莎等人哲学的奥秘。

在翻译以上两部关于黑格尔著作的基础上，贺麟前后历经 12 年（1931—1943）翻译了 17 世纪荷兰哲学家斯宾诺莎的《致知篇》（*Tractatus de Intellectus Emendatione*）。受限于其拉丁文水平，贺麟在翻译过程中参阅了两个英译本：一是爱柳士（Bohn Elewes）的 *On the Improvement of Understanding*；一是波伊尔（A. Boyle）的 *Treatise on the Correction of the Understanding: And on the Way in Which it May be Directed Towards a True Knowledge of Things*。该译本自 1943 年初版后，1944 年再版，1945 年又出了第 3 版，且在 1960 年放弃了之前采用的文言体译文，改用白话文进行了重译并命名为《知性改进论》。

值得一提的是，贺麟之所以在初版时将标题翻译为《致知篇》而非《知性改进论》，是由于他对宋明理学与西方哲学都有着深入的了解。他在 1943 年《致知篇》备考中指出："盖当斯宾诺莎之时，学者多以知性之修养（cultivation of the understanding）或促知力之完善（continued perfection of the understanding）为人生第一要事，其用以自勉且和相与勉人者，皆莫不以'致知'为事，且见于斯氏与友人往来书札中。"几年后，他又在重译后的《知性改进论》译者序言中指出："由于当时我认为宋明儒，特别是王阳明，偏重道德方面的致知或致良知，而斯宾诺莎便偏重科学方面的致知或致良知。"由此足见译名的选取需要有中西哲学基础。

他翻译斯宾诺莎的《致知篇》时，"曾三度学习拉丁文……（并）参考几种德文和英文的译本以资比较"。由此可以看出贺麟治学和翻译之严谨。他在翻译《致知篇》时不仅写了长长的导言（"斯宾诺莎的生平及其学说大旨"，共 23 页），还在书末加上了附录（"《致知篇》备考" 9 页，"逻辑方法的性质——斯宾诺莎的逻辑思想" 12 页，共 21 页），这两部分加上译本开头的"篇首弁言"（共 2 页）共有 46 页，而整个译本不过 93 页，可见导言等的篇幅几乎和译文篇幅相当。有意思的是，上世纪 60 年代斯皮瓦克翻译了德里达的《论文字学》，并写了近 80 页的序言（原书 360 页），因而常被传为佳话。与之相比，贺麟对《致知篇》的翻译，可以说是有过之而无不及。这种翻译实践中精益求精、比较参证的做法，使其译文明白晓畅、浅显易懂，深受读者喜爱。

　　贺麟的翻译理论研究对中国传统译论的贡献，首先体现在其对直译与意译关系的理解上。他在翻译实践中始终践行其在《鲁一士〈黑格尔学述〉译序》中提出的"翻译应打破直译意译的界限，而以能信能达且有艺术工力为归"这一原则。对此，国内不少学者对其译文都赞誉有加。

　　贺麟不仅在哲学和翻译领域成就斐然，他对教育也情有独钟。据其侄孙贺杰回忆，1985 年，贺麟最后一次回到家乡五凤镇，把自己多年积攒下来的 3 万元储蓄捐赠给当地 3 所学校，资助贫困学子。2009 年 2 月，成都贺麟教育基金会成立，每年的助学、助教、助研等活动常有开展，贺先生捐资助学的宏愿也得以发扬光大。

　　在 50 余年的教学生涯中，贺麟为国家培养了无数哲学人才。其中，不仅有数十名硕士生，还有 10 余名博士生。1981 年，国务院学位委员会发布了中国大陆历史上首批博士生指导教师名单，共计 1196 人。中国社会科学院共有 29 名研究员被遴选为博士生导师，作为外国哲学史研究方面的泰斗，贺麟自然当仁不让。

贺麟学贯中西，其知识非常广博，讲课风格通常以问题为中心，中西结合、融贯古今、逻辑严密。贺麟的学生罗达仁回忆贺麟在西南联大讲授哲学概论课时说："选贺先生课者逾百人，昆北大食堂济济一堂，但却十分安静，鸦雀无声，只听见笔记的嚓嚓声。"彭华也认为，贺麟"讲课最大特点是'情理交融'。他的讲课深入浅出，语言生动，如行云流水，引人入胜，深受学生的欢迎"。

贺麟不仅学问过人，且其为人敦厚，爱护学生，深得学生爱戴。据洪汉鼎回忆，贺麟的弟子大致有五代：第一代为上世纪前十年出生的学者，如任继愈、熊伟、苗力田和王玖兴等；第二代是上世纪20年代出生的学者，如陈修斋、王太庆、汪子嵩、张世英、杨宪邦、陈世夫等；第三代是50年代毕业的一批学生，包括李泽厚、梁存秀、王荫庭、叶秀山等；第四代、第五代是60年代和改革开放后毕业的一批学生。以上学生中，不少都成为了知名的哲学家，如任继愈、张世英、汪子嵩等，他们对贺先生都有过很高的评价。曾任国家图书馆馆长、北京大学教授的任继愈对贺麟评价如下："除了治学的道路，遵循'中西会通'方法外，贺先生的宽容厚道，我终生不忘，受用无穷。"可以看出，贺麟先生融通古今的学术视野、比较参证的研究理路、严谨求实的治学精神、忧国忧民的爱国情怀，始终是后辈学者高山仰止的地方。所有这些，或许都与贺氏良好的家风家训密不可分，这些家训有：爱国家、孝父母、端志趣、重教育、勤耕作、崇忠信、尚侠义、敬贤良、司礼仪、倡简朴。

参考文献

[1] 贺麟. 黑格尔哲学讲演集[M]. 上海：上海人民出版社，1986.

[2] 贺麟. 康德黑格尔哲学东渐记——兼谈我对介绍康德黑格尔哲学的回顾[M]//中国哲学（第二辑）. 北京：生活·读书·新知三联书店，1980.

[3] 贺麟. 康德译名的商榷[J]. 东方杂志，1936，(17).

[4] 贺麟. 鲁一士《黑格尔学述》译序（续）[J]. 国风，1933，(06).

[5] 贺麟. 鲁一士《黑格尔学述》译序[J]. 国风，1933，(05).

[6] 贺麟. 论翻译[J]. 今日评论，1940，(09).

[7] 贺麟. 文化与人生[M]. 上海：商务印书馆，1988.

[8] 贺麟. 现代西方哲学讲演集[M]. 上海：上海人民出版社，1984.

[9] 贺麟. 哲学与哲学史论文集[M]. 北京：商务印书馆，1990.

[10] 洪汉鼎. 贺麟教授与我的哲学生命[J]. 清华西方哲学研究，2015，(02).

[11] 开尔德、鲁一士：黑格尔 黑格尔学述 贺麟编译[M]. 上海：上海人民出版社，2012.

[12] 梁启超. 中国佛教研究史[M]. 上海：生活·读书·新知三联书店，1988.

[13] 刘重德编著. 文学翻译十讲[M]. 北京：中国对外翻译出版公司，1991.

214 中国翻译家的故事

[14] 罗达仁. 谈谈贺麟先生的翻译风格[M]// 宋祖良、范进编. 会通集——贺麟生平与学术, 北京: 生活·读书·新知三联书店, 1993.

[15] 罗新璋, 陈应年编. 翻译论集(修订本)[M]. 北京: 商务印书馆, 2009.

[16] 彭华. 贺麟年谱新编[J]. 淮阴师范学院学报(哲学社会科学版). 2006, (01).

[17] 清华大学校史研究室编. 水木清华 群星璀璨, 北京: 清华大学出版社, 2001.

[18] 瞿秋白. 再论翻译——答鲁迅[M]// 罗新璋, 陈应年编. 翻译论集(修订本), 北京: 商务印书馆, 2009.

[19] 斯宾诺莎. 知性改进论[M]. 贺麟译, 北京: 商务印书馆, 1960.

[20] 斯宾诺莎. 致知篇[M]. 贺麟译, 重庆: 商务印书馆, 1943.

[21] 宋志明. 贺麟新儒学思想研究[M]. 天津: 天津人民出版社, 1998.

[22] 宋祖良编. 儒家思想的新开展: 贺麟新儒学论著辑要[M]. 北京: 中国广播电视出版社, 1995.

[23] 王弼注, 孔颖达疏. 十三经注疏. 周易正义[M]. 李学勤主编, 北京大学出版社, 1999.

[24] 王秉钦. 20世纪中国翻译思想史[M]. 天津: 南开大学出版社, 2004.

[25] 王宏印. 中国传统译论经典诠释: 从道安到傅雷[M]. 武汉: 湖北教育出版社, 2003.

[26] 王思隽, 李萧东. 贺麟评传[M]. 南昌: 百花洲文艺出版社, 2010.

[27] 邢晓春. 他们创造了思想力[J/OL]. 京报网, (2009-08-31) [2012-10-25], http://www.bjd.com.cn/10llzk/200908/t20090831_537668. html.

[28] 杨子熙. 贺麟的生活与哲学[M]// 载宋祖良、范进编. 会通集——贺麟生平与学术，北京：生活·读书·新知三联书店，1993.

[29] 张祥龙. 贺麟传略[J]. 晋阳学刊，1985, (06).

[30] 朱湘军. 翻译研究之哲学启示录[M]. 上海：上海交通大学出版社，2012.

[31] Bassnett, S. & A. Lefevere. *Constructing Cultures: Essays on Literary Translation*. Shanghai: Shanghai Foreign Language Education Press, 2001.

"高度的爱"：李健吾的文学翻译

马晓冬

李健吾(1906—1982)，曾用笔名刘西渭、西渭等。中国现代著名翻译家、戏剧家、文学批评家、法国文学研究专家。1925年考入清华大学就读，毕业后留学任教，后赴法国留学。1933年回国后，曾任国立暨南大学文学院教授、上海孔德研究所研究员。抗战期间在上海从事戏剧运动，先后成为上海剧艺社、苦干剧团的重要成员，并因改编戏《金小玉》的创作和上演触怒日本宪兵而被捕。抗战胜利后，曾任上海市戏剧专科学校教授，从事戏剧教育。后赴北京任职北大文学研究所(1955年划归中国科学院哲学社会科学部)，主要从事法国文学研究。李健吾的戏剧作品《这不过是春天》、批评文集《咀华集》、译作《包法利夫人》《福楼拜短篇小说集》《莫里哀喜剧全集》以及他的研究专著《福楼拜评传》都是中国现当代文学领域的经典。

1925年3月，李健吾在《京报·儿童》副刊上发表了童话译作《农夫的麦田》，这是他学习英文时翻译给小侄女的作品。这一年，他又在副刊上陆续翻译了其他 7 篇童话作品，它们是目前所见李健吾最早的翻译文字。当时的李健吾未满 19 岁，身为辛亥将领的父亲已于 6 年前被害，李健吾则在亲友的接济下就读于北师大附中。不过，当年的他大概不会想到，从这个看似偶然的翻译起点开始，他将终身在这一领域耕耘，直到 1982 年去世前夕，还完成了《法兰西十七世纪古典文学理论》[1]的选编和翻译。李健吾不仅以大量翻译福楼拜、莫里哀的作品知名，还从法文翻译了雨果、圣伯夫、司汤达、巴尔扎克等作家不同体裁的作品，并从英文转译了契诃夫、高尔基、托尔斯泰等经典作家的大量剧作。

李健吾在戏剧创作、文学批评以及法国文学研究领域成就斐然，其翻译实绩同样是对中国现当代文学不可或缺的贡献。追溯和思考李健吾的翻译生涯和翻译追求，或许能帮助我们更好地理解李健吾译作的价值，并使其翻译遗产真正对今日的文学翻译有所启发。

一、由研究护航的翻译：学者的思想和方法

李健吾与福楼拜结缘，离不开两位外国教授的指引。一位是长期在中国工作的美国教授温德 (Robert Winter)，温德是李健吾在清华外文系学习时的法文教师，教了他四年，在第三年的法文课上教了《包法利夫人》。多年后李健吾曾回忆这本书对他的意义："它让我想到自己的中国，我认为对中国有实际教益的，还是现实主义，而不是其他什么主义。后来我去法国留学，就是受了他教的这本书的影响"，

1　该文稿直到 2019 年才收入上海译文出版社出版的《李健吾译文集》。

1931 年，李健吾赴巴黎索邦大学留学，在这里听法国文学教授米肖（G.Michaut）精讲福楼拜的《三故事》，对福楼拜的作品和艺术理论有了更深入的认识。或许正是由于这一段求学和研读经历，回到祖国后，李健吾翻译出版的第一本福楼拜作品就是《三故事》（当时的译名为《福楼拜短篇小说集》）。

1933 年，李健吾自法归国，此后，他便全神贯注地投入对福楼拜作品的译介与研究，其中一系列福楼拜研究文章以及最终出版的研究专著《福楼拜评传》率先在学界引起了反响。自 1933 年 11 月至 1935 年 9 月，李健吾先后发表有关福楼拜的论文 16 篇，分别刊登于《现代》《文学季刊》《学文》《文学》以及《大公报·文艺副刊》等报刊，这些文字后来多数收入了 1935 年底出版的《福楼拜评传》。据李健吾自己回忆，他于《文学季刊》发表的论文《包法利夫人》很快引起了林徽因的注意，她给李健吾发来一封长信，并邀请他见面。从此，李健吾成为林徽因太太客厅的常客，并且在这里遇到了不少文化名人。也因为这篇文章，郑振铎在接受了暨南大学文学院院长的聘书后，约李健吾到暨南大学的文学院任职，教授法国文学，李健吾的文学天地也因而从北京转到了上海[1]。

一篇论文引起如此的注目，似乎是命运机缘，但仔细思索，也并不让人意外。正如法国文学专家柳鸣九所分析的，20 世纪的中国作为外国文学方面的"翻译大国"，却是"研究上的'小国'"，在二三十年代到四十年代，"只有李健吾一人向学术研究的高峰进发，

1　此处所言"暨南大学"是指中华人民共和国成立前的国立暨南大学，当时在上海，后曾迁址并经历院校合并。1958 年，中华人民共和国成立后，暨南大学在广州重建。

攀登，并有了显著的成绩"，这一成绩就是有着持久学术生命力的《福楼拜评传》。由此，我们就不难理解李健吾这些讨论福楼拜的论文和专著给当时知识界带来的惊喜。

刻苦的学术钻研以及深厚的研究底蕴，成就了李健吾的福楼拜翻译，同时也体现了他本人作为译者的自觉追求。早在1929年一篇讨论翻译问题的文字中，他就批评当时文艺界的译者"大都缺乏学者的精神"，并进一步对他所期望于译者的学者精神进行了阐释："所谓学者，是他对于原作有完全而真正的了解，不特能做汉学家注释的功夫，而且能做宋学家理论的事业，要把原文一字一词称出分量来；在这种课本的探讨以外，还得有产生它的环境与它在文学史上地位的知识。"从他后来对福楼拜、莫里哀等作家的翻译来看，这不恰恰是他的夫子自道？

抗战后出版的《包法利夫人》是李健吾在上海沦陷区艰苦工作的产物。即使在沦陷区国难家愁的精神困境中，在极为困窘的物质条件下，李健吾的翻译工作也没有失掉一丝不苟的学者精神。

他曾对友人回忆，自己翻译《包法利夫人》最愉快的一件事就是解答了一个理解上的难题："有一个注释寻觅了半年，终于为锺书兄在无意中发见。他的短笺使我欢跃了一整下午。"多年以后，李健吾的传记作者、著名作家韩石山曾经致函钱锺书先生询问此事，据钱先生的回忆，这个注释涉及的是查理在爱玛死后给她立碑的碑文，由药剂师郝麦以拉丁文撰写，原文作：Sta，viator amabilem conjugem calcas，即"行人止步，勿践贤妻"，几乎复制德国17世纪初叶麦尔席将军的墓志铭"行人止步，勿践英雄"（sta, viator heroem calcas）。两位作家（他们同时也都是学者和译者）的回忆帮我们还原了李健吾作为译者的一段工作经历，也让我们不难想象李健吾面对原作如何细细思考、多方求助，每解决一个问题都如获至宝的翻译状态。

　　李健吾对学者精神的追求表现于他对原文中的难解之处不回避、不敷衍，积极思考和钻研的态度，由于文学翻译要求译者具备百科全书式的知识，因此不断学习和虚心求教的态度就成为学者（译者）的必需。正如李健吾所说，"只有谦虚才有可能把翻译带到艺术的国度"。他讲述自己翻译高尔基戏剧《叶高尔·布雷乔夫和他们》时的经验，也涉及到对作品中一个难题的求助。该剧第二幕中，时髦女郎安陶妮娜有句台词："你记得舒柏尔提[1]的'瓦路穆'吗？"紧接着，一个贫苦的年轻人吉雅丁就反问她："是舒柏尔提写的？"借助字典的帮助，李健吾知道"瓦路穆"是德文的"为什么"，而且从舒柏尔提是奥地利音乐家这一点看，德语在此也没有什么错误。但他仍然觉得吉雅丁的反问突兀，"何以吉雅丁偏要多此一问？"这个问题一直萦绕心头。

　　"我检查舒柏尔提的作品目录，没有发现'瓦路穆'这个名字。我慌了，便去请教一位音乐教授。他检查的结果和我一样。我求他破费时间帮我查出作者来，因为我相信一定不会太难，高尔基不会折磨他的观众的。朋友果然最后连歌词也给我抄来了。原来是俄国有名的音乐家蔡伊考夫司基作[2]的！高尔基的用意于是对我豁然开朗了。一个时髦俄国少女，会说法国话，会说德国话，交际场上那样神气，作品

1　今通译"舒伯特"。
2　今通译"柴可夫斯基"。

是祖国的都不知道！她不爱祖国。高尔基嘲笑这种虚浮的少女，特意叫吉雅丁反问一句，一个穷孩子反问一句。"

　　归根结底，译者对原作的钻研和理解是为读者服务的，译者对原作的理解越细越深，他就越能够给读者提供有力的帮助。上述所举两例中对译者尚且形成理解障碍的原作文字，如果没有注释，可想而知会给读者带来多大的困惑。

　　李健吾译作的一个突出特征就是大量的注释和详细的序跋，注释主要解决原文字句的理解，而序跋则侧重于介绍作家的创作背景和作品的艺术特征及价值，有些译本，李健吾还翻译了相关的文献资料作为附录。1936 年，李健吾最早翻译的福楼拜作品《福楼拜短篇小说集》出版，包含《一颗简单的心》《圣朱莲外传》《希罗底》3 部短篇，此书卷前不仅有译者的长序，卷末还有译者跋，李健吾共为这 3 个故事做注 192 个，还为 2 个故事手绘了地图，以助读者理解。1948 年，他的译作《包法利夫人》问世，此书出版前一年，李健吾就写作了《〈包法利夫人〉的时代意义》一文发表于《文艺复兴》杂志，介绍作品产生的文学环境和文学史意义。此书出版时，又另附有译者序以及全书注释近 240 个。而且，由于福楼拜当年曾因此书被告上法庭，李健吾还在译本后补充了《发表与诉讼》一文以及《公诉状》《辩护状》《判决书》等作为附录。1948 年，《新书月刊》杂志刊登了《包法利夫人》的"新书提要"，还特意介绍"本书稍有疑难的地方，都有详辑注解，当时轰动欧洲的诉状和辩护状，全部译出，作为附录。"大量的副文本支持，给读者的阅读提供了可靠的引导和帮助，而此类文字实质上就是李健吾的文学研究成果。

　　学者精神在翻译中不仅体现为谦虚严谨的态度，还表现为科学的翻译方法，即集中全力深入译介某位作家的作品，避免东鳞西爪、浅尝辄止的翻译。福楼拜的小说，李健吾先后译成了《三故事》《圣安东的诱惑》《包法利夫人》《情感教育》，《萨朗波》也节译了一部分。除福楼拜的主要小说作品外，他还陆续翻译发表了一些福楼拜书简，甚至计划翻译"福氏全集（十册）"。莫里哀的戏剧，他译了27 部，基本上涵盖了莫里哀除歌舞剧外的所有戏剧作品。中华人民共和国成立后，中国政府先后邀请苏联专家来北京和上海的戏剧学院讲学，在中央戏剧学院安排教学课程时，一位苏联专家曾不屑地嘲笑道，中国没有一个人懂得莫里哀和莎士比亚，"时任中央戏剧学院院长的欧阳予倩当即回答：'中国有个李健吾，可讲莫里哀。'"

　　以研究权威的实力翻译福楼拜和莫里哀这两位法国作家，是李健吾译作得以经典化的重要原因。时至今日，国人若想通过汉语全面认识这两位法国文学大家，那么李健吾的译作无疑是绕不过去的。福楼拜及其作品《包法利夫人》汉语译名的确立，就是李健吾的创造，而"莫里哀"译名的流传与确立同样深受李健吾译本的影响。

　　对李健吾而言，"译者应该钻进作者的生命，重新创造，才不至于有失他的精神"。以学者精神细致钻研原作者及其作品，便是"钻进作者生命"的努力，否则其了解难免"枝枝叶叶、零零碎碎"，难得其"本来的面目"。而反过来看，对某一作家的集中译介过程又何尝不是一种学者般的研究？还有什么比译者的工作更要求对原作观念的领会和字句的咀嚼？1982 年 5 月，《中国大百科全书·外国文学卷》出版，其中"莫里哀"和"福楼拜"两个词条正是由李健吾撰写，这既是对其作为研究者，又是对其作为翻译者的肯定。李健吾在这一年年底去世，但他所翻译的福楼拜和莫里哀，却成为留给一代代读者最好的纪念。

二、笔的力量:"孤岛"和沦陷时期的戏剧翻译与改编

1935 年，李健吾从北京来到上海，在国立暨南大学任教。不过两年，他平静的教书和写作生涯就被战火打乱。1937 年 8 月，日军进攻上海，淞沪会战开始。11 月，上海沦陷，大批文人转移到未受日本势力控制的租界地区，在"孤岛"开展文化活动。由于腰病，无法远行的李健吾和家小滞留"孤岛"，在自己的文字中反复表述着对战士的崇敬和国难下的苦闷。"祖国需要强壮的身体和灵魂去行动，我们却愧无以应命"，他为不能直接为国效力而叹息，并用诗歌描述自己的心情："你的心好比一只鹰/囚在笼子里面。"

1938 年，李健吾与于伶相识，后者当时受党的指示留在上海组织话剧运动，在于伶的组织和带动下，他们联合各种社会关系，利用中法联谊会戏剧组的名义，创建了戏剧社团上海剧艺社。作为留法学者、法国文学的译者和教授，李健吾出面拟了法文呈文，送到嵩山路法国总巡捕房注册。

在上海剧艺社的成立大会上，李健吾、于伶和在座的戏剧界人士决定将罗曼·罗兰的剧作《爱与死的搏斗》(*Le Jeu de l'amour et de la mort*) 列入剧艺社的演出计划。选择这部剧作，不仅是因为法国剧作容易获得法租界当局的上演许可，更由于它能满足孤岛作家们表达和宣传的需要。在翻译剧题时，于伶特别建议李健吾采用了略微偏离原

义的"搏斗"一词[1]，以使作品在当时的语境中呈现出更鲜明的斗争精神。

这是罗曼·罗兰写于 1924 年的一部有关法国大革命的戏剧，作家试图通过描绘大革命历史，表达对个人，特别是知识分子独立精神的珍视，其背后是罗兰的人道主义思想和他所赞同的非暴力主义。虽然原剧本身并没有抵抗外侮的主题，但它所塑造的主人公顾尔茹瓦希耶——这个坚持真理、向一切不合理的暴政说不，并勇于自我牺牲的形象——却感动了许多国难下的孤岛文人。在孤岛时期的上海，李健吾通过自己的翻译和对戏剧观众的引导，成功地将异国作品在这一特殊语境下进行了本土化表达，使其更清晰地指向本土的抗敌精神。李健吾为此剧的上演写作的《本事》一文，可以帮助我们追溯他为实现戏剧本土化与语境化而做出的努力。

据李健吾回忆，《本事》是他为演出所写的情节概述，当时曾在剧场中散发，1938 年 11 月又刊于《文献》杂志，并在此剧后来出版的单行本附录中出现，成为当时观众和读者接触此剧最直接的导向标。开篇，李健吾就将感慨指向生死问题："人世有许多意想不到的事迹：幸福的人不一定要活着，活着的不一定就有幸福。有人活着为了爱情，有人为了信仰，有人为了理想，可是同时就有人视死如归，也为了爱情，为了信仰，为了理想。这里有一件事是清楚的：他们不为自己活，也不为自己死。他们伟大的人格形成他们崇高的举止。"这样的议论，在言说作品中人物处境和选择的同时，也指向了抗战现实中沦陷区中国人的不同姿态：是视死如归还是苟且偷生？是利己主

1　法文标题中的 Jeu 的确很难翻译，它通常指"游戏""比赛""竞争"。

义还是将生命付诸理想和信仰？而这一生死选择，始终是抗战爆发后李健吾最关心的主题。

在《本事》中，李健吾这样概括男女主人公的行动：

> "顾尔茹瓦希耶对于政治的信仰起了动摇，渐渐由沉默而中立，由中立而反抗，<u>终于决然和暴力分手</u>。廉洁的<u>统治者</u>洛布斯比耶[1]要他投票判决革命元勋党东的死刑，他没有投票，擅自离开了会场。
>
> ……
>
> 顾尔茹瓦希耶夫人听见他的安排，静静地烧了她那一份护照。她决计留下陪着她<u>舍生取义</u>的丈夫。她要跟着他一块儿殉难。"

这里，李健吾突出了男主人公与暴力的不合作，通过将原剧中罗伯斯庇尔这个人物定位为"统治者"，更彰显了主人公面对强权的不妥协态度。而且，李健吾通过讲述顾尔茹瓦希耶夫人索菲的行动，用本土道德传统中的"舍生取义"来定义男女主人公的抉择，对身处国家沦陷危机中的爱国知识分子而言，正是不言自明的道德理想。

《本事》的最后，作者从第三人称的叙述转化为直接使用第一与第二人称，既对剧作主题进行升华，更使译者直接转向本土语境，向"我们"和"你们"——面对日寇的全体中国人民发出召唤：

> "为什么要把生命给了我们？

1　今译罗伯斯庇尔，句中"廉洁的"一词，法文作 incorruptible，罗伯斯庇尔生活廉洁，被认为是不可腐蚀的。

为了克服生命！

暂时的是现实，永生的是理想：最后的胜利是你们的，死去罢，你们为人类活着的战士！"

《本事》通过强调剧情与本土现实的契合，竭力发掘主人公生死选择的道德主题。而这样一种倾向，也在某种程度上指引了观众，唤起其共鸣。李健吾的师友王统照在看完该剧的演出后，创作了诗歌《生与死的搏斗》，处处影射中华民族面对外辱的大环境，记录了诗人在观剧后对个人和民族命运的思索。该诗最后的诗句尤疑是与剧作中向死而生之主题产生的碰撞，也与李健吾在《本事》结尾的呼唤遥相对话：

"生之希求上——

他们要把最苦的死亡揉裂，踏践。

为的——

他们要实现一个富于'生'机，保持

'生'力的明天！"

1938年10月27日，该剧首演大获成功，原定演出到30日结束，却敌不过观众的欢迎，于11月5日—6日又加演了两场。1940年2月22日—25日，又进行了第二轮的演出。在这个意义上，李健吾的翻译走出了书斋，走上了舞台，并在更具实践性的意义上表达和激励着民族的抗战精神。该剧译本自1939年由文化生活书店出版后，至1950年共发行4版，可见其流传之广。

1941 年末，上海全面沦陷，"孤岛"沉没。李健吾所在的孔德研究所也于 1942 年春季解散（1940 年 8 月李健吾离开暨南大学，担任中法孔德研究所的研究员）。从此，李健吾失去了生活来源，但他并未接受周作人托人带话提供的北大教职，而是继续在沦陷区苦熬，用他自己的话说，是"做了李龟年"，用从事戏剧来养活自己和全家。上海沦陷后，李健吾活跃于不同的剧团和舞台，改编了包括萨尔都、斯克里布、博马舍、莎士比亚等大量外国作家的剧本，而在舞台上最成功的是从法国作家萨尔都剧作《托斯卡》（*La Tosca*）改编而来的《金小玉》。该剧由黄佐临导演，苦干剧团演出，从 1944 年 9 月 24 日至 12 月 17 日连演 100 余场（有时一天演日夜两场）。

《金小玉》这部改编剧的成功，很大程度上得益于其隐晦的政治表达。原作表现一位著名的女歌唱家托斯卡（对应于李健吾笔下的"金小玉"）为拯救情人（在《金小玉》一剧中的对应人物为"范永立"）而为警察总监斯卡皮亚男爵（对应人物为"警备司令王士琦"）所骗，最终杀死总监，并在得知情人死讯后自杀殉情的故事。通过对主人公形象的改编，李健吾的作品强化了女主人公和她的情人范永立刚烈不屈的精神。而且，当这种精神寓于一个处于弱势地位的女性之身时，它尤其成为饱受蹂躏的中国人民抗战精神的隐喻。当年的《金小玉》演出广告中有"烈女殉情、烈士殉国"的字样，也从侧面反映出剧人[1]们的某种政治呼唤。

越是在沦陷区高压的政治环境下，观众越有着高度的政治敏感，

1　"剧人"一词，在中国近现代语境中主要指从事现代话剧运动和实践的所有人，常见于当时的戏剧报刊。

《金小玉》一剧中强烈的正邪对立对当时观众有着极大的感染力，因为在沦陷区，侵略者、附逆者就是头号的邪恶势力。原作《托斯卡》中的斯卡皮亚男爵被认为是"萨尔都塑造的最残暴的角色"，选择这样一个人物呈现于舞台就更容易唤起观众对邪恶的仇恨与反抗。当《金小玉》中与之对应的人物——警备司令王士琦——命令手下对青年学者范永立严刑拷打时，当他残酷地在心理上蹂躏和折磨无助的金小玉时，观众很容易认出那些蹂躏中国百姓的侵略者及其走狗的面目。

和剧本相比，舞台表演更具形象感和表现力，当年饰演警备司令的"话剧皇帝"石挥特意为塑造这个舞台形象剃了光头，强化其现实影射。据后来剧人的回忆，舞台布景时"在桌下装了一个小聚光灯，正好将石挥的影子投映在后墙上，人物动一动，那光头，那带穗的肩章，便跟着一起颤动，在闪闪火光中，犹如一个魔影，既阴森恐怖又令人痛恨。所以，当金小玉一刀向警备司令刺下去时，早已憋了一肚子气的观众不禁掌声如雷……"可以想象，在观众心中，警备司令已成为侵略者及其走狗的代表，而范永立对革命的同情、对朋友的道义，金小玉对爱情的忠贞，则象征着身处乱世的个体对道德操守的坚守。难怪著名的剧评人麦耶要说"《金小玉》决不是一部描写伶人的戏剧，而是一出革命的悲剧"。

该剧的备受欢迎，引起了日本宪兵的注意。一天夜里，三个宪兵突然来到李健吾家里搜查，并将他押解到日本宪兵司令部。直到抗战胜利后，回忆曾审问自己的军曹萩原大旭，李健吾仍感到后怕。此人冷血却又彬彬有礼，清瘦枯瘦但心思绵密。经过4个小时的问讯，萩原并未从李健吾口中得到他认为有用的信息，所以他下令给李健吾上刑，一边对他“灌水”，一边通过翻译审问。

《金小玉》的罪状之一，便是对日本侵略者的影射。看到剧照中演员石挥扮演的警备司令，萩原“拿手摸摸自己的光头，忽然如有所得，笑了”。他对李健吾讲：“很像。”并且说：“你宣传我们的不是，你叫中国人恨我们。”李健吾辩解，“这是一出外国戏……在世界很有名，我是改编的”。其实，无论是萩原的直觉还是李健吾的辩解都是真实的，文学作品往往用生动的情境提供了丰富的可再生性，对祖国的热爱和对侵略者的仇恨，使李健吾成功将原作中正邪对立的各种情境移植到沦陷区的上海，让这部诞生于异域的作品指涉中国观众所身处的现实，让一个日本侵略者在这面镜子里照出了自己。

幸亏搜查时李健吾的妻子尤淑芬将一捆他和重庆朋友平日往来的书信藏到床下，没有被宪兵队发现，经过 20 多天的折磨和审问，宪兵队终未找到李健吾确实的“罪状”，加上亲人和朋友的营救，李健吾躲过一劫，活着离开了“贝公馆”[1]。

抗战胜利后回忆沦陷区的生活时，李健吾曾说：“我在话剧里面求生活，并不是为了‘地下工作’，而是尽量在可能的条件下弄两个干净钱来过最低的生活。良心叫我这样做，我便这样做。”沦陷时期他本人所从事的话剧翻译、改编和舞台演出确实算不上“地下工作”，只是他维持操守的生存手段。不过像李健吾这样进步的剧人们，虽然在日本侵略者高压统治的夹缝中生存，但仍然挣扎着用艺术唤起正义和良知，并可能像真正的“地下工作”一样，因此遭遇生命的威胁。

1　因当时日本宪兵司令部在上海贝当路10号，时人以“贝公馆”代指日本宪兵队。

即使是在这样艰苦的环境中，无论是创作、翻译还是改编，李健吾的目光和胸怀也始终没有离开祖国的土地和人民，他将域外的文学资源转化为民族呐喊，以笔战斗，成为他理想中"为人类活着的战士"。

三、翻译作为艺术：文学风格的追求

1929 年，李健吾曾在《认识周报》发表了一篇讨论翻译问题的文字《中国近十年文艺界的翻译》，此文最后总结了他心目中理想的译者应具备的条件："一位译者要有艺术家的心志，学者的思想和方法。"把文学翻译视为艺术活动的立场，形成了李健吾心中对翻译的严格标尺，这对自己会是一种鞭策和苛责，对他人却可能无形中成为压力和批评，甚至会惹出争议，李健吾在孤岛时期翻译《爱与死的搏斗》就因此节外生枝。当年上海剧艺社决定排演这出戏时，罗曼·罗兰的这部作品在中国已经有了两个译本，分别是徐培仁、夏莱蒂合译的《爱与死之角逐》和梦茵译的《爱与死》。为了演出，中法联谊会请李健吾对夏徐两位的译文进行校对，但李健吾看过译文后，却决定重译剧本。联谊会的冯执中为此特意写了文章，表达了对现存译本的不满，说明为何请李健吾重译。这惹恼了前译者徐培仁，徐在《文汇报·世纪风》发表《择机开张的广告》一文，指责李健吾的译本还未出版，就给自己做起了广告。李健吾则立即写了《致徐培仁先生》，也发表于《文汇报·世纪风》，进行解释和致歉，才使这一风波平息下来。

不过，解释归解释，重译的行动本身毕竟隐含着对现存译本或彼或此的不满，为此，李健吾还写了《我为什么要重译〈爱与死的搏斗〉》一文，说明重译的原因。

"我们所以要破费功夫（我时间是极其有限的）来重译的，还有一个站在演出立场的苦衷。……我们的演员还没有训练到能够朗读一切佶屈聱牙文字。它一定要通顺，一定要有可能上口。然后演员才好接受，也才好感动别人。我们在演戏，我们要的只是力量。在这一点上，夏徐两位先生显然没有顾到我们的要求。

但是，我们的书局如今出了万千剧本，谁又顾到上演的可能？有几个人？有几个翻译的剧本，可以原封不动，照样搬上舞台的？我们翻译的剧本并非不多，然而，不怕得罪人，它们仅仅供给了我们一个梗概，因为缺乏形体，所以生命不充实，也就始终站在戏剧运动的天线的边沿。"

如此看来，对原译本的不满，甚至不是指向某个具体译者，而是指向了整个的剧本翻译，因为"它们仅仅供给了我们一个梗概，因为缺乏形体，所以生命不充实"。如果我们熟悉李健吾的批评，就会知道"形体""生命"这些概念，都与艺术风格和表现相关。因为文学作品不是一个空荡荡的意思和梗概，而是通过语言经营所创造的形象与读者对话。李健吾曾说："严格地讲，只有在文学作品的范围内，我们始能得到最高与最美的真实的译文；文学是情绪的产物，在它的内容与形式的谐和中生出动情的效力，所以译者为在他一语言上求得同样的生命或者效果（这是很难的），便不能不于可能性内探讨文字上的精美，以完成二者精神上的近似。科学上的翻译便可以不必如此苛责，否则反而违了其初实用的目标。"对于剧本这种需要上演的文字来说，文学翻译的这种特质表现得特别突出，因此为了作品表现的力量，他才一定要着手重译。

当然，李健吾心目中这一文学翻译的理想和翻译界的现实无疑存在着差距，在中国现代大量翻译文学中，很多译本不但没有实现文学形体和风格的传递，甚至译者都未自觉地将此作为一种追求。李健吾曾感慨："翻译的文字，一般说来相当平稳。但是我必须说，语汇总是那么几个，好像那些著名的外国作家都不怎么讲究声调、节奏、情致、色彩、变化和意味似的。外国作家都像从一个模子下来的。他们之间的风格，我不大能区别出来。"

而李健吾所不满的这类翻译问题也具象地反映于徐培仁的翻译主张之中："翻译不过是一种介绍的工作，就算译得再好也没有什么了不得，不论直译意译，目的无非是传达原作者的意思。"这里，徐培仁仅仅把文学翻译理解为"传达原作者的意思"，并且暗示好译本和平庸译本在本质上无甚差异。显然，其没有像李健吾那样认真思考过文学翻译的独特性质："这里是一部文学制作，并非一部科学论文，内容的传达要忠实，而风格的传达似乎更为重要。"

"同外行人谈内容和观念一类的东西，但是只有同内行人，碰到表现问题，这才要谈语言、形体和表现本身的艰难"，李健吾虽然知道这一点，但每每还是在自己写给读者的文字中表达自己在"表现"问题上的思考、苦心与困难，因为他知道，译者理解了原作的内容动向和思想意义，往往就可以应付字面上的要求，但再现原作行文的特征和艺术风格，才是真正的难题。在向读者自述翻译福楼拜的困难时，他说：

　　"'单字'的正确涵义已经需要耐心寻找，而那些近乎神韵的'节奏'，神，因为还有传达一种精神上的哲理的要求，就不可能用另一种语言表达。用流行的滥调来翻译，根本违误原作的语言风格，然而一律用'和'字去翻译 et，忠实于形式，去精神固不止一万八千里。而原文字句的位置，到了另一种语言，尽量接近，自然而然还是要有一种改易的必要。这就是翻译福氏的困难，他不仅是一位写小说的人，而且是一位有良心的文章圣手。介绍他的小说，假如抛开他的风格，等于扬弃精华，汲取糟粕。"

　　虽然李健吾认为自己的福楼拜小说中译远不能达至艺术上的"完美境界"（"完美"，是李健吾对福楼拜的评价），但他作为译者努力再现和接近这种风格的艺术追求却是有目共睹的。1946 年抗战胜利后，他与友人谈及自己在沦陷区对福楼拜的翻译时，"我有理由相信我的《包法利夫人》译本将是一种良心的酬劳，福楼拜会欣赏我还他一个可取的风格"。

　　说到高尔基剧作《叶高尔·布雷乔夫和他们》的翻译，他也曾因自己忽视了原作的语言风格而懊悔："在第三幕，结尾，那位滑稽的'半仙'人物，浦罗波铁，说了一篇卖弄玄虚的'疯'话，我照字面译了过去。半年过后，我拿出外文出版局的英译本研读，发见这篇'疯'话虽作散文排列，全是韵文！韵文，这就对了，中国那些半仙也是一来就拿韵文唬人。中外一例。这跟外国乡下人听见有人念拉丁文就以为念咒一样。我必须改译一过才能传神。"1951 年，李健吾利用再版机会进行了修订，并于"再版附言"中特向读者说明将"第三幕临尾浦罗波铁的风言风语"又译了一遍。说到底，他所念念不忘的，还是对艺术风格的传达。

翻译家罗新璋先生曾说："李先生所译《包法利夫人》，尽传原著之精神、气势，若能适当修订，当能作为经典译本长期流传。"而李健吾的莫里哀喜剧翻译也享有盛誉，被认为"在忠实和传神两个方面都超过了此前已有的译本"。可以说，这些翻译成就都涉及到李健吾对原作艺术风格的把握和传递。因为在他的心目中，文学翻译"同样也是艺术"，它"终极的目的""是让一部文学作品在另一种语言中仍是文学作品"。

在 50 年代初写作的《翻译笔谈》中，李健吾有这样的总结："最好的翻译总是通过了译者全人的存在而凝成果实的。在凝的时候，首先却要结合着爱。缺乏高度的爱，把本来是杰作的原作，译成劣制商品，丢在中国读者面前。读者大公无私，拂袖而去，译者的精力就全浪费了。""爱"这一情感和伦理色彩极强的语汇，可以作为我们理解译者李健吾的关键，在他的文学翻译活动中，不仅凝结着对艺术杰作的珍爱和敬畏之感、对读者的责任和用心，也同样凝结着对祖国的深情。

参考文献

[1] 艾珉.《包法利夫人》前言[A]. 福楼拜. 包法利夫人[M]. 李健吾译. 北京：人民文学出版社，2003.

[2] 白文："佐临氏在'苦干'时期的艺术活动"，上海艺术研究所话剧室 编. 佐临研究[M]. 北京：中国戏剧出版社，1990.

[3] 韩石山. 李健吾传[M]. 太原：山西人民出版社，2006.

[4] 李健吾.《金小玉》在日本宪兵队[A]. 李健吾文集(6)[C]. 太原：北岳文艺出版社，2016.

[5] 李健吾. 翻译笔谈[J].《翻译通报》，1951.

[6] 李健吾. 福楼拜小说集译序[A]. 李健吾文集(10)[C]. 太原：北岳文艺出版社，2016.

[7] 李健吾. 话剧与话[A]. 李健吾文集(8)[C]. 太原：北岳文艺出版社，2016.

[8] 李健吾. 拉杂说翻译[A]. 李健吾文集(6)[C]. 太原：北岳文艺出版社，2016.

[9] 李健吾. 漫谈我的翻译[A]. 李健吾文集(6)[C]. 太原：北岳文艺出版社，2016.

[10] 李健吾. 切梦刀[A]. 李健吾文集(6)[C]. 太原：北岳文艺出版社，2016.

[11] 李健吾. 荻原大旭[A]. 李健吾文集(6)[C]. 太原：北岳文艺出版社，2016.

[12] 李健吾. 诗剧的翻译——《绿头巾》华译本序[A]. 李健吾文集 (6) [C]. 太原：北岳文艺出版社，2016.

[13] 李健吾. 我为什么要重译《爱与死的搏斗》[A]. 李健吾文集 (6) [C]. 太原：北岳文艺出版社，2016.

[14] 李健吾. 伍译的名家小说选[A]. 李健吾文集 (7) [C]. 太原：北岳文艺出版社，2016.

[15] 李健吾. 与友人书[A]. 李健吾文集 (6) [C]. 太原：北岳文艺出版社，2016.

[16] 李健吾. 中国近十年文艺界的翻译[A]. 李健吾文集(6)[C]. 太原：北岳文艺出版社，2016.

[17] 柳鸣九. 一部有生命的书——李健吾著《福楼拜评传》序[A]. 李健吾. 福楼拜评传[C]. 南宁：广西师范大学出版社，2007.

[18] 罗曼·罗兰. 爱与死的搏斗[M]. 李健吾 译. 上海：文化生活书店，1939.

[19] 麦耶. 观剧随谈[J]. 杂志，1944年10月.

[20] 王统照. 生与死的搏斗[J]. 《新文学史料》，1997(1).

[21] 新书提要：《包法利夫人》[J]. 《新书月刊》，1948(4).

[22] 徐欢颜. 莫里哀喜剧与20世纪中国话剧[M]. 北京：北京大学出版社，2014.

[23] 徐培仁. 择机开张的广告[A]. 李健吾文集 (6) [C]. 太原：北岳文艺出版社，2016.

[24] Baldwin. 农夫的麦田[J]. 李健吾 译.《京报·儿童》，1929–03–12.

[25] Cooper, Barbara T.(ed.) *French Dramatists 1789—1914* [M]. London: Gale Research, 1998.

朱生豪的译莎故事: 爱国·爱人·爱己

张汨

朱生豪(1912—1944)是我国系统翻译莎剧的先行者之一。他在极端困难的条件下翻译莎剧，前后近十载，共译出莎翁的悲剧、喜剧、杂剧与史剧31部半。其中27部由世界书局于1947年题名《莎士比亚全集》出版，震惊了国内外译坛。中华人民共和国成立后，人民文学出版社先于1954年分12卷出版了《莎士比亚全集》，于1978年再出《全集》共37部，其中绝大部分仍为朱氏所译。朱氏文学修养颇深，汉、英语都很有造诣，所译莎剧字斟句酌、晓畅易懂，较之他人的译本以典雅传神见长。他每译一段，"必先自拟为读者，察阅译文中有无暧昧之处。又必自拟为舞台上之演员，审辨语调之是否顺口，音节之是否调和"。可见，朱氏的成功，除了靠他深厚的语言和文化功底外，还在于他对翻译事业的追求和严肃认真的态度。

一、教育经历

1912 年，朱生豪出生于浙江省嘉兴县的一个没落商人家庭，家道的中落并没有让朱生豪早早地就步入社会，相反，作为家中的长子，朱生豪从小就受到了良好的教育。据说，在朱生豪降生的第二天，他的大姑母朱秀娟找到当地算命人张铁嘴为其排八字，张铁嘴说朱生豪出生的那天是文昌日，所以他有文昌星庇佑，将来定会在学业上有所成就。因此，虽然家道中落，朱生豪仍然获得了家庭的倾力支持，得以完成学业。

出于对朱生豪教育的重视，从 4 岁起，母亲和叔祖母就开始让他学习《千字文》《百家姓》《三字经》《神童诗》等，为日后的学习奠定了基础。1917 年，朱生豪入读嘉兴南门梅湾的开明初小，在此期间勤奋苦读，并于 1921 年以甲等第一名的成绩考入嘉兴县立第一高级小学。由于高级小学离家较远，朱生豪就读期间寄居在大姑母家，平日常常躲在书房里潜心阅读。周末和节假日是朱生豪最开心的日子，因为不仅可以回到自己家，还能够饱览家中的藏书，如《聊斋志异》《三国演义》《山海经图说》《唐诗三百首》等等，朱生豪从这些经典作品中汲取了丰富的学识营养，学业成绩一直名列前茅。

1924 年，朱生豪高小毕业考入秀州中学就读。秀州中学是一所由美国基督教南长老会创办的学校，培养出了诸多世界名人，如物理学家李政道、我国核武器事业的开拓者程开甲、地理学家周延儒等。在秀州中学，朱生豪的各门成绩都取得了长足进步，尤其是中文和英文。就中英文学习而言，朱生豪先后学习了《新中华国语与国文》《复兴初中国文》《中国文学小史》、*The New China*、*Standard*

English Reading 以及 *Correct English* 等教材，这些都进一步夯实了他的双语基础。除此之外，朱生豪还常常进出位于学生宿舍东斋底层的图书资料室，在那里他不仅品读了《四部备要》等国学书籍，还接触了斯温伯恩、莎士比亚的作品，从此打开了一个新的天地。

1929 年，朱生豪以优异的成绩保送至之江大学（现浙江大学前身的一支）国文系就读，并辅修英文。大学四年里，朱生豪继续徜徉在知识的海洋里，或于图书馆内埋首苦读，或于钱塘江边徘徊思索，他爱上了诗歌、戏剧等文学形式，并参加了颇具影响力的之江诗社。著名学者夏承焘曾经担任过朱生豪的国文老师，同时也是之江诗社的指导教师，他对朱生豪的评价非常高，曾赞扬道："阅朱生豪唐诗人短论七则，多前人未发之论，爽利无比。聪明才力，在余师友之间，不当以学生视之。其人今年才二十岁，渊默如处子，轻易不肯发一言。闻英文甚深。之江办学数十年，恐无此未易才也。"由于在国文和英文方面的优异表现，朱生豪在毕业前夕就接到了上海世界书局的通知，聘请他担任英文编辑，也正是这份工作，为朱生豪走上翻译莎士比亚的道路提供了契机。

二、传神写意，言文行远

作为我国著名的莎士比亚戏剧翻译家，在日军侵华的战火硝烟中，在译稿两次被毁的情况下，朱生豪仍在短暂的生命中，穷其毕生精力翻译出了"译笔流畅，文词华赡，善于保持原作的神韵，传达莎剧的气派"的 31 部半莎士比亚戏剧。朱生豪的翻译成就可以表现在两个方面，即翻译思想和翻译实践。

就翻译思想而言，由于朱生豪一生致力于莎剧的汉译并且英年早逝，因此并没有留下大量关于其翻译思想的论述，庆幸的是，在译者序言中朱生豪提过自己翻译莎士比亚戏剧的宗旨，我们可以据此管中窥豹、以探一二：

于世界文学史中，足以笼罩一世，凌越千古，卓然为词坛之宗匠，诗人之冠冕者，其唯希腊之荷马，意大利之但丁，英之莎士比亚，德之歌德乎。此四子者，各于其不同之时代及环境中，发为不朽之歌声。然荷马史诗中之英雄，既与吾人之现实生活相去过远；但丁之天堂地狱，复与近代思想诸多抵牾，歌德去吾人较近，彼实为近代精神之卓越的代表。然以超脱时空限制一点而论，则莎士比亚之成就，实远在三子之上。盖莎翁笔下之人物，虽多为古代之贵族阶级，然彼所发掘者，实为古今中外贵贱贫富人人所同具之人性。故虽经三百余年以后，不仅其书为全世界文学之士所耽读，其剧本且在各国舞台与银幕历久搬演而弗衰，盖由其作品中具有永久性与普遍性，故能深入人心如此耳。

中国读者耳莎翁大名已久，文坛知名之士，亦尝将其作品，译出多种。然历观坊间各译本，失之于粗疏草率者尚少，失之于拘泥生硬者实繁有徒。拘泥字句之结果，不仅原作神味，荡焉无存，甚且艰深晦涩，有若天书，令人不能卒读，此则译者之过，莎翁不能任其咎者也。

……

余译此书之宗旨，第一在求于最大可能之范围内，保持原作之神韵；必不得已而求其次，亦必以明白晓畅之字句，忠实传达原文之意趣；而于逐字逐句对照式之硬译，则未敢赞同。凡遇原文中与中国语法不合之处，往往再四咀嚼，不惜全部更易原文之结构，务使作者之命意豁然呈露，不为晦涩之字句所掩蔽。每译一段竟，必先自拟为读者，察阅译文中有无暧昧不明之处。又必自拟为舞台上之演员，审辨语调之是否顺口，音节之是否调和。一字一句之未惬，往往苦思累日。然才力所限，未能尽符理想；乡居僻陋，既无参考之书籍，又鲜质疑之师友。谬误之处，自知不免。所望海内学人，惠予纠正，幸甚幸甚！

可以看出，朱生豪翻译莎士比亚戏剧的首要宗旨是"保持原作之神韵"，也可以用"神韵"说来进行提炼总结。具体而言，虽然莎士比亚戏剧中也有一些插科打诨的内容，但是朱生豪将莎士比亚看成是与荷马、但丁以及歌德等作家地位相当的伟人，因此他不倾向于将原文中部分粗俗的内容翻译出来以破坏莎士比亚作品在文学史中的高尚地位。另一方面，从上述译者前言中我们也可以发现，在朱生豪着手翻译莎士比亚作品之前，市面上也有莎剧译本，但是这些译本普遍质量不高，读起来诘屈聱牙，这也是朱生豪选择保持原作"神韵"的原因，不追求译文与原文的逐字对应并尽量让译文更加流畅。事实上，朱生豪的翻译实践也始终贯彻着这种重视"神韵"的翻译思想。从译者前言也可以看出，为了达到传达原作神韵的目的，朱生豪主要采取意译的翻译策略，具体表现在更改原文结构与注意译文音节等方面，以保证译文的行文流畅。

就更改原文结构而言，我们选取《仲夏夜之梦》中莱散特试图说服黑美霞和自己私奔的一段话为例加以说明：

原文：

Lysander: A good persuasion: therefore hear me, Hermia:/ I have a widow aunt, a dowager/ Of great revenue, and she hath no child:/ From Athens is her house remote seven leagues:/ And she respects me as her only son./ There, gentle Hermia, may I marry thee:/ And to that place the sharp Athenian law/ Cannot pursue us, If thou lovest me then.

译文：

莱：你说得很对；听我吧，黑美霞。我有一个寡居的伯母，很有钱，并没有儿女；她看待我就像亲生的独子一样；她的家离开雅典二十哩路；温柔的黑美霞，我可以在那边和你结婚，雅典法律的利爪不能追及我们。

在这段话中，莱散特首先对黑美霞介绍自己远方伯母的情况，接着强调他伯母居住的地方不受雅典法律的约束，希望他们能够一起私奔过去。原文中 "From Athens is her house remote seven leagues: /And she respects me as her only son." 的前一句讲的是莱散特伯母居住地方的情况，后一句讲的是他伯母对待自己视如己出，这正好在顺序上与莱散特想要表达的意思相反。朱生豪在翻译的时候，将两句的顺序调转过来。通过语序的修改，我们发现，译文从莱散特介绍伯母没有孩子，再到视他如己出，进而介绍他伯母居住在哪里，然后劝说黑美霞和自己一起前去投奔伯母，虽然这两句话的译文顺序与原文顺序相反，但整个内容在逻辑上却具有了更强的相互关联性，也使读者阅读起来更加流畅自然。

除了更改原文语序外，朱生豪也十分注重通过意译的方法传达原文的意思。例如在《罗密欧与朱丽叶》一剧的终场诗中有这么一句话："For never was a story of more woe, /Than this of Juliet and her Romeo."。莎士比亚在这句话里表达了自己对罗密欧和朱丽叶故事的感叹，认为没有其他故事能够比他们的爱情故事更加凄惨，朱生豪将其翻译为"古往今来多少离合悲欢，谁曾见这样的哀怨辛酸"。译文没有出现罗密欧和朱丽叶，从字面上看和原文并不对等，但是"古往今来多少离合悲欢，谁曾见这样的哀怨辛酸"一方面通过"离合悲欢、哀怨辛酸"这两个四字词语把原文对罗密欧和朱丽叶凄美爱情故事的感叹表现了出来，另一方面又和原文一样做到了押韵，可以说十分地传神。事实证明，朱生豪译文也是所有莎剧译本中流传度最高的，同时大多数剧院上演的莎剧也都以朱译本为底本，这是朱生豪翻译成就的体现。

三、译莎十载，以爱为舟

朱生豪曾在译者前言中对自己的译莎活动进行了简要的回顾：

余笃嗜莎剧，尝首尾研诵全集至十余遍，于原作精神，自觉颇有会心。廿四年春，得前辈同事詹文浒先生之鼓励，始着手为翻译全集之尝试。越年战事发生，历年来辛苦搜集之各种莎集版本，及诸家注释考证批评之书，不下一二百册，悉数毁于炮火，仓卒中惟携出牛津版全集一册，及译稿数本而已。厥后转辗流徙，为生活而奔波，更无暇晷，以续未竟之志。及三十一年春，目睹世变日亟，闭户家居，摈绝外务，始得专心壹志，致力译事。虽贫穷疾病，交相煎迫，而埋头伏案，握管不缀。凡前后历十年而全稿完成，夫以译莎工作之艰巨，十年之功，不可云久，然毕身精力，殆已尽注于兹矣。

具体而言，笔者认为朱生豪矢志译莎的故事可以从"爱国""爱人"以及"爱己"三个方面来勾勒。

爱　国

1935 年是上海的"翻译年"，当时各大出版社竞相出版世界名著的中文译本，而位于上海的老牌出版社——世界书局也决定组织人力翻译出版《莎士比亚戏剧全集》。时任世界书局英文部负责人的詹文浒由于对朱生豪的中英文功底十分了解，便推荐其担此重任，朱生豪本人也欣然接受。当时日本帝国主义对中国的侵略步步紧逼，朱生豪也将自己的译莎行为看作是对日本侵略势力的反击。正如他在写给妻子宋清如的信中所提到的"你崇拜不崇拜民族英雄？舍弟说我将成为一个民族英雄，如果把 Shakespeare 译成功以后。因为某国人曾经说中国是无文化的国家，连老莎的译本都没有。"本着这种爱国主义精神，在接受了译莎任务之后，朱生豪一方面反复研读莎士比亚的戏剧原文，另一方面则积极搜集莎士比亚作品的不同版本及注释等材料。

事实上，在朱生豪就读初小期间，因日本帝国主义强迫中国签订"二十一条"而爆发的大规模游行抗议等活动，就已在年幼的朱生豪心里埋下了抵抗日本侵略的种子。接受了译莎工作后，经过一年多的准备，朱生豪于 1936 年春正式开始动笔翻译。以 1937 年八一三事变和 1941 年"一二·八"事变两次事变致使译稿被毁为界，朱生豪的译莎活动也可大体分为三个阶段。

在广泛收集相关材料并做好了充分的译前准备后，朱生豪先后译出了《暴风雨》《仲夏夜之梦》《威尼斯商人》《皆大欢喜》《无事烦恼》《温莎的风流娘儿们》《第十二夜》等喜剧剧本。按照当时和世界书局每译完一部作品便支付稿酬的约定，朱生豪所完成的翻译手稿均交由世界书局保存。1937 年七七事变后，日本侵略军于 8 月 13 日突袭上海，位于上海杨浦区的世界书局总部遭到了日军的占领和焚毁。由于事发突然，朱生豪只携带了装有牛津版《莎士比亚全集》和少许衣物的藤箱仓促投奔嘉兴姑妈家，而其交给世界书局的译稿也基本毁于战火。

经过一年多的辗转逃难后，1938 年朱生豪又重新回到在上海租界区恢复营业的世界书局继续供职。此后，他重新开始翻译莎士比亚戏剧。尽管后来朱生豪辞去了世界书局的工作并开始在《中美日报》报社任职，但在为日报撰写文章的同时，他也在继续翻译莎士比亚。然而不幸的是，1941 年日本偷袭美国珍珠港引发太平洋战争，作为敌占区中"孤岛"的租界区不复存在，日军冲击了中美日报社，虽然朱生豪等工作人员得以安全逃脱，但是存放在报社和这期间交给世界书局的译稿第二次被毁。

1942 年，朱生豪与宋清如婚后回到江苏常熟岳家暂居并再次从头开始译莎工作。半年之后，朱生豪携宋清如回到嘉兴老家继续潜心译莎。至 1943 年，朱生豪完成了喜剧、悲剧以及杂剧的大部分译稿。由于连年呕心沥血地从事莎士比亚翻译工作，加之生活拮据而导致的营养不足，1944 年朱生豪终于被疾病击垮，撒手人寰，其译笔最终停在了《亨利五世》的前两幕。

"中国的翻译家怀有儒家入世的态度，具有家国天下的胸怀，以译笔来传达对原作的恭敬，对民族兴衰成败的使命感，对人生抱负的追求，和对原作者的认同。"朱生豪的译莎事业就是这样的典范，支持朱生豪翻译莎士比亚的不竭动力便是他的爱国精神。由于朱生豪自幼体弱，并且身为一介书生难以前往抗日前线，因此他抵抗日本侵略的最佳办法就是翻译出高质量的莎士比亚戏剧，不让中国在文化上被日本瞧不起。正是怀抱着这样一种大无畏的爱国精神，朱生豪才会在译稿两次被毁的情况下，第三次提起译笔重新翻译莎士比亚戏剧，并且在身患肺结核且营养不良的情况下，呕心沥血地完成了高质量的莎剧译本。朱生豪译本于 1947 年出版后，令日本和欧美学界大为感叹，他们没想到中国居然有人能够译出如此高质量的莎剧译本，可以说，朱生豪通过自己的努力践行了爱国的初心。

爱 人

"醒来觉得甚是爱你"，这是朱生豪给当时还处在热恋中的恋人宋清如写的情书。朱生豪不仅是一位翻译家，同时也是一位情话大师。他与妻子宋清如相识于 1932 年，当时朱生豪念大学四年级，宋清如则是刚刚进入之江大学，二人相识于之江诗社。宋清如高中时代便对新文学产生了浓厚的兴趣并尝试着写过新诗，在第一次诗社活动中，宋清如别出心裁地写了宝塔诗，可是真正交流的时候却发现，大家写的都是古诗词，自己的宝塔诗显得特别突兀并且也平仄不均。诗友们将宋清如写的诗传给朱生豪看，朱生豪当时只是笑而不语，没有发表任何评论，但是几天之后，宋清如收到了朱生豪写来的信，信中还有几首他写的新诗，自此两人开始了书信往来。转眼间，1933 年朱生豪从之江大学毕业之后入职上海世界书局，而宋清如仍旧在之江大学求学，毕业后不久，朱生豪曾赠《鹧鸪天》三首给宋清如。

鹧鸪天

楚楚身裁可可名，当年意气亦纵横，同游伴侣呼才子，落笔文华洵不群。

招落月，唤停云，秋山朗似女儿身。不须耳鬓常厮伴，一笑低头意已倾。

忆昨秦山初见时，十分娇瘦十分痴，席边款款吴侬语，笔底纤纤稚子诗。

交尚浅，意先移，平生心绪诉君知。飞花逝水初无意，可奈表情不自持。

浙水东流无尽沧，人间暂聚易参商。阑珊春去羁魂怨，挥手征车送夕阳。

梦已散，手空扬，尚言离别是寻常。谁知咏罢河梁后，刻骨相思始自伤。

1933 年至 1936 年，两人通过信件往来增进了解，彼此之间的感情也逐渐升温。从 1936 年朱生豪开始翻译莎士比亚戏剧至 1942 年两人喜结连理，朱生豪始终和宋清如保持着通信，信里面除了向宋清如诉说衷肠之外，还和她探讨莎剧翻译的事情，分享翻译的情况以及成功的喜悦。可以说，支持朱生豪翻译莎士比亚戏剧的还有他对宋清如的爱。我们可以通过一些书信感受两人之间的感情以及宋清如对朱生豪的默默支持。

好人：

今晚我把《仲夏夜之梦》的第一幕译好，明天可以先寄给你。我所定的计划是分四部分动手：第一，喜剧杰作；第二，悲剧杰作；第三，英国史剧全部；第四，次要作品。《仲夏夜之梦》是初期喜剧的代表作，故列为开首第一篇。……你肯不肯给我一个吻？愿你秋风得意，多收几个得意的好门生，可别教她们做诗，免得把她们养成了傻子。

——一个臭男人 十七夜

好人：

一译完《仲夏夜之梦》，赶着便接译《威尼斯商人》，同时预备双管齐下，把《温德塞尔的风流娘们儿》预备起来。这一本自来不列入"杰作"之内，*Tales from Shakespeare* 里也没有它的故事，但实际上是一本最纯粹的笑剧，其中全是些市井小人和莎士比亚戏曲中最出名的无赖骑士 Sir John Falstaff，写实的意味非常浓厚，可说是别创一格的作品。……以下接着的三种《无事烦恼》、《如君所欲》和《第十二夜》，也可说是一种"三部曲"，因为情调的类似，常常相提并论。……末后一种《暴风雨》已经译好了，这样便完成了全集的第一册，我想明年二月一定可以弄好。……快两点钟了，不再写，我爱你。你一定得给我取个名字，因为我不知道要在信尾写个什么好。

——十月二日夜

上述两封信中，朱生豪与宋清如交流的都是翻译莎剧的计划和进度。由于1936年朱生豪开始译莎时，宋清如还在之江大学读书，毕业后去湖州任教，两人无法经常见面，只能通过书信来排解相思之苦。朱生豪在这两封信里不仅坦承对宋清如的爱意，更主要的是告之莎剧翻译的想法，如将莎剧分成四个种类，何时能够将第一册喜剧翻译完毕等。除了对莎剧翻译的总体介绍外，朱生豪还会在信里和宋清如讨论一些具体的翻译问题，例如：

你这个人：

请给我更正：《暴风雨》第二幕第二场卡列班称斯蒂芬诺为"月亮里的人"；又《仲夏夜之梦》最后一幕插戏中一人扮"月亮里的人"。那个月亮里的人在一般传说中是因为在安息日捡了柴，犯了上帝的律法，所以罚到月亮里去，永远负着一捆荆棘。原译文中的"树枝"请改为"柴枝"或"荆棘"。后面要是再加一条注也好。……你不怎样忧伤，因此有点儿忧伤。上次信你说很快乐，这次并不快乐，希望下次不要更坏。你知道我总是疼你的。

——卡列班 十四

阿宋：

……我爱你。我要打你手心，因为你要把"快活地快活地我要如今"一行改作"……我如今要"，此行不能改的理由第一是因为"今"和下行的"身"协韵，第二此行原文"Merrily merrily I will now"其音节为—∨∨|—∨∨|—∨|—，译文"快活地快活地我要如今"仍是扬抑格四音步，不过在末尾加上了一个抑音，如果把"我如"读在一起，"今要"读在一起，调子就破坏了……

事实上，在朱生豪译莎过程中，宋清如虽然身在异地，但是会帮助朱生豪进行译稿的誊抄、整理和校对，因此朱生豪在通信中也会告知宋清如译文中哪里需要改动，哪些地方需要保留。宋清如的参与一方面让朱生豪能够从誊抄这样的琐事中解脱出来，另一方面也增加了两人的共同语言。

　　除了书信的内容之外，我们还可以通过朱生豪对宋清如的称呼以及自称中看出他对宋清如的爱意。朱生豪与宋清如于 1942 年成婚，可以说，两人在此之前的通信不仅反映了彼此之间的感情，也渗透着相知相助的知己厚谊，莎剧也可以说是他与宋清如爱情的结晶。

爱　己

　　朱生豪由于父母早逝等生活经历而形成了沉默寡言的性格，据和朱生豪一起在世界书局共事的胡山源先生回忆，"在世界书局数年，他就坐在我的对面，我没有听见他说满十句话。别人与他谈话，大都以点头、摇头或微笑答之。"在世界书局工作的头几年，日本帝国主义步步紧逼，国民政府又镇压民主运动，在这种紧张的国内外气氛下，朱生豪发现自己周围的很多人都开始变得越来越麻木，腐败现象和民族危机愈发深重，加上自身孤独的性格，朱生豪变得愈加彷徨，正如他给宋清如的信中所写，

　　"总之是一种无以名之的寂寞，一种无事可做，即有事而不想做，一切都懒，然而又不能懒到忘怀一切，心里什么都不想，而总在想着些不知道什么的什么。那样的寂寞，不是嫠妇守空房的那种寂寞，因为她们的夫君是会在梦中归来的；也不是游子他乡的寂寞，因为他们的心是在故乡生了根的；也不是无家飘零的寂寞，因为他们的生命如浮萍，而我的生命如止水；也不是死了爱人的寂寞，因为他们的心已伴着逝者而长眠了，而我的则患着失眠症；更不是英雄失志、

世无知己的寂寞，因为我知道我是无用的。是所谓彷徨吧？无聊是它的名字。"

朱生豪的寂寞彷徨源于理想和现实之间的矛盾，他曾想做一番事业来"端正河山"，面对现实中的社会腐败与民族危机却束手无策。在这种境遇下，他急需找到能够排解这种苦闷与彷徨的渠道。上文提到，1935 年是出版界的"翻译年"，世界书局计划出版莎士比亚戏剧，当詹文浒推荐朱生豪担任这项工作时，朱生豪仿佛在黑暗中看到了曙光而欣然应允，因为他终于找到了排解自己内心愁苦的方法。

朱生豪接下莎剧翻译的另一个原因还在于他骨子里有文人自尊自爱的性格。朱生豪年少时家道中落，父母在商业方面经营不善，欠下了一些债务，同时由于父母亡故，所欠的债务便落到了朱生豪的身上。当时正好朱生豪小高毕业，如果要偿还债务的话，朱生豪的学业将无以为继，因此当时的家人带着朱生豪前往债主家求情，由于两家有世交，朱家便请求债主能够宽限时日，待朱生豪日后工作再慢慢偿还。看到自己的家人受到债主家的奚落，年仅 12 岁的朱生豪心中便种下了自力更生的种子。待朱生豪工作后，他还要负担自幼抚养他的姑母的生活，因此经济上略显拮据。在这种情况下，朱生豪与世界书局按照每千字两块钱的稿酬签订合同，并且可以译完一部领取一部的稿费，这在一定程度上缓解了朱生豪的经济压力，也让他能够独立地承担起家庭顶梁柱的责任，由此可见，支持朱生豪矢志译莎的还有他自尊自爱的文人气节。

"朱生豪文学修养颇深，汉语、英语都有很深的造诣，所译莎剧字斟句酌，通晓易懂，译本以典雅传神见长，译介的莎士比亚戏剧作品在他生活的那个年代代表了译事的最高水平。"朱生豪在乱世中以译笔抗日的赤诚，与妻子琴瑟和鸣的深情，以及自尊自爱的气节，使他完成了名垂青史的高质量莎剧译本，也令他成为了中国翻译史上举足轻重的大家。

致谢：本文撰写过程中，得到了朱生豪之子朱尚刚先生的帮助，同时朱先生对本文初稿进行了斧正，特此致谢！

参考文献

[1] 冯颖钦. 朱生豪译学遗产三题 [J]. 中国翻译，1991(6).

[2] 贺爱军. 朱生豪 [A]. 方梦之，庄智象主编. 中国翻译家研究 (民国卷)[C]. 上海：上海外语教育研究出版社，2017.

[3] 罗新璋编. 翻译论集 [C]. 北京：商务印书馆，1984.

[4] 温辉. 中国翻译理论的本体价值与展望 [J]. 上海翻译，2015(4).

[5] 吴洁敏，朱宏达. 朱生豪传 [M]. 上海：上海外语教育出版社，1989.

[6] 张汨，文军. 朱生豪翻译手稿描写性研究——以《仲夏夜之梦》为例 [J]. 外语与外语教学，2016(3).

[7] 朱尚刚. 我的父亲母亲朱生豪、宋清如 [M]. 北京：商务印书馆，2016.

[8] 朱尚刚. 朱生豪在上海 [M]. 上海：上海书店出版社，2019.

[9] 朱尚刚整理. 朱生豪情书全集 (下)[C]. 北京：中国青年出版社，2012.

钱锺书与翻译的故事

杨全红

钱锺书(1910—1998)，现代著名作家、学者，1938年自英、法留学回国后先后在(上海)光华大学、清华大学、(昆明)西南联合大学、(蓝田)国立师范学院、(上海)震旦女子文理学院、(上海)暨南大学等高校任教。1952年全国高校院系调整后，进入北京大学文学研究所工作，该所于1956年划归中国科学院哲学社会科学部，后者即中国社会科学院的前身。钱锺书历任中国科学院文学研究所研究员、中国科学院哲学社会科学部学术委员会委员、中国社会科学院文学所研究员、中共中央宣传部《毛泽东选集》英文编译委员会委员、中共中央对外联络部毛选英文编译定稿小组成员，1982至1993年间担任中国社会科学院副院长。长期致力于中国和外国文学研究，著有散文集《写在人生边上》、短篇小说集《人·兽·鬼》、长篇小说《围城》、选本《宋诗选注》、文论集《七缀集》《谈艺录》《管锥篇》(五卷)，另有《钱锺书英文文集》等。

一、求学经历

钱锺书出生于江苏无锡一个书香世家，祖父钱福炯中过秀才，父亲钱基博因勤勉自学而立身成名，由小学数学教员成为大学文学教授。伯父钱基成膝下无子嗣，钱锺书按例过继给他。伯父开始为养子取名"仰先""哲良"等，但因他一周岁生日"抓周"时抓到一本书，父亲钱基博便根据家族辈分为其改名"锺书"。后来，钱基博又为其取字"默存"，希望儿子慎言为戒。此外，钱锺书还有"槐聚"之号和曾用笔名"中书君"。

钱基成中过举人，钱锺书 4 岁（虚岁）便跟其识字读书。自入学以后，钱锺书就读的几乎都是个顶个儿的名校：1920 年入东林（高等）小学；1923 年考入苏州桃坞中学；1927 年转入无锡辅仁中学；1929 年考取清华大学文学院外文系；1935 年 8 月获得中英"庚款"留学奖金至英国牛津大学埃克塞特学院，主修英国文学；1937 年夏至巴黎大学进修，摆脱读学位之羁束而肆意读书。

钱锺书曾对杨绛说："你的童年比我的快活得多。我小时候的事，不想也罢，想起来只是苦。在家里，我拙手笨脚，专做坏事，挨骂。我数学不好，想到学校就怕。"钱锺书小时候都做过什么"坏事"？一段时间里，他经常跟着伯母去娘家玩，由于娘家人抽大烟，总是半夜吃饭，生活毫无规律，小钱锺书因此染上晚起晚睡、贪吃贪玩等坏习气。钱锺书小时"数学不好"，身为小学数学教员的钱基博"只好伺机"把他"抓去"恶补，教不会，只好拧肉，钱锺书身上总是青一块紫一块。对于钱锺书，父亲钱基博素来要求严格。据杨绛透露，钱锺书上桃坞中学后的某年暑假，在清华任教的钱基博回家，第一件事就是命钱锺书和钱锺韩各做一篇文章，钱锺韩的文章做得很好而受到夸赞，钱锺书的不文不白还用字庸俗，招来一顿痛打。"这顿打虽然没有起'豁然开通'的作用，却也激起了发奋读书的志气。……锺书考入清华之前，已不复挨打而是父亲得意的儿子了。"应该说，清华大学是钱锺书人生中重要的转折点。在那里，他不仅学业精进，还收获了人生如意伴侣。

社会上一度传闻，说钱锺书报考清华数学得了零分，后因校长特批而被"破格"录取。事实并非如此，钱氏高考时数学实得 15 分，但国文和英文两科成绩特别优秀，总成绩在清华当年正式录取的 174 名男生中排名第 57。在清华期间，钱锺书大约选课 30 余门，包括"英文""法文""拉丁文""论理学""文字学""戏剧""莎士比亚""美术史""西洋通史""古代文学""文学批评"等。在所有课程中，除第一年的"体育"和"军训"两门术科吃了"当头棒"外，其余绝大多数都是"金齿耙"和"银麻花"。[1]据当年同学回忆，钱锺书在清华上课时极少做笔记，有时还一面听课一面浏览其他书籍，甚至在笔记本上画同桌盯女同学之眼神变化图。即便是后来去英国放洋深造，钱锺书在学习上也总是胜任愉快。据杨绛讲，她只有一次见钱锺书"苦学"："那是在牛津，他提出论文题之前，须学习古文字学，要能辨认英国十一世纪以来的各式古文字。他毫无兴趣，考试前只好硬记，……结果考试不及格，只好暑期后补考。"

钱锺书在清华上课时不大做笔记，在牛津求学期间却在"饱蠹

1　清华当时记分法分为"超""上""中""下""劣"五等，分别以 E（学生戏称"金齿耙"）、S（银麻花）、N（三节鞭）、I（当头棒）、F（手枪）。

楼"（钱锺书译名，原文为 Bodleian Library）养成了后来贯穿其一生学术与写作生涯的记笔记的习惯。"饱蠹楼"的图书概不外借，到那里去读书，只准携带笔记本和笔，书上不准留下任何痕迹，只能边读边记。也正是从牛津开始，钱锺书的笔记不断从国外到国内、从上海到北京、从一个宿舍到另一个宿舍，从铁箱、木箱、纸箱，以至麻袋、枕套里出出进进。经过杨绛的精心整理，钱锺书的学术遗物《钱锺书手稿集》于 2015 年底出齐，包括《容安馆札记》3 卷、中文笔记 20 册、外文笔记 48 册。

二、翻译成就

钱锺书懂多国语言，于中、英、法、意、德等语言出入无碍；从小与书结缘，"甜咸杂进"，西学国学并皆深邃；做事不苟且，对于翻译也素来严谨以求。可以说，钱锺书具备了一个优秀译者的所有条件，但由于时间和精力终归有限，他所从事的翻译实践工作相对并不多。《写在人生边上；人生边上的边上；石语》书中所收"译文"仅有《精印本〈堂·吉诃德〉引言》《关于巴尔扎克》《弗·德·桑克梯斯文论三则》和《外国理论家作家论形象思维》，其中大多很短，仅有末尾一项稍长（3–4 万字），但又非单独完成。就笔者所见，钱锺书的翻译成绩单应该还包括以下各项：节译威尔斯《世界史纲》一章（即《天择与种变》），将英语文章 "An Early Chinese Version of Longfellow's 'Psalm of Life'" 根据原来大意"重写"（主要还是翻译）为中文（即《汉译第一首英文诗〈人生颂〉及有关二三事》），将古希腊大史家希罗多德《史记》里叙述埃及古王拉姆泼西尼德斯的一桩趣闻从英译本转译，将《管锥编》《谈艺录》中大量西方引语雅译为中文。此外，他还曾参与译文（主要是英文）审定（或也包括部分翻译）工作，所审译文材料包括《毛泽东选集》与《毛泽东诗词》、1952 年夏亚洲及太平洋地区和平会议文件、1956 年中国共产党第八次全国代表大会会议文件、建国十周年庆典相关报告发言文稿等。限于篇幅，加之关于钱锺书翻译实践之研究已有不少成果，下面仅就钱氏在读书期间的翻译试笔简作介绍，而这一部分也正是坊间文献较少论及者。

钱锺书的翻译生涯始于初中时期。1923 年，他考入苏州桃坞中学，在该校一直呆到 1927 年。桃坞中学由美国圣公会于 1902 年开办，以英文教学为特色，教学要求从严从难，办学质量一流。钱锺书中文基础好，英语学习也不遑多让。学校办有校刊《桃坞学期报》，以一半英文一半中文之形式公开发行。钱锺书是该刊中、英文编辑之一，曾在上面发表文章和译作。译作题名《天择与种变》，系对威尔斯《世界史纲》中 "Natural Selection and Changes of Species" 一章的节译，发表于《桃坞学期报》1926 年第 9 卷第 2 期。威氏《世界史纲》出版于 1920 年，是写给所有历史爱好者的通俗读物，"对于一般人却是一本好书"。一个初中三年级的学生即能相中并节译《世界史纲》，其眼光与勇气不言自明。不仅如此，钱锺书在节译时将今之所谓 "译者主体性" 发挥得淋漓尽致：译文前有 "译余赘语"，译文中有 "按语"（多达 11 处），译文后有 "补白"（两节）。"译余赘语" 不长，但对原作者、原作内容及风格、翻译缘由、翻译策略（方法）等皆有中肯说明，诸如："威尔斯（H.G. Wells），英人，现代之大科学家、大文学家，亦 Guild 社会主义者。""斯文为此六千言中立部，……以其能与人以天择及种变之具体观念也，故译而出之。""抑威氏善为小说家言，职是此书文笔虽纯用白描（……）而清丽异常，读之娓娓忘倦，……洋洋六千余言，透辟精警，得未曾有。"　"因行文之便，故于无关紧要之辞句（指在英文内缺此则不成文法，而于中文内有之则反为涉足之辞句），悉略而不译。"　"补白"中的第一节聚焦"译者"的三点"内疚"，间接提出了不能"失真"和"保存原文风味""使译文在国文中与原文在英文处有同等地位"等重要翻译思想，从中已可见出"化境"译论之内核。

在清华大学学习期间，钱锺书似乎没有发表过什么专门的译作，但在文章中偶尔为之的情况却是有的。例如，他曾于《大公报·世界思潮》第 7 期（1932 年 10 月 15 日）发表《大卫·休谟》一文，评介格莱格的《大卫休谟传》。钱锺书指出："本书作者虽没有综括地说明休谟，休谟却会把自己的特征分为十六项。"为了"使读者可想像休谟的风趣"，他特地"摘译"其中 7 则如下：

（一）好人而以做坏事为目的；（三）非常用功，但是无补于人亦无益于己；（八）非常"怕难为情"，颇谦虚，而绝不卑逊；（十一）虽离群索居而善于应酬；（十三）有热诚而不信宗教，讲哲学而不求真理；（十四）虽讲道德，然不信理智而信本能；（十五）好与女子调情，而决不使未嫁的姑娘的母亲发急，或已嫁的姑娘的丈夫捻酸。

钱锺书说自己是为读者"可想像休谟的风趣"而译，透过上述译文，读者的确能领略到主人公的几分"风趣"。有意思的是，在有的论者看来，钱锺书之所以要摘译上述内容，"是觉得青年钱锺书很像青年休谟：坦率、顽皮、风趣，情感中放入理性，与众不同。这七条简直是青年钱先生的自白"。

钱锺书曾在多所高校担任教职,其在翻译方面的贡献也体现在教学教育中。在暨南大学外文系任教期间,钱锺书曾开设"文学批评"与"欧美文学名著选读"等课程,颇受好评,国务院原副总理、外交部原部长吴学谦即当时听课学生之一。在西南联大工作期间,钱锺书讲授"大一英文""当代欧洲小说""文艺复兴时期欧洲文学"等课程,他的不少学生后来也都卓有建树,请看许渊冲的一段文字:

> 他在联大只有一年,外文系四年级的王佐良学他,去英国牛津读了文学学士学位;杨周翰跟踪,学了比较文学,成了国际比较文学会副会长;李赋宁听了他的文学理论,主编了《英国文学史》;许国璋学他写文章,讲究用词,出版了畅销全国的《英语》读本;三年级的周珏良做过外交部翻译室主任;查良铮(穆旦)翻译了拜伦和雪莱的诗集;二年级的吴纳孙(鹿桥)在美国华盛顿大学任教,出版了回忆联大的《未央歌》;一年级的我出版了唐诗宋词的英法译本;还有工学院的状元张燮,理学院的状元杨振宁(后来怀疑宇称守恒定律,得了诺贝尔奖)。……我看联大的历史也可说是人才的竞起,不少人才受过钱先生的教诲,是他在茫茫大地上留下的绿色踪迹。

自 20 世纪 50 年代以后,钱锺书极少带学生,兼之又在研究所工作,得其亲炙者极少。杨绛曾经说:"锺书是我们的老师。我和阿瑗都是好学生。"杨绛还曾透露,自己的胞妹杨必曾写信给钱锺书请他指导翻译一本比较短而容易翻的书,"默存尽老师之责,为她找了玛丽亚·埃杰窝斯的一本小说。建议她译为《剥削世家》"。李明生也有如下回忆文字："我在暨南大学外文系做助教的两年中，孙贵定先生和钱锺书先生给予我帮助最大，我在图书馆里找到 *How to See a Play*《观赏戏剧法》这本书，在两位先生指导下进行翻译。1948 年 11 月全书译好，约 10 万字，钱先生叫我把译稿给他看，说尽快帮我看好。几天之后他就以点铁成金之笔把译稿中很多错误用铅笔改正了。……译死的译文被他救活了。"如此看来，钱锺书之为师未必仅限于课堂。就翻译而言，先后得到他指导和帮助的"学生"（家人、友好、同窗、同事、晚辈等）委实不少，包括杨绛、杨必、傅雷、李文俊、罗新璋、柳鸣九、杨宪益、杨武能、董衡巽、郑海凌、李高洁（英国人）、莫芝宜佳（德国人），等等。指导和帮助的形式多种多样，选材、校对、做注、答疑、讨论、润改，甚至代笔，不一而足。

关于钱锺书，有人说："在大学教授、作家的空白处我们还可以加上个'编辑'的称呼。"就翻译成绩而言，"编辑"钱锺书也是有内容可谈的，先来看看他做刊物编辑的情况。钱锺书就读初中时曾担任《桃坞学期报》中、英文编辑，在该报发表了自己的处女译《天择与种变》。就读清华时，曾出任《清华周刊》编辑并参与《国立清华大学年刊》的编辑工作，在《清华周刊》发表一组诗文。在光华大学任教期间，曾参与《光华大学年刊》编辑工作。在蓝田国立师范学院任教期间，应邀担任《图书季刊》编委，在该刊发表了自己的牛津大学毕业论文《17、18 世纪英国文学里的中国》。1946 年 6 月，国立中央图书馆英文馆刊《书林季刊》创立，他又应邀出任主编，在其位谋其职，除了几乎每期发表文章外，还向知名作者约稿，其给赵景深的信件可以为证："公于吾国小说、戏剧之精博，久所钦倒，意欲求大作一篇（考订性质而洋鬼子能懂者），约三四千字（不论新作抑旧稿），以光《书林》下期篇幅。由贵局同人译就并原稿交晚，自能斟酌润色文字（因敝助手任译务者有病也）。"1979 年 11 月，《译林》杂志创刊，钱锺书应邀担任编辑，自谓"很惭愧挂名'编委'"，不能为刊物写些体裁合适的稿子，但有时也提"一点小意见"。顺便补充一句，钱锺书还曾为《中国翻译》《中国翻译词典》等题写刊名和书名。

　　下面再来看看钱锺书做图书编辑的情况。1936 年，他应邀担任牛津大学出版社"东方哲学、宗教、艺术丛书"特邀编辑，据说是编辑组中唯一的中国学生。1947 年春，为编译《美国文学丛书》，文协上海分会成立了一个编委会，钱锺书名列其中。抗日战争胜利后，钱锺书在中央图书馆有了正式职业，又在暨南大学兼任教授，同时担任《英国文化丛书》编委，做了一些实际的工作，比如，"他要请任鸿隽先生为《英国文化丛书》翻译一本有关他专业的小册子，特到他家去拜访"。还是在 1947 年，吴宓似在编一本《字典》，邀钱锺书"担任编辑新增字之部"，钱锺书拒绝了，但私下仍帮吴宓"总校复旦诸君《字典》校译稿"。据柳鸣九回忆，钱锺书还曾出任《古典文艺理论译丛》编委且多有贡献，他说："在我参加工作之前，他已经就为最初的几期作出了贡献，从选题到提供译文，均有当时一期期'译丛'"可查。"

三、翻译故事

就翻译而言，钱锺书是个不缺故事的主儿。他所讲故事横贯古今又包罗万象，几为一般人所不能言者，听众包括家人、朋友、学生、读者等。与此同时，家人、朋友、学生也不时讲述他与翻译的故事，内容大多关涉其译艺、译德。

抗日战争胜利后、全国解放之前，钱瑷得了指骨节结核症，因没有对症之药，医生建议多补养休息。这期间，钱锺书起到了一些特别的作用，杨绛有记述如下："锺书的工作很忙，但他每天抽空为女儿讲故事。他拿了一本法文小说《吉尔·布拉斯》，对着书和她讲书上的故事。女儿乖乖地听爸爸讲，听得直咽口水。"讲故事能讲到让人"直咽口水"，钱锺书的能耐由此可见。下面就来分享钱锺书的部分翻译故事，先听听他本人当初是怎么"发现"翻译的：

商务印书馆发行的那两小箱《林译小说丛书》是我十一二岁时的大发现，带领我进了一个新天地，一个在《水浒》《西游记》《聊斋志异》以外另辟的世界。我事先也看过梁启超译的《十五小豪杰》、周桂笙译的侦探小说等，都觉得沉闷乏味。接触了林译，我才知道西洋小说会那么迷人。我把林译哈葛德、迭更司、欧文、司各德、斯威佛特的作品反复不厌地阅览。

从该故事可知，钱锺书接触翻译的时间很早，十岁前后便已阅读梁启超、周桂笙、林纾等的大量译作，而对于林译，他更是一读再读。林译吸引钱锺书，不仅仅在于"迷人"，也在于部分译文颇让他疑窦丛生，请看下段描述：

哈葛德《三千年艳尸记》第五章结尾刻意描写鳄鱼和狮子的搏斗；对小孩子说来，这是一个惊心动魄的场面，紧张得使他眼瞪口开、气儿也不敢透的。林纾译文的下半段是这样：……狮子抓住鳄鱼的脖子，决不会整个爪子象陷进烂泥似的，为什么"如人之脱手套"？鳄鱼的牙齿既然"陷入狮股"，物理和生理上都不可能去"咬狮腹"。我无论如何想不明白，家里的大人也解答不来。而且这场恶狠狠的打架怎样了局？谁输谁赢，还是同归于尽？鳄鱼和狮子的死活，比起男女主角的悲欢，是我更关怀的问题。书里并未明白交代，我真心痒难搔，恨不能知道原文是否照样糊涂了事。

引文中有一省略号，省去的是林纾的一段译文，大约70字。这么短的一段译文竟让钱锺书生出如许困惑来，从中可见出他的批判精神与思辨能力。"恨不能知道原文是否照样糊涂了事"，难怪乎，"我开始能读原文，总先找林纾译过的小说来读"。钱锺书对林纾的翻译有过全面而客观的评判，对林译所起"媒"的作用从不讳言，曾明确表示："我自己就是读了林译而增加学习外国语文的兴趣的。"从某种意义上说，是林纾的翻译让钱锺书与翻译结缘。不仅如此，在翻译的某些方面，钱锺书与林纾或许还心有灵犀。比如，钱锺书对林纾的翻译态度有过如下点评："他前期的译本大多数有自序或他人序，有跋，有'小引'，有'达旨'，有'例言'，有'译余剩语'，有'短评数则'，有自己和别人所题的诗、词，还有时常附加在译文中的按语和评语。这种种都对原作的意义或艺术作了阐明或赞赏。"回顾一下钱锺书节译《世界史纲》的某些做派，实在不难见到林纾早期做翻译的影子。

　　说到与翻译的结缘，钱锺书还讲过他跟日本友人之间因为翻译而生成的一段"文学因缘"。这位日本友人即荒井健，他大约在 1956 年冬天与钱锺书开始通信，在后来的信中表示愿意将《围城》译成日语。也许是各忙各的，上述两位学人渐渐音问疏隔，而且"相忘于江湖"差不多 20 年。钱锺书于是猜想道："随着年龄和学识的增长，他对这本书的翻译计划，也许就象我本人对它的写作经历，只看成贾宝玉所谓'小时候干的营生'，懒去重提了。"可在 1975 年和 1977 年日本京都出版的《随风》杂志上，钱锺书却先后读到荒井健所译《围城》（译名改为《结婚狂诗曲》）和所撰《附记》，这让他既"惊喜"又"感愧"。至于其中原委，钱锺书揭晓如下：

　　一九七五年左右，国外流传着我的死讯。荒井先生动手翻译《围城》，寓有悼念的深情；他得知恶耗不确，特地写了《附记》，表示欣慰。……荒井先生准觉得他和我有约在先，一定要实践向亡友的诺言。他获悉我依然活着，大可以中止翻译，而专心主持他的《李义山诗集释》。他依然继续下去，还和后起的优秀学者中岛长文、中岛碧伉俪合作，加工出细货，把《围城》译完，了却二十余年前的宿愿。和日、中两国都沾边的苏曼殊曾称翻译为"文学因缘"，这一次的文学因缘也标志着生死交情呢。

　　阅读上段故事，字里行间不难感知相关学人友道可弘，这样由翻译而演绎的生死交情不啻学界佳话。钱锺书说，荒井健等人将《围城》日译本打磨成了"细货"，他又跟进道："我相信，通过荒井先生、中岛夫妇的译笔，我的原著竟会在日语里脱去凡胎、换成仙体。""脱去凡胎""换成仙体"云云，这分明就是"入于'化境'"了。日本友人不仅翻译了钱著，而且实现了钱氏本人提出的翻译理想，这未尝不也是一种"因缘"。钱锺书对《围城》日译本评价甚高，其中是否多少带有情感因素，不得而知。但对于《围城》的英译本，其评价却有所不同，他在写给夏志清的信中说："此书是珍妮·凯利翻译，茅国权审校的。凯利女士曾经给我写过信，现在她勇敢地把这任务完成了。我希望她该是个漂亮的女人。"译界中人谅必清楚，"漂亮的女人"与 belle infidelle（不忠的美人）脱不了干系，而对一女性译者说"希望她该是个漂亮的女人"，算得上是钱氏幽默了。

　　"希望她该是个漂亮的女人"，其实还透露出钱锺书的忠实翻译观，也即前文曾提及的不能"失真"。就翻译而言，钱锺书确乎主张忠实，甚至说"译本对原作应该忠实得以至于读起来不像译本"。在钱锺书看来，翻译要实现忠实并不容易，因为这门艺业自有其特点："原作里没有一个字可以滑过溜过，没有一处困难可以支吾扯淡。一部作品读起来顺利容易，译起来马上出现料想不到的疑难，而这种疑难并非翻翻字典、问问人就能解决。"譬如，《滑稽外史》第三五章说赤利伯儿弟兄是 German-merchants，林纾的译文是"德国巨商"。钱锺书说："我们一般也是那样理解的，除非仔细再想一想。""仔细再想一想"的结果是什么呢？原来，German-merchants 只是"和德国做进出口生意的英国商人"。需要补充的是，钱锺书所说忠实殆非简单或机械对应之所谓。比如，林纾译《巴黎茶花女遗事》中有"自念有一丝自主之权，亦断不收伯爵"一句；而林纾所译《块肉余生记》中又有"人之识我，恒多诿词，直敝我耳"一句。对此二译，钱锺书揭批道："将'spoils me'译为'敝我'，将'reçu le comte'译为'收伯爵'，字面上好像比'使我骄恣'、'接纳伯爵'忠实。不幸这是懒汉、懦夫或笨伯的忠实，结果产生了两句外国中文（pidgintranslatorese），和'他热烈地摇动（shake）我的手'、'箱子里没有多余的房间（room）了'、'这东西太亲爱（dear），我买不起'等话柄，属于同一范畴。"

有道是，"译才并世数严林"（康有为诗句）。严复曾在英国留学，英语水平不低，出版过"严译八大名著"。对于严复的翻译，钱锺书也发表过意见，总的评价不高，但也有击节叹赏之例。比如，严复某诗中有一句"吾闻过缢门，相戒勿言索"，对此钱锺书有如下评论："'吾闻过缢门，相戒勿言索'，喻新句贴。余尝拈以质人，胥叹其运古入妙，必出子史，莫知其直译西谚 Il ne faut pas parler de corde dans la maison d'un pendu[1]。点化熔铸，真烽炉日炭之手。""烽炉日炭之手"与"点化熔铸"自然是对严译的嘉评。

上段话中涉及严复借用西谚，一般人对此率皆两眼一抹黑，唯钱锺书火眼金睛。说到用典，钱锺书自然更胜一筹，柯灵甚至说"他本身就是一个天才的警句"。举例来说，1981 年 1 月 19 日，钱锺书写信给友人宋淇谈论霍克思和杨宪益夫妇的《红楼梦》译本："前日忽得 Hawkes 函，寄至 *The Story of the Stone* 第三册，稍事翻阅，文笔远在

1　法国谚语，直译为"不要在有人吊死的房间里提到绳子"。

杨氏夫妇译本之上，吾兄品题不虚；而中国学人既无 sense of style，又偏袒半洋人以排全洋鬼子，不肯说 Hawkes 之好。公道之难如此！弟复谢信中有云："'All the other translators of the 'Story' — I name no names — found it 'stone' and left it brick'，告博一笑。"信中那句英文其来有自，即跟奥古斯都有关。罗马在奥氏接手时只用砖头砌成，但他留给后世时，已全部化作大理石。此语记录在古罗马史家苏维托尼乌斯的《罗马十二帝皇传》中，原文是拉丁文，英译一般作 "he could justly boast that he had found it (Rome) built of brick and left it in marble."。钱锺书巧妙地化用西方典故，不但贴切《石头记》书名，还有力地批评了某些译者，诚非一般人所能为。

在《林纾的翻译》中，钱锺书曾借一位文学史家的话："译本愈糟糕愈有趣：我们对照着原本，看翻译者如何异想天开，把胡猜乱测来填补理解上的空白，无中生有，指鹿为马，简直像'超现实主义'诗人的作风。"笔者发现，对于糟糕的译文，钱锺书也难免觉得"有趣"。比如，蒋箸超《蒢庐非诗话》卷六里有笑话诗《未之有也》："一树黄梅个个青，响雷落雨满天星。三个和尚四方坐，不言不语口念经。"钱锺书曾拿该诗来说译事："忆三年前，一夕梦与人谈《未之有也》诗。其人曰：'茅盾译 Lord Dunsany 剧本 'well-dressed, but without hat' 一语为'衣冠端正，未戴帽子'，此诗即咏其事，末句兼及君家小猫儿念佛也。"大名鼎鼎的茅盾居然也有打盹的时候，假借成语，浑不觉"冠""帽"之相互抵牾，这洋相出得着实不小，难怪钱锺书要生出这样的反应："醒而思之，叹为的解，真鬼神来告也。

以语绛及圆女，相与喜笑。"[1]

"以语绛及圆女，相与喜笑"，从中也可见出钱锺书在家人（杨绛、钱瑗）面前的率真。不妨再来看《容安馆札记》中的一段文字："六年前绛为英国文化委员会译小册，以稿示傅怒庵，怒庵谓过于拘谨。绛告予，予以此诀授之，绛如言。怒庵果坠计中，尚沾沾自负为观书月眼也。"引言中的"此诀"指的是什么呢？原来是《容安馆札记》第185则，也就是读"Spence's Anecdotes"的英文笔记中所引《波焦妙语录》里的轶事：Giovanni Visconti 批评他的秘书所拟信函草稿，但同一封信重抄一遍再给他看时，他却称赞不已。知乎此，再回头看钱锺书如何帮助杨绛成功"应对"傅雷，不能不说"公真顽皮"。

就笔者耳闻目睹，钱锺书有着太多的翻译故事，而其中一些堪称经典。比如，关于所谓汉语比西语简洁，他曾刨出这么一个清末口译掌故：

载洵偕水师提督萨镇冰赴美国考察海军，抵华盛顿。参观舰队及制造厂毕，海军当局问之曰："贵使有何意见发布否？"洵答曰："很好！"翻译周自齐译称曰："贵国机器精良，足资敝国模范，无任钦佩！"闻者大哗。……盖载洵仅一张口，决无如许话也。

1　据范旭仑考证，钱锺书有关记述不确。茅盾所译《遗帽》（The Lost Silk Hat）刊于1920年8月《东方杂志》第17卷第16号，署名"雁冰"，相关原文为"'faultlessly dressed' but without a hat"，相关译文为"'衣冠楚楚'，可是没有戴帽子"。

上则掌故意在讥讽某些人关于中西语言区别的意见。而翻译之难为，原因之一还在于语言学习殊不容易。语言学习有多难呢？对此，钱锺书也有经典故事可讲：

> 有一个风骚绝世的巴黎女郎在她爱人口袋里偷到一封中国公主给他的情书，便马不停蹄地坐车拜访法兰西学院的汉学教授，请他翻译。那位学者把这张纸颠倒纵横地看，秃头顶上的汗珠像清晨圣彼得教堂圆顶上的露水，最后道歉说："中文共有八万个字，我到现在只认识四万字；这封信上的字恰在我没有认识的四万字里面的。小姐，你另请高明吧。"

行文至此，我们不得不承认，钱锺书特别善于讲翻译故事，简直就是个段子高手。在有关故事里，不时可见钱锺书的锋芒。需要指出的是，就翻译而言，钱锺书对自己一向要求严格。在为业师温源宁《不够知己》一书所写书评中，他曾说："本书中名言隽语，络绎不绝。我怕译不好，索性不引，好在能读原文的，定能有目共赏。"他曾引亚理奥斯多二语，后来发现，"稍变希腊成谚，非谓驴不解听琴，而谓驴不解鼓琴、驴与牛不解奏弹乐器，余译文不确"。有出版人曾邀请他翻译《尤利西斯》并打趣地说道："叶君健说，中国只有钱锺书能译《尤利西斯》，因为汉字不够用，钱锺书能边译边造汉字。"出乎当事人所料，钱锺书给出回答如下："来函奉到愚夫妇极感愧。老病之身，乏善足述。承叶君健同志抬举，我惶恐万分。《尤利西斯》是不能通常所谓'翻译'来译的。假如我三四十岁，也许还可能（不很可能）不自量力，做些尝试；现在八十衰翁，再来自寻烦恼讨苦吃，那就仿佛别开生面的自杀了。"由此可见，钱锺书对翻译是敬畏的，也是谦虚而谨严的。事实上也正是如此，不妨来看杨绛的一则记述：

　　锺书翻译毛选时，有一次指出原文有个错误。他坚持说："孙猴儿从来未钻入牛魔王腹中。"徐永煐同志请示上级，胡乔木同志调了全国不同版本的《西游记》查看。锺书没有错。孙猴儿是变作小虫，给铁扇公主吞入肚里的；铁扇公主也不能说是"庞然大物"。毛主席得把原文修改两句。锺书虽然没有错，他也够"狂傲"的。

　　下面再透过其他少许当事人的文字来感受一下钱锺书对待译事与译者的态度。1962 年一段时间里，黄裳在《文汇报》编文艺理论版。其间，他向钱锺书约稿未成，见伍蠡甫主编的《外国文论选》中有钱译一篇，拟取来发表，写信征求钱锺书意见，得答复如下："译稿专应伍翁之属而成，限于体例，未能详加诠评考释，单独发表，殊觉不伦。伍翁三日前书来，已专函请其代向贵报谢绝。顷奉手教，乃知生米已下锅煮饭，不便固辞，只好勉强应允，并将误字校定寄还。然牛鼻子脾气，总觉期期不可耳。"阅读上述信件，有关论者感慨道："从这几封信里可以看出他对自己的著译是如何的审慎。"前文提到过，钱锺书曾与人合译《外国理论家作家论形象思维》。其实，该资料主要由钱锺书和杨绛夫妇编译，但也带有少数年轻人，柳鸣九即其中之一。对于钱锺书和杨绛对年轻人的提携与帮助，柳氏有如下记述：

　　作为一个青年研究人员，我当时能参加钱、杨的这个小组，要算是一种荣幸。就我的学力来说，选题的事我是插不上手的，我只是按领导的要求，当了当助手，跑了跑腿，没有什么事可干，不外是借借书而已。刘若端的情形也是如此。钱、杨怕年轻人坐在冷板凳上难受，便把法国16世纪作家伏佛纳尔克的一则论述交给我翻译，短短的仅五六百字而已，我译好后交卷。杨绛又做了校对修改，虽没有什么理解上的出入，但她把译文改得更精炼更利索了。最后，这几份理论资料都在《古典文艺理论译丛》第十一册发表了，钱、杨的这一份……署上了"钱、杨、柳、刘"四个人的名字。我因为自己只是"一个助手，出力很少，不止一次请求不要署我的名字，对此，钱、杨执意不听，一定要把四人都一一署上。"（柳鸣九，2006：86）

其他人所讲关于钱锺书与翻译的故事还有不少，限于篇幅，只能打住。钱锺书本人讲翻译的故事更多，仅《林纾的翻译》《汉译第一首英语诗〈人生颂〉及有关二三事》等文中就可淘出一箩筐。本文寻章摘句些许故事，希望能起到一点"媒"或"诱"的功用，进而撩拨起大家阅读相关文献和发现有关故事之兴趣。

参考文献

[1] 范旭仑. 容安馆品藻录·茅盾[J]. 万象，2005(7).

[2] 黄裳. 故人书简[M]. 北京：海豚出版社，2012.

[3] 黄延复. 水木清华：二三十年代清华校园文化[M]. 桂林：广西师范大学出版社，2001.

[4] 柯灵. 促膝闲话钟书君[A]. 杨联芬. 钱锺书评说七十年[C]. 北京：文化艺术出版社，2010.

[5] 李景端. 如沐春风——与名家面对面[M]. 天津：百花文艺出版社，2006.

[6] 李景端. 心曲浪花[M]. 石家庄：河北教育出版社，2003.

[7] 李明生. 文化昆仑：钱锺书其人其文[C]. 北京：人民文学出版社，1999.

[8] 刘再复. 钱锺书先生纪事[N]. 东方早报，2009–11–15(B03).

[9] 柳鸣九. "翰林院"内外[M]. 北京：长江文艺出版社，2006.

[10] 柳鸣九. 君子之泽 润物无声——心目中的钱锺书、杨绛[EB/OL] (2013–02–06) [2020–03–30]. http://culture. ifeng. com/huodong/special/yangjiang/content-1/detail_2013_02/06/22007567_1. shtml.

[11] 陆灏. 东写西读[M]. 上海：上海书店出版社，2006.

[12] 钱之俊. 编辑钱锺书[N]. 中华读书报，2010–08–18(007).

[13] 钱之俊. 钱锺书与《桃坞学期报》——纪念钱锺书诞辰一百周年[J]. 图书馆工作，2010(3).

[14] 钱锺书. 管锥编[M]. 北京：中华书局，1986.

[15] 钱锺书. 钱锺书散文[M]. 杭州：浙江文艺出版社，1997.

[16] 钱锺书. 谈艺录[M]. 北京：中华书局，1984.

[17] 钱锺书. 写在人生边上；人生边上的边上；石语[M]. 北京：生活·读书·新知三联书店，2002.

[18] 宋以朗. 宋家客厅：从钱锺书到张爱玲[M]. 广州：花城出版社，2015.

[19] 许渊冲. 忆锺书师. [EB/OL] (2011–11–03) [2020–03–30]. http://www. aisixiang. com/data/46006. html.

[20] 杨绛. 怀念陈衡哲. [EB/OL] (2004–08–18) [2020–03–30]. http://www. aisixiang. com/data/3867. html.

[21] 杨绛. 记钱锺书与《围城》[J]. 名作欣赏，1992(2).

[22] 杨绛. 我与《吉尔·布拉斯》[A]. 郑鲁南. 一本书和一个世界[M]. 北京：昆仑出版社，2005.

[23] 杨绛. 杨绛作品精选 (散文I) [M]. 北京：人民文学出版社，2004.

[24] 杨绛. 杨绛作品精选 (散文II) [M]. 北京：人民文学出版社，2004.

[25] 杨全红. 钱锺书[A]. 方梦之，庄智象. 中国翻译家研究[C]. 上海：上海外语教育出版社，2017.

[26] 杨全红. 钱锺书译论译艺研究[M]. 北京：商务印书馆，2019.

[27] 张治. 钱锺书学案[M]. 上海文化，2016(12).

[28] 朱光潜. 温和的修养[M]. 上海：东方出版中心，2008.

多语翻译家季羡林

刘佯

季羡林(1911—2009)，山东省聊城市清平人，1930年考取北京国立清华大学西洋文学系，专修德文，1935年作为清华大学与德国协议互派的交换研究生，赴德国东部下萨克森州哥廷根大学，主修印度学，1941年获哲学博士学位。1946年，季羡林回国后任北京大学教授兼东方语言文学系主任，1956年当选中国科学院哲学与社会科学学部委员，1978年后任北京大学副校长、南亚研究所所长等职。

季羡林是著名的语言学家，他通晓梵文、吐火罗文和巴利文等古代语言，精通德语、法语、英语、俄语和拉丁语等多种现代语言，一生致力于多个语种的翻译工作，在半个多世纪的翻译生涯中出版了近400万字的梵语、德语、英语和汉语译著，是中国当代最具影响力的多语翻译家之一。

一、小荷初露：季羡林的早期散译

《道德经》有云："合抱之木，生于毫末；九层之台，起于累土；千里之行，始于足下。"季羡林的翻译之路发轫于他对外国文学的满腔热爱，得益于他自幼年时起铢积寸累的外语学习。

1917年，年仅6岁的季羡林辞别双亲，离开故乡清平，跟随叔父来到济南求学。12岁时，季羡林考上了正谊中学，课余到尚实英文学社去学习英语。在季羡林看来，英语神秘有趣，犹如一块巨大的磁铁，深深吸引着他。从26个字母到复杂的语法，季羡林都学得津津有味，以至坚持到高中毕业都未间断，英语测试也经常考全班第一。季羡林在北园高中时，又开始学习德语。语言学习为少年季羡林打开了外国文学的大门，渐渐地他开始涉足翻译。

自1930年1月起，季羡林深深着迷于俄国19世纪批判现实主义作家屠格涅夫的作品，在短短3个星期的时间里，他先后翻译了屠格涅夫的四篇散文：《老妇》《世界的末日》《玫瑰是多么美丽，多么新鲜啊！》和《老人》。此后两年（1931—1932），季羡林在清华大学西洋文学系读书的同时，又在《华北日报》副刊和《清华周刊》上发表了3篇散文汉译，分别是美国散文家洛根·皮尔索尔·史密斯的《蔷薇》、英国作家哈尔布鲁克·杰克逊的《代替一篇春歌》以及美国诗人、剧作家马奎斯的《守财奴自传序》。积累了一些翻译经验后，季羡林开始关注源文本作者及作品，这些都以附记的形式与译文一起发表。1934年，季羡林翻译了印度诗人泰戈尔的《小诗》和美国小说家西奥多·德莱塞的《旧世纪还在新的时候》。在上述这些译作中，诗歌和散文作品居多。

季羡林少年时便心存青云之志。为了翻译英国作家吉卜林的一部短篇小说，他节衣缩食，想方设法存下钱，写信从日本东京丸善书店订购了吉卜林的短篇小说集。那时远洋货运不似现在的快递服务这么发达，订购的书无法直接送到季羡林手上，他得沿着胶济铁路步行20多里路去邮政总局领取，可季羡林并不以为辛苦。一路上他怀着雀跃的心情欣赏路边飞驰的火车、明镜般的荷塘、千佛山的倒影，到达邮局后"看到新书，有如贾宝玉得到通灵宝玉，心中的愉快，无法形容"。一种语言文字不足以表达的幸福感满溢在季羡林的心中，这使他返程的脚步格外轻快，沿途的风景也更美了。

1935年9月，年仅24岁的季羡林离开祖国，远赴德国知名学府哥廷根大学深造。他先后师从著名梵文学者恩斯特·瓦尔德施米特主修梵文和巴利文，以及著名语言学家西克教授学习吠陀和吐火罗文等古代语言。季羡林的博士论文《〈大事〉偈颂中限定动词的变位》答辩通过后，立即在学术界引起了轰动，"起点之高，立意之新，论证之精，令人叹服，具有极其重要的学术价值"。然而，季羡林留德十年，也有遗憾，那就是"没有翻译过一篇梵文文学著作，也没有写过一篇论梵文文学的文章"。

二、筚路蓝缕：《罗摩衍那》十年汉译

《罗摩衍那》是"印度古代两大史诗之一，被称为'最初的诗'"。这部驰名世界的伟大史诗以阿逾陀国王子罗摩和妻子悉多的悲欢离合为故事主线，描绘了波澜壮阔的印度古代历史画卷，具有极高的文学和艺术价值。在我国古代汉译佛经中，它曾被译作《罗摩延

书》或《逻摩衍拿书》。《西游记》里神通广大的孙悟空与《罗摩衍那》中的神猴哈奴曼就有颇多相似之处，因此不少学者认为二者有着某种"血缘"关系。1962 年，翻译家孙用和冯金辛从《罗摩衍那》英语缩写本分别译出了汉译本《腊玛延那》和《罗摩衍那的故事》，但由于二者采用的源文本本身就有删节，且是经由第三种语言转译而来，与原本相较，失真或不确之处在所难免，因此想要一睹这部伟大史诗的全景和原貌，唯有全译本才能够实现。季羡林正是凭借自己所学填补了这一空白，成为国内直接从梵语翻译出《罗摩衍那》汉语全译本的第一人，为我国的翻译事业和东方学研究开创了崭新的局面。

从 1973 到 1983 年，季羡林"听过三千多次晨鸡的鸣声，把眼睛熬红过无数次，经过了多次心情的波动，终于把这书译完了"。经过 10 年辛勤努力，《罗摩衍那》梵语全文被迻译为现代汉语韵文本。人民文学出版社慧眼识珠，从 1980 年起，每年出版 1 到 2 卷季羡林翻译的《罗摩衍那》，直到 1984 年 7 卷 8 册全部出齐。季羡林的《罗摩衍那》汉语全译本是当时除英文全译本外唯一的外文全译本，因此可以说是我国翻译文学史乃至世界翻译文学史上一件具有里程碑意义的大事。更难得可贵的是，译者在翻译的同时，还写下了长达 9 万字的论著《〈罗摩衍那〉初探》，集中阐述了对《罗摩衍那》及印度古代史一些根本性问题的看法，体现了季羡林作为学者追求真理、勇于探索的精神，在国内外的印度学研究领域产生了深远的影响。

1973 年，季羡林濡笔铺纸开始翻译《罗摩衍那》时，已经 62 岁了。那时候他在北京大学当门房，具体的工作就是去东语系办公室和学生宿舍楼值班、收发信件、传呼电话。半个多世纪不辍的学习和研究造就了季羡林渊博的学识，同时也使他成为一个"闲不住"的人。

为了满足自己那"闲不住"的习惯，这位年过花甲的学者经过反复思考，决定翻译古印度史诗《罗摩衍那》，因为他深知这是"一种比较难的、相当长的、能旷日持久地干下去的书"。对他来说，翻译《罗摩衍那》既是在特定历史条件下一种无奈的选择，更是一种勇敢的挑战。

当时，国内只能找到《罗摩衍那》的旧版梵文原本，舛误与遗漏不少。季羡林听说印度1960年起出版了一种精校本[1]，这个版本是经过许多学者共同努力，对照不少传统本整理出来的，其精确性和科学性无可怀疑，同时在国际上也受到梵文学者的好评。他"抱着一种侥幸的心理和试一试的想法，托北京大学东语系图书室的同志向印度订购"。想要拥有这样前沿且权威的版本自然不是件容易的事，很多时候季羡林甚至觉得这是奢望：99%是订不到的；即使订到，也要拖上一年两年。但他愿意等，哪怕一年两年也在所不惜。然而，出乎季羡林的意料，不到两个月，装订精美的《罗摩衍那》居然漂洋过海，整整齐齐地排列在燕园东语系的图书室。

这是怎样的惊喜啊！阳光透过窗户洒在崭新的书卷上，为它们镀上了一层金色的光辉。季羡林静静地站在他朝思暮想的宝书前，久久说不出一句话来，他简直不敢相信自己的眼睛，以为这一切只是一个不真实的梦。过了许久，他才伸出微微颤抖的双手去抚摸那久违的封面，小心翼翼地翻动书页，然后喃喃自语般地去阅读那似曾相识的梵语文字。季羡林心潮澎湃，还有谁比他更了解《罗摩衍那》的价值

1　据可靠资料显示，《罗摩衍那》梵文精校本自1960年起在印度出版，直到1975年7卷全部出齐。

呢？这是一部伟大的世界名著啊！在印度和东南亚的一些国家，罗摩的故事家喻户晓；中国佛典中也有不少故事出自《罗摩衍那》，藏族和蒙古族的民间故事里亦有罗摩的影子，此外，《罗摩衍那》对欧洲一些国家的文学、绘画和舞蹈等也产生了深远的影响，据说《罗摩衍那》俄文译本问世时，苏联科学院还专程召开隆重的大会庆祝。

　　毫无疑问，这是一部非常有价值的古印度文化巨著。它卷帙浩繁、语言古奥，其翻译难度自然不容小觑，但顺利找到最新且最权威的源文本——《罗摩衍那》梵语精校本——无疑给了季羡林莫大的鼓舞，他满怀信心地开始了《罗摩衍那》的汉译。

　　《罗摩衍那》梵语精校本共 7 卷，有 18755 颂，季羡林的汉语全译本"有近 90000 行诗，计 250 多万字，多达 7 卷 8 册"。《罗摩衍那》的翻译量极大，季羡林对此有充分的心理准备。由于他精通梵语，译前通读原文，以为"除个别的章节外，是并不十分难懂的"，可他刚刚着手翻译就遇到了难题。

　　学术界普遍认为，现行通用的《罗摩衍那》是公元前 5 世纪的版本，相传由印度诗人蚁垤编订，这部皇皇巨著原文是诗体，季羡林在动笔前就决定用汉语诗体翻译，可具体采用什么样的诗体呢？这是摆在译者面前的一大难题。从《罗摩衍那》成书的年代来看，似乎应该用旧体诗来保持原作的古典风格，但这样一来就不能做到忠实于原文，当代读者也很有可能读不懂。用流行的白话诗行吗？也不行。因为 20 世纪七八十年代流行的白话诗（或称自由体诗）并没有固定的格律或形式，诗人们不过是各行其是。季羡林细细考察了白话诗的所有形式，却发现没有一种是他觉得恰当的。旧体诗难懂，白话诗不恰，

《罗摩衍那》到底翻译成什么样的形式好呢？

经过反复考虑，季羡林决定译成"顺口溜似的民歌体"。《罗摩衍那》梵语原文中一颂是对句双行诗，季羡林就把它翻译成字数尽可能相等或相近的白话诗行，同时押韵，这样读起来朗朗上口，容易记，也能唱出来，富有音乐美。这自然是最佳翻译方案，可难度却非常大，就连鲁迅先生在写给窦隐夫的信（1934 年 11 月 1 日）里都称"百货要押韵而又自然，是颇不容易的，我自己实在不会做，只好发议论"。季羡林自然对鲁迅的见解心有戚戚焉，但他却不能只"发议论"，他得真正动手去做。

俗话说："万事开头难。"文体问题可以说是季羡林翻译《罗摩衍那》时遇到的第一个难关，但他凭借扎实的专业知识和迎难而上的勇气，最终解决了这个难题。就这样，任重而道远的翻译事业开了头。

落日的余晖中，一位瘦削的老人从北大东语系学生宿舍所在的 35 楼一个极小的收发门房里走出来，他迈着缓慢的步子往十三公寓走去。夕阳给他的全身镀上了一层金色，有些花白的头发显得格外醒目。一路上，他既不极目远眺欣赏沿途的美景，也不伸展双臂活动活动筋骨，只是安静地在校园内走着，仿佛在想着心事——这个踽踽独行的学者，就是季羡林；那萦绕在他心头的，正是《罗摩衍那》的翻译。

白天里，季羡林一边尽心尽力地干好本职工作，一边利用工作的间隙斟酌翻译中的细节。他每日坐在值班室中，看着来来往往的人群，脑子里反复思考的却是《罗摩衍那》里的人物和故事情节。傍晚时分下班了，他走在回家的路上继续思考。从值班室到家，季羡林要走 40 分钟。利用这宝贵的 40 分钟，他殚精竭虑、搜肠刮肚，为翻译的诗行寻找合适的韵脚。洋洋洒洒 9 万多行的史诗啊！韵脚是季羡林用力最勤之处。在《〈罗摩衍那〉译后记》中，季羡林写到："严复说道'一名之立，旬月踟蹰'。我是'一脚（韵脚也）之找，失魂落魄'。其痛苦实不足为外人道也。"

《罗摩衍那》原诗中有许多专有名词，如人名、树名、兵器、植物、国名等，按照梵语的发音符合诗歌的韵律，可译成汉语后，得按照普通话的发音押韵，整体上保持每颂大致为 abcb 或 aaba 的韵式，既要忠实于原文本的音乐美，又要在目标文本中找到合适的韵脚，实在是煞费苦心。为了比较准确地选择译音，季羡林仔细研究了中国古代佛经翻译的传统，经过慎重考虑后，借鉴了过去中国和外国和尚译经时使用的对音方法。为保持《罗摩衍那》古香古色的风格，他还特意在译音的汉字中保留了几个不常见的字，希望读者通过这种细微毫末的视觉差异感受到译著与现当代书籍的不同。这种严谨的翻译精神、求真务实的翻译态度，既反映了季羡林身为译者的高度自觉，同时又体现了他作为学者的治学风范。

季羡林翻译《罗摩衍那》，主要遵循 3 条原则：一是"把原文分两行写的三十二个音节的输洛迦[1]译为四行"，二是"要押韵"，三是"每句长短相差不要太大"。以《罗摩衍那·战斗篇》第 88 章第 33 颂和第 34 颂的译文为例：

1　输洛迦，Sloka 的汉语音译，是一种按音节的数目和长短来计算的诗律，形式为两行十六音节组成一句，每行有八个音节。

那支短枪往下落，

罗摩口中就诅咒：

"罗什曼那受福佑，

你的努力全罢休。"（6.88.33）

短枪迅猛往前冲，

打中罗什曼那正当胸；

好像蛇王尖舌头，

浑身燃烧光熊熊。（6.88.34）

译文每颂 4 行，除第 34 颂第 2 行是 9 个字外，另外 7 行都是 7 个字。第 33 颂采用了琉球韵，第 34 颂是重中韵，读起来铿锵有力、朗朗上口。译文的音韵烘托了原文的战斗场面，生动而又贴切。

不积跬步，无以至千里；不积小流，无以成江海。季羡林的"跬步"，就是每一组韵脚的挑选，每一种专名的确立，每一颂节奏的和谐；季羡林的"小流"，就是每晚挑灯夜战，将次日要翻译的诗行一字一句抄写在小纸条上，初步译成散文后，装在衣袋里；第二天上班时，再利用看门、传呼电话、收发信件的间隙把小纸条从衣袋里拿出来仔细推敲，字斟句酌地把散文体的译文再改成诗体，改成押韵且每句字数基本相同的诗。靠着 10 年的日积月累与非比寻常的辛劳，季羡林的翻译工作终于完成。蔚为大观的《罗摩衍那》一经问世便好评如潮，受到文坛和学界的交口称赞。自古以来，中国翻译的印度古代典籍不可胜数，但几乎都是佛经。自季羡林直接从梵文翻译出《罗摩衍那》，国人才有机会目睹这部伟大史诗的真容，这无疑是中国翻译史上一件具有里程碑意义的大事。1994 年，《罗摩衍那》汉译本出版

10 年后荣获中国第一届国家图书奖。

季羡林翻译的《罗摩衍那》汉语全译本在世界文化界也赢得很高的评价。1986 年 5 月，季羡林出访日本，他把《罗摩衍那》汉译本赠与东京大学著名的梵文学者原实教授，对方非常激动地表示："在世界名著《罗摩衍那》的外文译本中，过去 100 多年的时间里只有英文译本是完整的，现在季羡林的汉文译本是世界上最全的，应该是第二个全译本，它对日本翻译《罗摩衍那》有相当的参考价值。"此后，季羡林的《罗摩衍那》汉语全译本先后被赠送给德国、美国、意大利和法国友人，无一例外地受到了高度赞扬。在印度，这套译著成为中印友好的见证，成就了中印文化交流史上的一段佳话。1992 年，印度瓦拉纳西梵文大学授予季羡林最高荣誉奖"褒扬状"。2008 年 1 月 27日，印度首次将"印度公民荣誉奖"授予 97 岁的中国翻译家季羡林。

三、百花齐放：季羡林的多语翻译

季羡林深谙多门外语，是中国翻译史上少有的具有多语互译实践经验的翻译家。他涉猎的源文本包括梵语、吐火罗语、巴利语、德语和英语等语种，译著分为汉语和英语两大类。从源文本的出版时间来看，既有古典文献，也有现当代著作。从翻译作品的具体样式看，既有小说、戏剧、诗歌、散文等文学体裁，也有马克思、恩格斯的政论等非文学体裁。从译著的出版地看，既有在国内一版再版的汉译经典作品，也有由柏林、纽约等国际著名出版社出版且大放异彩的英译本。总之，季羡林的翻译活动可以说是百花齐放、丰富多彩。

《弥勒会见记剧本》汉英双译

吐火罗文是印欧语系中一门已经消亡的古老语言，它是印度字母传播到西域后演变而成的一种文字，通常使用印度婆罗米斜体字母书写。由于年代久远，已发现的吐火罗文献大都是残卷。研究者们根据残卷出土的地点，把吐火罗文分为焉耆文（又称吐火罗文 A）和龟兹文（又称吐火罗文 B）。德国哥廷根大学的西克教授正是世界上吐火罗文的第一权威，他曾于 1921 年与德国语言学家西克灵合作出版了《吐火罗文残卷》一书，10 年后又出版了《吐火罗文文法》，这两部书是吐火罗文方面的奠基之作，同时也是研习吐火罗文的必读书目。

1941 年，季羡林以四个"优"的骄人成绩通过毕业答辩，取得了哲学博士学位，但因战火之故，他不得不滞留哥廷根大学，在印度学研究所继续从事研究工作。同年，比利时学者沃尔特·库伍勒不远千里来到哥廷根大学，追随西克教授学习吐火罗文。西克教授那时虽已年逾古稀，却依旧满怀热忱。他欣然为季羡林和沃尔特开设了吐火罗文课程，还郑重地向两位来自异国他乡的学生宣告：他决心把他的全套本领都毫无保留地一一传授给他们。在西克教授的带领下，季羡林阅读了大量吐火罗文残卷，先是焉耆文的，继而是龟兹文的，前者的学习资料就是西克教授本人的两部著作，后者选用了法国东方学者希尔安·列维 1933 年出版的《库车（龟兹）文残卷》[1]。

1　该书法语标题为 *Fragments de Textes Koutchéens, Udānavarga, Udānastotra, Udānālamkāra et Karmavibhanga, publiés et traduits avec une vocabulaire et une introduction sur le "Tokharien"*，字面意思为"库车（龟兹）文残卷，含 *Udānavarga* 等四种佛典，一个词汇表和一篇论'吐火罗文'的导论"，此处笔者汉译时删去了后面的具体内容，省译为"《库车（龟兹）文残卷》"，特此说明。

季羡林多年来一直对西克教授念念不忘，他满怀深情地把这位无私的老师称为"祖父般的恩师"，记忆中最深刻难忘的情景也与西克教授有关。某个冬日的黄昏，季羡林上完西克教授的吐火罗文课，便搀扶着恩师回家。从灯光明亮的教室走到大街上，才发现大雪已经把小镇装扮成一个银装素裹的安静世界：屋顶上、街道上、大树上，到处都是厚厚的积雪。一路上寂无行人，唯有双脚踏在雪里发出"吱吱"的声响。季羡林一直把老师送到门口，看他进了家门，才转身回自己的家。这是季羡林"一生最幸福、最愉快的回忆之一"，他甚至觉得有这么一段回忆，此生不虚矣。

全世界通晓吐火罗文的学者，据说不超过 30 人，而季羡林则是中国学习和精通吐火罗文的第一人——这一切都受惠于德国哥廷根大学的西克教授。

1974 年冬，农场工人在新疆维吾尔族自治区焉耆县的七个星千佛洞附近取土时发现了一叠焉耆文（吐火罗文 A）残卷。第二年春，新疆博物馆文物工作队在焉耆县进行文物普查时，对焉耆文残卷的发现地点做了调查，随后展开文物发掘工作。1981 年 3 月，新疆博物馆副馆长李遇春携带 44 张共 88 页珍贵的吐火罗文残卷来到北京大学，请季羡林鉴定。

季羡林大喜过望，立即把尘封多年的吐火罗文资料找出来，"重理旧业"。他把斜体印度婆罗米字母转写成拉丁字母，并重新排列残卷的页码顺序，借助工具书翻译了几页后，心中便有了答案，这些残卷被"鉴定为焉耆文《弥勒会见记剧本》"。为什么是"剧本"呢？因为季羡林发现残卷中有戏剧术语，如"全体退场""幕""幕间插曲"等，这些都证明它的体裁是戏剧无疑。

快到古稀之年时，英雄有了用武之地，季羡林自然是干劲十足。自 1983 年起，他开始译注《弥勒会见记剧本》残卷。在我国新疆一带，弥勒信仰曾经十分普遍，因此《弥勒会见记剧本》的回鹘文译本尚有藏存，且数量高达四五百张。季羡林不懂回鹘文，便请来几位回鹘文专家协助，试图利用回鹘文《弥勒会见记剧本》校对补足焉耆文残卷残缺的部分，再逐字逐词加以翻译。可即便是这样，仍有为数不多的几张无法翻译：一来是这几张残缺过甚，二来是找不到相应的回鹘文译本。

1997 年 12 月，经过近 15 年的艰苦奋斗，《弥勒会见记剧本》的汉译、英译和注释全部完成了。"季先生前期发表吐火罗语《弥勒会见记》的成果，主要是用中文写成。后来考虑到吐火罗语研究这门学科的国际性……最终决定用国际学术界最通行的语言——英语来发表全部转写、翻译和注释。"1998 年，季羡林英译的《新疆博物馆藏甲种吐火罗语弥勒会见记残卷》入选德国吐火罗语学者温特尔主编的《语言学趋向丛书》，作为"研究与专著"系列的第 113 种，由总部分别设在纽约和柏林的德古意特出版社出版，这是存世规模最大的吐火罗文文献英译本，也是国际学术界杰出的古文书整理考释之作。

季羡林英译的《新疆博物馆藏甲种吐火罗语弥勒会见记残卷》全文近 400 页，包含四个部分：（一）导言：介绍剧本基本情况、前人研究成果以及残卷内容；（二）残卷英译：《弥勒会见记》剧本残卷分幕文字转写、翻译及注释（共五幕）；（三）词汇索引：吐火罗语作为一种古代语言，缺乏可供参考和查阅的词典，词汇索引是必不可少的；（四）残卷图版：88 张残卷图片分别单页呈现，以供其他学者或同行核对。尤其感人至深的是，季羡林在英语后记中回忆了自己在哥廷根大学修习吐火罗文的情形，表达了对恩师的满腔感激。

2001 年，北京大学教授乐黛云在其主编的《季羡林与二十世纪中国学术——纪念季羡林教授九十寿辰》中高度赞扬季羡林先生的《新疆博物馆藏甲种吐火罗语弥勒会见记残卷》英译：

季先生以古稀之年，克服重重语言障碍，用国际通行的英文，解读"天书"般的吐火罗语文献，在向来被认为是研究西域古代语言文字中心的德国出版这本专著，把中国的敦煌学研究成果，推向了世界……在季先生身上，我们可以看到欧洲学术传统和中国人文精神的完美结合。

2009 年，这部题为《吐火罗文弥勒会见记译释》的译著被收入江西教育出版社出版的《季羡林文集》第 11 卷，这对于国内学者研究西域历史、语言、宗教和戏剧有着重大的参考价值。

梵语汉译

季羡林译自梵语的作品有印度古典名剧《沙恭达罗》《优哩婆湿》、寓言童话集《五卷书》和根据长篇小说《十王子传》选译的《婆罗摩提的故事》。除此之外，季羡林还从梵语中译出佛教念诵诗《念诵甘露》。这些梵语汉译有一个共同的特点：译者在文末加入了大量的注释，以帮助译文读者了解相关的文化和历史背景；涉及的佛教术语的译名和译法，季羡林也都严谨地作了交代。有些译著的注释数量相当可观，比如《优哩婆湿》就有高达 102 条注释。

《沙恭达罗》是印度古代著名诗人伽梨陀娑（拉丁文：Kālidāsa）

的梵文七幕剧。这部诗剧中有散文对白，中间掺杂着一些诗歌，剧中人物语言有显著的性别和阶级差异：国王、婆罗门、男性神仙讲梵语，小丑和女性使用俗语，翻译的难度很大。但季羡林克服了种种困难，汉译《沙恭达罗》全文，并于1956年由人民文学出版社出版。1979年，季羡林依据德国著名梵文学者皮舍尔校订的孟加拉本《沙恭达罗》，把20年前的译文通校一遍，修订了不足和谬误，统一了译名，重写了《译本序》，为汉语读者奉上文质兼备的新译。

《优哩婆湿》是伽梨陀娑创作的梵文五幕剧，其艺术价值仅次于《沙恭达罗》。一千多年来，该剧在印度流传甚广，版本众多，以致于梵语学者们已无从考察其原貌。季羡林经过反复比较、甄别，最终依据斯塔罗摩编订的《迦梨陀娑全集》译出了这部名剧，并于1962年12月由人民文学出版社出版。

季羡林在翻译《沙恭达罗》和《优哩婆湿》时，有两大创新：第一，为读者便利起见，他按照剧中人物登场的先后顺序增译了梵语原文中没有的剧中人物表，简略介绍了剧中人物的姓名、身份，以及与其他人物的关系；第二，梵语原本的序幕（通常是一首赞神诗）和幕数（即"第*幕"）在后面，季羡林把它们都挪到了前面。这些都是译者匠心独具之处。

《五卷书》是印度最著名的寓言童话集，在印度、尼泊尔乃至欧洲和阿拉伯国家都有不同的版本，其中1199年耆那教和尚补哩那婆多罗受大臣苏摩之命，根据当时已有的一些版本编撰而成的《五卷书》"流传很广，影响很大"，季羡林依据的正是这个版本。《五卷书》中既有寓言童话，又有格言谚语。所有的故事中，除第3卷第8个故事是用诗歌体来叙述外，其他故事用的都是散文体。1947年，南京正中书局出版了卢前根据英译本转译的删节版《五叶书》；1959 年，北京人民文学出版社又出版了林兴华根据阿拉伯译本转译的汉译本《卡里来和笛木乃》。季羡林的汉译本是当时国内第一部直接从梵语翻译过来的全译本。

《十王子传》是梵语古典文学史上著名的长篇小说。作者昙丁[1]采用了绚丽多彩的宫廷诗体，着意刻画人物，堪称印度古典梵文文学的修辞典范，兼具文学和史学双重价值。季羡林选译的是《十王子传》第 5 章《婆罗摩提的故事》，这是整个长篇小说中最有代表性的故事，同时也是印度古典文学中的名篇。季羡林汉译的《婆罗摩提的故事》最早发表于 1962 年《世界文学》第 7 期，译者首先简要地介绍了《十王子传》的内容、形式和影响，继而对选译部分做了比较详细的说明，汉语译文紧随其后。

梵语佛教念诵诗《念诵甘露》含"导引密咒""吉祥师尊凉鞋五偈"和"吉祥师尊之歌"三部分，每偈四句，虽字数并不相等，但简洁明快、朗朗上口。这篇念诵诗后来编入江西教育出版社 1998 年出版的《季羡林文集》第 14 卷中，2010 年外语教学与研究出版社《季羡林全集》编辑委员会又将它和季羡林选译的《婆罗摩提的故事》编入 30 卷《季羡林文集》中的第 20 卷。

巴利文《佛本生故事》选译

季羡林的《留德十年》详细记载了他在哥廷根大学攻读博士学位时的学习与生活，其中特别提到他主修印度学后，梵文和巴利文成了必修课，几乎每天都会安排时间修习，直至精通。季羡林的巴利文学习始于 1937 年夏季学期，启蒙和指导他的导师是威瓦尔德施密特教

1　2017 年中西书局出版的黄宝生译本又译作"檀丁"。

授。多年如一日的刻苦学习使季羡林掌握了巴利文这门绝学，同时也为他日后翻译巴利文《佛本生故事》打下了坚实的语言基础。

巴利文是佛陀时代摩揭陀国的一种语言，佛教徒相信佛用巴利文说法，所以记诵佛经时仍然使用这种语言。巴利文作为一种古代语言早已不再通用，但仍然依靠佛经保存了下来。古印度佛教典籍中有很多关于佛教创始人释迦牟尼的内容，比较统一的说法是：释迦牟尼原本只是一个菩萨，他经过无数次的轮回转生才成佛。巴利文 Jātaka 指"释迦牟尼如来佛前生的故事"，所以译成汉语为《佛本生故事》。在缅甸、老挝、泰国、柬埔寨等信仰小乘佛教的国家里，《佛本生故事》家喻户晓，深入人心。据季羡林考证，当时的巴利文《佛本生故事》共收有 546 个故事，其中有寓言、短篇小说、笑话、奇闻轶事等，故事的主人公有的是人，有的是神，还有的是鸟兽，篇幅也长短不一。季羡林选译了 7 个佛本生故事，分别是《跳舞本生》《苍鹭本生》《吠陀婆本生》《猴王本生》《鹿本生》《兽皮苦行者本生》和《波毗噜本生》。这 7 个故事短小精要，但同时又非常典型——他们高度体现了巴利文原作中诗歌与散文相结合的讲故事形式。在诗歌部分的翻译中，季羡林又独具匠心，尽力译出了音韵，译文中出现最多的韵式便是隔行押韵。这种有韵的翻译既符合《佛本生故事》的民间故事传播机制，同时又再现了巴利文原作中的思想性和艺术美。

季羡林从巴利文选译的 7 个《佛本生故事》最早发表在《世界文学》杂志 1963 年 5 月号上，2010 年外语教学与研究出版社将它编入 30 卷《季羡林文集》中的第 20 卷，并在译文后附上了季羡林写的《关于巴利文〈佛本生故事〉》一文。文中介绍了巴利文《佛本生故事》的起源及其在印度国内外的传播情况，分析了其中蕴含的佛教教义和集中体现的艺术特色。

德语汉译

德国现代著名女作家安娜·西格斯[1]一生创作了大量短篇小说，讲述了世界各国人民争取和平与幸福的故事。1951 年，她荣获德意志民主共和国政府授予的一等国家奖金。1967 年，安娜·西格斯获诺贝尔文学奖提名。她曾多次代表德国人民出席世界和平大会，是一位蜚声国际的作家，更是一位反对法西斯主义和反对战争的战士。季羡林注意到安娜·西格斯作品中对和平的崇高追求和对劳动人民的热情讴歌，与作家本人商议后，翻译了她的 3 部短篇小说：《怠工的人们》《珂莉散塔》和《末路》，1955 年由作家出版社结集为《安娜·西格斯短篇小说集》出版。在这部集子里，原作者安娜·西格斯写下了饱含深情的"代序"，季羡林也写了"关于本书作者"，介绍安娜·西格斯的生平、作品及其影响。每篇译文末尾，译者还做了注释，以方便汉语读者理解与短篇小说相关的历史和文化知识。1955 年 10 月，季羡林作为中国史学家代表团成员赴德意志民主共和国参加"国际东亚学术讨论会"时，这本译著成为他带去的最好的一份礼物。

托马斯·曼是德国杰出的批判现实主义小说家，1929 年诺贝尔文学奖得主。《沉重的时刻》是托马斯·曼 30 岁时为纪念德国伟大诗人、戏剧家席勒逝世 100 周年而创作的短篇小说，描写了剧作家虽贫病交加，却勇敢克服了精神负担的过程。季羡林惟妙惟肖地译出了剧作家的内心活动，把席勒不怕困难、勇于作为的形象刻画得细致入微。这篇译文于 1956 年 10 月发表在《译文》杂志上，后选编入《季

1　安娜·西格斯原名内蒂·赖林（Netty Reiling）。自 1927 年在《法兰克福日报》以连载方式发表短篇小说《格鲁贝契》起，"安娜·西格斯"这个笔名便伴随着她的创作。

羡林文集》和《季羡林全集》。

英语汉译

　　1981 年，印度诗人、作家梅特丽耶夫人来北京访问，她邀请季羡林到下榻的北京饭店长谈。临别时，她送给季羡林一本书——英文版《家庭中的泰戈尔》，并告诉他，这本书原来是用孟加拉文写的，后来她亲自将其翻译成了英文，现在委托季羡林把这本英文版《家庭中的泰戈尔》翻译成中文。

　　梅特丽耶夫人的父亲是印度伟大诗人泰戈尔的密友，泰戈尔曾四次到梅特丽耶在喜马拉雅山麓蒙蒙铺的家中度假，女作家以优美的文笔记录了诗人日常生活的点滴，为读者展示了伟大诗人泰戈尔生活中鲜为人知的另一面。

　　季羡林 13 岁时曾有幸在济南亲眼目睹银须飘拂的印度贤哲泰戈尔，也曾拜读过他优美的散文和诗歌。季羡林还研究过泰戈尔和他的作品，于 1979 年写过一篇题为《泰戈尔与中国》的长文，发表在当年《社会科学战线》第 2 期。因此，季羡林欣然接受了梅特丽耶夫人的委托，愉快地开始翻译。由于"原书文字很美，仿佛信手拈来，不费吹灰之力，但是本色天成，宛如行云流水"，季羡林把整个翻译过程视为一种享受。

　　全书译完后，季羡林写下了"译者前言"，以洋洋洒洒数千言回顾了与梅特丽耶夫人的交往，介绍了泰戈尔的著述和影响，陈述了翻译过程中所经历的曲折。他甚至把这部译著与他用力最勤的《罗摩衍那》做了比较，分享翻译中的苦乐。这部译作向汉语读者展示了印度民族主义者泰戈尔亲切随和的一面，为促进中印两国的文化交流和友好交往做出了巨大的贡献。

　　尽管《家庭中的泰戈尔》一书是由英文转译，但季羡林的绝大部分译著均由源语直接译出。有鉴于此，季羡林主张由俄语转译而来的马恩文集应改从德语或英语原文直译，这样有助于国人全面准确地理解马克思主义经典作品。因此，建国初期，季羡林和曹葆华合译了马克思用英语写的两篇文章：《不列颠在印度的统治》和《不列颠在印度统治的未来结果》，译文发表于1951年的《新建设》上，同年12月由人民出版社结集出版。

　　1951年8月16日，季羡林在"翻译者说明"中特别交代了源文本信息——根据1950年莫斯科外国文书籍出版局印行的英文本《马克思恩格斯选集》译出。为确保译文的准确性，译者同时还参考了俄文本和德文本。此外，季羡林对文内注释的3处来源做了说明，"一部分是译自一九三六年苏联外国工人出版社英文本《马克思选集》的编辑部注解，另一部分是译自一九五零年莫斯科外国文书籍出版局英文本《马克思恩格斯选集》的编辑部注解，又一部分是中文译者季羡林所加"。在篇幅仅为一页的"翻译者说明"中，季羡林提供的这些信息体现了译者认真负责的工作作风和严谨求实的治学态度。

汉语语内翻译

　　季羡林赞成古书今译，并把这种语内翻译视作弘扬优秀民族文化的重要途径之一。他说："今译最重要的目的是，把原文的内容含义尽可能忠实地译为白话文，以利于人民大众阅读。"用现代汉语翻译古代汉语，能帮助现代读者了解古籍内容，扫除阅读和措辞上的障碍，使那些对古汉语知之甚少的读者也能了解民族文化的精华。

在季羡林组织翻译的《〈大唐西域记〉今译》中，不但叙述了该书的主要内容，还有针对多种译本错漏之处的校注，以及人名和地名的统一。这部研究中南亚历史、地理和文化的重要文献经此译释，不但降低了读者的阅读难度，还为我国学者研究唐代中印关系史和中亚史、佛教史提供了宝贵的参考资料。

四、学者型翻译家：季羡林的翻译研究

1947 年，季羡林利用所掌握的印度古代梵文、俗语和中亚吐火罗文，经过周密考证，写出了《浮屠与佛》一文，指出"浮屠"译自印度古代俗语，而"佛"这个名称只限于译自吐火罗文的佛经中，由西域高僧传播开来并最终取代"浮屠"。42 年后，季羡林在论文《再论"浮屠"与"佛"》中进一步明确了印度佛教传入中国的时间和途径。

1949 年 5 月，季羡林把佛经中的故事与《列子》中的故事相比较，最终考证出《列子》抄袭的佛经名称及其汉译时间。他发现《列子·汤问》中周穆王命工匠偃师献机器人的故事与西晋竺法护所译《生经》卷三《佛说国王五人经》第 24 节中的故事几乎完全相同，因此认为《列子》实际上是抄袭《生经》；既然《生经》的译出时间是西晋太康六年（公元 285 年），那么《列子》的成书时间必定在这之后。此外，季羡林还考证出《列子》的作者为东晋学者张湛。

由于兼通古代印度俗语以及印度和中国新疆地区的语音演变规律，季羡林在论文《论梵文 td 的音译》中跳出中国音韵学的藩篱，利用佛典中汉文音译梵文的现象研究中国古音，指出在古代印度和中亚一带的音变规律为：t>d>l>1，并以此来解释最古的汉译佛典中用来

母字对译梵文的顶音 t 和 d。季羡林将吐火罗语研究视作解决佛教史上某些重要问题的手段的同时，又从语言学，特别是比较语言学出发，将吐火罗语本身作为研究目的，这在国内是有史以来的第一人。

季羡林曾将自己的学术研究自述为"梵学、佛学、吐火罗文研究并举，中国文学、比较文学、文艺理论研究齐飞"。从德国学成归来后的 70 余年间，他不畏艰难，潜心研究，通过对古汉语中梵文词汇的音译研究拓宽了中国音韵学的研究视野；凭借语言优势研究佛教原典，分析语言的细微变化，对比不同的译本，译论结合，证据确凿，令人信服；他的早期代表作《〈福力太子因缘经〉吐火罗语本的诸平行译本》，"通过吐火罗本与内容相平行的其他语种译本之间的比较，来注释吐火罗语语义，从而为吐火罗语的语义研究开创了一个成功的方法"；他汉译、英译和注释的《弥勒会见记》剧本，是对世界吐火罗语研究的新贡献，极大地提升了中国吐火罗语研究的国际学术地位。

季羡林汇通华梵，将古今中外熔于一炉，故能在宏大的视野下考察人类文化发展的趋向。中国艺术研究院文化研究所所长刘梦溪在总结季羡林的学术成就时指出，季羡林的研究领域很广，专精的学问包括印度学、梵典翻译、佛学和中西交通史，这些领域都属于东方学的范畴，因此可将季羡林称为"古印度研究的巨擘、梵文翻译的大师、中西交通史的大家"。季羡林以非比寻常的坚忍精神刻苦学习，勤奋钻研，在语言学、文化学、翻译学和佛学等领域硕果累累，为弘扬中华民族文化、促进中西文化交流做出了重要贡献。

自 19 岁翻译屠格涅夫的散文到耄耋之年荣获"翻译文化终身成就奖"，季羡林从事翻译工作的时间比他从事教学、科研的时间更长。他的译作中，既有耗费 10 余年光阴苦心经营的宏篇巨制，也有听荷观柳、信手拈来的寓言小品；他所选取的源语文本中，既有佛教梵语、巴利文和吐火罗文等罕见的古代语言，也有德语、英语等现代语言；既有语言优美生动如《家庭中的泰戈尔》者，也有艰难考据、义理确凿的力作《新疆博物馆藏甲种吐火罗语弥勒会见记残卷》。据不完全统计，季羡林发表的各类文章达 850 余篇，出版各类专著、译著、论文集、散文集等近 40 种，累计字数约 1500 余万字。这位勤奋高产的翻译家，直至晚年仍勤于译事。他翻译、发表和出版的译作近 400 万字，大部分译著皆直接由源语译出，涉及语种之多，译著质量之高，在国际翻译界上实属罕见。

2006 年 9 月 26 日，中国翻译协会授予季羡林"翻译文化终身成就奖"，他在书面发言中说：

> 我一生都在从事与促进中外文化交流相关的工作，我深刻体会到翻译在促进不同民族、语言和文化交流中的重要作用。……中华几千年的文化之所以能永盛不衰，就是因为，通过翻译外来典籍使原有文化中随时能注入新鲜血液。

在季羡林看来，翻译的重要性毋庸置疑。在强调翻译对文化交流与社会发展的巨大促进作用的同时，季羡林也辩证地指出，翻译在文化交流中的作用"可以是积极的，也可能是消极的，这要看翻译本身能否站得住脚……我们要选择翻译对我们中华文明有益的东西，还要把我们中华文明的精华介绍出去"。他不但站在整个人类文化发展的高度来看待东西方文化交流，还身体力行，为世界人民送去自己的译著，这些都是季羡林弘扬中华文化，推动中国文化走出去的实际行动。

参考文献

[1] 蔡德贵. 学贯中西的季羡林先生[J]. 文史哲：1995(5).

[2] 陈福康. 中国译学理论史稿[M]. 上海：上海外语教育出版社，2000.

[3] 方梦之，庄智象编. 中国翻译家研究(当代卷)[C]. 上海：上海外语教育出版社，2017.

[4] 胡光利，梁志刚. 季羡林大传I：早年求学之路[M]. 哈尔滨：哈尔滨出版社，2013.

[5] 胡光利，梁志刚. 季羡林大传II：北大治学生涯[M]. 哈尔滨：哈尔滨出版社，2013.

[6] 胡光利，梁志刚. 季羡林大传III：最后十年[M]. 哈尔滨：哈尔滨出版社，2013.

[7] 季羡林. 季羡林全集·第20–21卷·译著(梵文及其他语种作品翻译)[M]. 北京：外语教学与研究出版社，2010.

[8] 季羡林. 季羡林文集·第十一卷(吐火罗文《弥勒会见记》译释)[M]. 南昌：江西教育出版社，2009.

[9] 季羡林. 季羡林自述：我的学术人生[M]. 北京：中国社会出版社，2008.

[10] 季羡林. 季羡林自述：我这一生[M]. 孟昭毅 选编. 北京：中国

青年出版社，2014.

[11] 季羡林. 漫谈古书今译[J]. 群言，1992(2).

[12] 季羡林. 吐火罗文A(焉耆文)《弥勒会见记剧本》与中国戏剧发展之关系[J]. 社会科学战线，1990(1).

[13] 季羡林. 我和外国文学[J]. 外国文学评论：1987(2).

[14] 季羡林. 中印文化关系史论丛[M]. 北京：人民出版社，1957.

[15] 季羡林著. 季羡林谈翻译[M]. 北京：当代中国出版社，2007.

[16] 乐黛云编. 季羡林与二十世纪中国学术 纪念季羡林教授九十寿辰[C]. 北京大学出版社，2001.

[17] 刘安武. 印度两大史诗研究[M]. 北京：北京大学出版社，2001.

[18] 刘军平. 纵浪大化中 不喜亦不惧——记著名翻译家、学者季羡林先生[J]. 中国翻译，1995(2).

[19] 刘梦溪. 季羡林先生给我们留下了什么遗产[N]. 21世纪经济报道：2009–07–14(2).

[20] 鲁迅. 致窦隐夫[A].《鲁迅全集》(12)[C]. 北京：人民文学出版社，1981.

[21] (印)梅特丽耶·戴维夫人，季羡林译. 家庭中的泰戈尔[M]. 桂林：漓江出版社，1985.

[22] 孟昭毅，李载道. 中国翻译文学史[M]. 北京：北京大学出版社，2005.

[23] 王秉钦. 季羡林翻译思想"三论"[J]. 中国外语：2009(05).

[24] 许均. 文学翻译的理论与实践：翻译对话录[M]. 北京：译林出版社，2001.

[25] （印）蚁蛭.《罗摩衍那》（七）[M]. 季羡林 译. 北京：人民文学出版社，1984.

[26] 周有光. 世界文字发展史[M]. 上海：上海教育出版社，2003.

叶笃庄的翻译人生

方梦之

叶笃庄(1914—2000)，农业经济学家、翻译家、科技情报专家，一生与翻译结下不解之缘。他早年投身抗日，任八路军敌工干部，从事日语口笔译，开启了翻译人生；抗日胜利后曾任美军翻译，由此为后来的不白之冤埋下"祸根"。叶笃庄自20世纪30年代起矢志翻译达尔文，历经磨难，直至84岁高龄才完成了500万字的巨著《达尔文进化论全集》的翻译、修订和校定，并摘要完成30万字精华本《达尔文读本》的编撰工作，使进化论名著在中国完整、系统地面世。

叶笃庄，1914年生，安徽安庆人，曾用名叶笠，笔名心束，出身于天津一前清道台¹人家。14岁考入天津南开中学二年级。1931年，九一八事变爆发，叶笃庄在南开中学参加了抗日救亡、反对国民政府不抵抗政策的学生运动，并参加了中国共产党的外围组织"读书

---

1 道台，又称道员，清代官名，为省与府之间的地方长官，官阶通常为正四品。

会"。1933 年，叶笃庄进南京金陵大学农学院农艺系。1934 年留学日本，入东京帝国大学农实科，并参加中国共产党党员林基路（林伟梁）、剧作家杜宣领导的左翼团体"中华留日协会"。叶笃庄精通日文、英文和德文，1936 年和吴砚农，易吉光等创办天津知识书店，在中共北方局的领导下，为当时抗日救亡的宣传活动做了大量工作。1937 年，入八路军 129 师 386 旅任敌军工作干事，后担任晋东南军政干校敌工班主任，其后转任昆明《人民周报》总编辑。1946 年起，叶笃庄任华北农事试验场副研究员兼农业经济室主任、华北农业科学研究所编译委员会主任、中国农业科学院研究院研究员等职务。1987 年，叶笃庄从中国农业科学院离休。叶笃庄曾任民盟中央委员、民盟中央科技委员会副主任、中国翻译工作者协会副会长、中国译协科技翻译委员会主任等多种社会职务。

　　叶笃庄的职业生涯自翻译始至翻译终，一生在字里行间游走，他生命的血液中丛集和流淌着翻译的细胞，译字可以千万计，仅他主译的《达尔文进化论全集》字数就在 500 万以上。

一、坎坷译路

　　叶笃庄早年投笔从戎，翻译工作贯穿他的大半生：抗日时期，任敌工干事，从事日语口、笔译，历经险阻；解放战争时期，为美军做过翻译（埋下冤假错案的祸根）；解放后，专事农科翻译近 10 年；1957 年反右后蒙冤入狱 8 年，在狱中极其艰难的条件下翻译达尔文著作；"文化大革命"期间，逆境中翻译不辍；1979 年落实政策后，奋力追赶时间，终于在逝世前两年（1998 年）出全由他主译、主审的

13 卷本的《达尔文进化论全集》，了却他一生的夙愿。他的一生是为翻译事业奋斗的一生，是全面、系统地传播和研究达尔文进化论的一生。下面按时间先后分 5 个部分来叙述他的翻译活动和译事贡献。

（一）早年投身革命，与翻译结缘

　　叶笃庄 1937 年赴八路军 129 师任敌工干事，后担任晋东南军政干校敌工班主任，从事日语口译、笔译工作。在极端艰难的条件下，曾编成日文口语文法、会话等各种读本，培养了近 100 名敌工干部，为在晋东南开展敌工工作做出了贡献。此后，叶笃庄也参加过抗日救亡宣传活动。

　　1945 年，在民盟任职的叶笃庄受周新民（时为民盟负责人之一，中共地下党员）的指示，到驻华美军当翻译。同年，国军高树勋部在晋冀鲁豫地区起义，投向八路军。1946 年，民盟欲在该部建立支部，正好有一位美国记者要赴晋冀鲁豫采访，民盟便让叶笃庄充当其翻译，并到该部建立民盟支部，此事当时曾获北平军调部中共代表的同意。然而，正是以上这两项翻译活动给他此后的人生带来长达 20 年的冤狱。

（二）1949－1957年专事农业翻译

　　解放后，叶笃庄任华北农业科学研究所编译委员会主任，开始了全职的农业翻译工作。任职期间，叶笃庄与同事们创办了刊物《苏联农业科学》《农业科学通讯》《中国农业科学》。1951 年，叶笃庄组织翻译、审校了《米丘林选集》《米丘林全集》《全苏列宁农业科学院 1948 年会议记录》《赫胥黎自传》等。

　　叶笃庄翻译达尔文著作，动因可追溯到 20 世纪 30 年代留学日本时期。当时老师开列的参考书目中就有日文译本《物种起源》，后来他又阅读了达尔文的其他著作。随着学习的深入，叶笃庄对达尔文学说的重要性开始有了认识。1946年叶笃庄获得了《达尔文全集》英文版原本，同时也读了马君武《物种由来》的译本，发现错译、漏译之处甚多，遂起意翻译达尔文著作。于是乘着解放后的东风，叶笃庄从《物种起源》着手，真正开始有计划、有系统地翻译达尔文著作。

叶笃庄1951年与周建人合译《物种起源》。"50年代初期出版总署署务会议决定：翻译出版《达尔文全集》，由周建人和我负责组织稿件，由三联书店出版。对此并发了新书预告。那时完成的有《物种起源》《动物和植物在家养条件下的变异》《植物界自花受精与异花受精的效果》《食虫植物》《人类和动物的表情》《攀缘植物的运动和习性》《兰花的传粉》《一个自然科学家在贝格尔舰上的环球旅行记》《达尔文及其书信集》等。"以上是叶笃庄主译的13卷本《达尔文进化论全集》的部分内容。1957年的那场风暴使《全集》的翻译出版戛然而止，直到三四十年后才重续前缘。

（三）1958—1978年深陷囹圄，翻译不辍

1957年"反右派斗争"一开始，叶笃庄就遇到了麻烦。在停职反省期间，他利用"反省"间隙译完达尔文的《动物和植物在家养条件下的变异》下卷，并以其小女儿叶晓的名字出版。1958年叶笃庄开始了漫长的囚徒生活。经狱方同意，叶笃庄让家属寄来《人类的由来及性选择》英文原著、日文译本、马君武的文言文译本、郑易里的《英汉大辞典》，开始动笔。高墙铁窗，隐天蔽日，翻译工作的艰难困苦可想而知，以至于得到狱警的同情。后来，他回忆说："在监号，钢

笔和墨水只有在写检讨材料时才由管理员发给，写完材料后就得交回；但经过我的请求，允许我把它们留在监号内使用。没有稿纸怎么办？我不得不把译文用蝇头小楷写在那部日文译本的行间。钢笔尖用秃了，我就在水泥地上把它磨尖了再用，及至磨到笔头不能再磨时，才要求管理员换一个新的。"后世学者记述这段往事时，感叹道，"正逢'三年自然灾害'，饥肠辘辘，灯影昏昏，一天十几小时的脑手并用而不知疲累，究竟是从哪里来的那股劲？是什么东西在支撑他那饥饿的肉体？连叶先生自己也感到奇怪。"就这样，在环境与肉体的双重压迫下，大约经过两年时间，叶笃庄译完了《人类的由来及性选择》全书。书译出来了，但审核校对，刮垢磨光，以至正式出版，那仍是旷日持久、虚无缥缈的事。

1962年不名原因的"保外就医"让他喜出望外，但他有一种预感，这样的自由不会长久，所以必须抓紧时间。出狱当天，买来够写50万字的一大叠稿纸，开始争分夺秒地修改、誊抄译稿。果然不出所料，28天后，他又被收监。他不敢把稿子放在自己家里，为保险起见，把译稿和原作分别交给了四哥和姐姐保管。

8年牢狱之灾后，叶笃庄被遣送到淮河边上一家渔场当渔工，但叶笃庄念念不忘的还是当年翻译的书稿，想趁劳动之余继续翻译。于是，写信让四哥把行间写有译文的那本日文书寄来。但是让他意想不到的是，这些书被红卫兵以"破四旧"之名抄去烧掉了。想起在困苦万千的恶劣条件下完成的译稿竟莫名被付之一炬，一时心如刀绞，他回忆说："在一灯如豆的底下，我坚持译完了《人类的由来及性选择》。我认为这是我译得最好的一种译著。"好在存放在姐姐那里的英文原著还在，翻译的信心尚在，一切可再从头开始。他坚信，人类宝贵的文化财富，总有重见天日的时候。也许就是这样的信念，让他每日收工以后，回到工房，吸着自卷的劣质烟叶，以床为桌，用砖叠凳，又一次沉浸于翻译这部巨著的愉悦之中。

粉碎"四人帮"后，叶笃庄回到阔别 12 年的北京，继续《人类的由来及性选择》的审定工作，终于在 1980 年定稿。只是好事多磨，1983 年，科学出版社才决定出版这本狱中之作。最后，经他修订，又纳入了他主译的《达尔文进化论全集》。

叶笃庄怀着一种崇高的信念与坚定的毅力，几乎以生命为代价去翻译一部名著，用费孝通的话说，"这是一场保全文化与摧残文化的大搏斗"。

二、译事源起

传播和翻译达尔文学说本身是一个漫长的过程，虽然前人在这方面做了许多工作，但是，全面、深入、系统地介绍达尔文学说及其生平的集大成者非叶笃庄莫属。叶笃庄开启了一个翻译、传播达尔文著作的新时代。

达尔文的代表作《物种起源》最早出版于 1859 年，在接下来的 17 年中达尔文反复修改订正，先后共有 6 版。周建人指出："八十多年前欧洲出版了两本大著作，一本是马克思的《政治经济学批判》，另一本是达尔文的《种的起源》。"可见该书对人类思想和科学事业产生了深远的影响。2013 年 10 月英国《新科学家》杂志公布了最具影响力的十大科普书籍评选结果。该书排名第一，并被评为"有史以来最重要的思想"。

在我国，达尔文著作的翻译和传播可追溯到 1871 年，我国学者华衡芳和美国传教士玛高温合作翻译的《地学浅释》中就提到过勒马克（即生物学家拉马克）和"兑儿平"（即达尔文）的名字。1873 年，上海《申报》介绍英国博士"大蕴"的新书《人本》（即《人类的由来和性选择》）。1884 年，丁韪良在《西方考略》中介绍生物学时，提到勒马克和达尔文的进化论学说。令人诧异的是，"把欧美进化论的思想首先介绍到中国来的，是反对进化论的西洋传教士。不过，他们的那些介绍都是非常简单和不得要领的。更重要的是，他们回避了达尔文进化论的核心——自然选择理论。所以传教士的那些介绍，并没有在中国产生多大影响。"直到严复翻译《天演论》，达尔文学说才真正在中国产生影响。严译《天演论》编译自两篇文章（"导论"和"进化论与伦理学"），取自赫胥黎于 1894 年出版的《进化论与伦理学论文集》。

　　一个大的文化运动往往伴随着一个翻译运动，新文化运动前后，翻译新思想、新科学成潮流。1902 年和 1903 年，马君武先后将《物种起源》中最重要的第 3 章"生存竞争"和第 4 章"自然选择"译成中文，书名为《达尔文物竞篇》和《达尔文天择篇》，分别出版。1920 年，马君武又将达尔文《物种起源》（当时译名为"物种原始"）全文翻译出来，并翻译出版了《人类的由来及性选择》（当时译为"人类原始及类择"）。《物种原始》由中华书局出版，1920 年至 1936 年，仅仅 16 年间，就再版了 12 次。马君武在译书序言中盛赞达尔文"以天择说解释物种原始，为 19 世纪最大发明之一，其在科学界之价值，与哥白尼之行星绕日说及牛顿之吸力说相等。"

　　叶笃庄恢复工作后，渴望出版一套完整的《达尔文全集》，以了却一生的夙愿。他"写了一份出版《达尔文全集》的意见书，随处求情，却到处碰壁。有的出版社想出，但怕赔本，找我要资助，多则15万，少则10万元。我一介书生，两袖清风，靠工资吃饭，又不是腰缠万贯的'捯儿爷'，怎能拿出这样一笔巨款。1990年终于得到中国农科院王连铮院长的理解和支持，从'院长基金'内拨出10万元出版《达尔文进化论全集》。"1987年，叶笃庄离休，全身心地投入修订、整理、出版《达尔文进化论全集》的工作。该书13卷，有60%由叶笃庄翻译，余下的他均对照原文统校过。1998年，凝结数十年心血和期盼的《达尔文进化论全集》终于由科学出版社全部出齐。

三、译思缜密

（一）选择原本

原本是翻译工作的起始点。《物种起源》有6个版本，叶笃庄采用最终版，因为它最能代表达尔文的全部思想。《物种起源》初版时，其中的内容与上帝创造人类的宗教观念背道而驰，因此，它的发表给宗教势力以沉重的打击，引起宗教界的极度仇视和恐慌，宗教人士对此提出种种诡辩和责难。《物种起源》第1版于1859年11月24日出版，一个半月后出第2版，改正了一些拼音、标点、印刷、语法、措辞的错误。此后各版，达尔文在附录中回应了同时代人提出的各种批评（有的是曲解或误读），对于宗教方面的责难，达尔文有作正面回应的，但也有"违心的妥协，偏离原先的立场"的。因此，第6版中宗教内容的翻译常令一般科技翻译工作者为之困惑，望而生畏。

　　总体来说，达尔文的语言并非完全平易，其中既有科学的、雄辩的陈述，也有优美的、引人入胜的笔触（如散文《贝格尔号航行记》），还有幽深的、与当时宗教思想相抗衡的表述。要驾驭达尔文的文字，译者需要有超强的功力。

（二）参考不同语种的译本

　　达尔文著作博大精深，既有对自然界的描述和对自然规律的阐述，也有关于宗教问题的辩论。他的文体风格多样，除了科学论著外，还有通信集、传记和散文。所有这些，既有与一般科技文体相同之处，也有达尔文本人在所处时代下形成的独特语言风格。为求充分理解，叶笃庄除反复钻研原文（英文）外，还经常参阅达尔文著作的日译本、德译本和汉译本。叶笃庄对不同语种的译本做对比研究，得以去伪存真、去粗取精，准确把握原文的精妙。

　　《物种起源》《动物和植物在家养下的变异》两书中都提到《古代中国百科全书》。据考证，达尔文所谓的《古代中国百科全书》就是北魏贾思勰的《齐民要术》。早在 18 世纪，巴黎出版的《中国纪要》11 卷中就已介绍《齐民要术》及明代邝璠《便民图纂》中的养羊技术。达尔文在著书过程中阅读了法文版的《中国纪要》中有关中国科技的章节，并且通过此书了解了《齐民要术》中关于人工选择的思想，予以引用并高度评价。为此，叶笃庄在翻译以上两书时，不得不核对古书，因为回译要求原汁原味，不能按照英文依葫芦画瓢，不得要领。对此，叶笃庄深有感慨地说："做翻译工作，是需要下一番苦功的。"

（三）一名之立

术语是某一特定学科区别于其他学科的重要标志之一。术语的意义必须以明确定义的科学概念为基础，具有单一的理性意义，它是描述和传播科学概念、定义和规律的基本要素，也是促进学科建设的有力工具。严复有"一名之立，旬月踟蹰"的名言，这正是叶笃庄在翻译中溯端竟委、直指本意的写照。在他之前，已有先贤断续翻译过达尔文著作，如果沿袭使用已有的汉译术语，也未尝不可，但叶笃庄凡遇疑惑，仍反复斟酌。

严复在《天演论》中将 struggle for existence 译为"物竞"，将 evolution 译为"天演"，将 natural election 译为"天择"，将 the origin of spesies 译为"物类宗衍"（后改译为"物种由来"），而将 species 单独译为"物种"。马君武翻译《达尔文物竞篇》和《达尔文天择篇》这两个单行本所用的术语，如"物竞""天择""天演""物种"等，沿用严复在《天演论》中所创译的术语。19 世纪末，日本翻译西学时创译的汉字词通过"借形"的方式进入汉语。其中"物竞"这个术语渐渐为日译"生存竞争"所代替，而"天择"则与日译"自然淘汰"相结合，成为"自然选择"。叶笃庄认为"struggle for existence 主要指生物种类为生存而进行的激烈竞争，所以日译"生存竞争"更符合原意，予以采用。natural selection 有保留有利变异、淘汰不利变异的双重意义。日译"自然淘汰"偏重于"淘汰"，而少了"保留"之意，所以译为"自然选择"更符合原意。"由此可见，叶笃庄精日文、通专业，对术语的翻译更为精准。

四、翻译主张

（一）主张重译

重译是指同一原著的不同译本，即指在旧译基础上的修订或重新翻译。叶笃庄翻译达尔文相当一部分属于重译。他说："像《物种起源》这样的经典著作，多出几种译本，互相比较，精益求精，是有好处的"。

在达尔文的所有著作中，《物种起源》最显其要，不同时期都有重译本。"从马君武的第一部科学进化论著作翻译出版到民国结束的不足 30 年间，有大量进化论书籍重译出版。据初步统计，包括上述的译著在内，此期的进化论译书数量达 60 余种。"译者不下二三十人。解放战争时期，生物学家周建人重译《物种起源》，1947 年由上海生活书店发行，当时的书名为《种的起源》。解放后周建人、叶笃庄、方宗熙三人重译《物种起源》，分成三个分册，译完一部分，出版一部分，在 1954 年至 1956 年间由生活·读书·新知三联书店出版。1955 年科学出版社出版了谢蕴贞的译本，其译稿是在 1942—1944 年完成的。1972 年该社又出版了陈世骧等的译本，这是在谢译本的基础上完成的。周建人、叶笃庄、方宗熙三人对他们在 50 年代合译出版的《物种起源》并不十分满意，在第一版中声明只是试译，准备将来有机会再修订。之后周、方二位先后作古，夙愿未尝。三人的译著只得由叶笃庄"趁着脑尚未完全衰退的时候，用了一年时间，对照原著并参阅日文译本"加以修订，于 1995 年由商务印书馆出版并纳入《汉译世界学术名著丛书》。《物种起源》的这一译本最终收入《达尔文进化论全集》。

　　解放前达尔文著作的译本丛杂，有从英文直接翻译的，也有从日文或德文转译的；就单本著作而言，有全译的，也有节译的；有用文言文翻译的，也有用白话文翻译的。1950 年代初，达尔文著作已大部分翻译出版，但原文不一，版本各异，译文质量参差不齐，地名、人名、动植物名不统一。"当时达尔文的译著，还是马君武时代的文言文，且漏译、误译之处很多"。最初，叶笃庄正是看到马君武译本中存在问题，认识到重译的必要性，才起意翻译达尔文。"法文有三种译本，德文也有三种译本，日文自 1896 年来竟有七种译本！达尔文非常重视译文的质量，直接和译者通信，商量译文中的问题。1865 年4—12 月，他曾亲自校订法文译本第二版，他在给胡克的信中写道：'呵，我的天，这种校订工作是很辛苦的。'"

（二）主张合译

　　合译是科技翻译的一种方式，也是一种经常性的工作状态。叶笃庄说："与人合译，共同来搞。特别是大部头的科技翻译，一定要有几个人合作分工来搞。科技翻译著作在出版前，一定要经人审校，这样才能做到用词恰当，术语统一，也可避免翻译上的疏漏。解放初期，我们在植物学上的一些翻译，送给吴征镒院士看。翻译是一门高深的学问，是一点也马虎不得的。"《达尔文进化论全集》有多人参与翻译和校对，就是合译的成果。《全集》叶笃庄翻译 60%，其余部分都经他审校，由他总其成。

　　合作的形式多样，常见的形式是一大叠材料或一本大部头书籍拆成几部分，多人分头翻译。但在科技翻译中重要的不是分工，而是合作：外行译者的译文要请专业人士校对，而专业人士的译文要请文字能力强的人校对。这样可避免专业上和文字上两方面的差错。以上叶笃庄提到"植物学上的一些翻译，送给吴征镒院士看"，那是精益求精的做法，因为他本人农科出身，植物学方面颇有造诣。

（三）译者条件

当代科技发展日新月异，信息量剧增，传递速度加快，传递方式不断更新。由此，对科技翻译工作者提出了更高的要求，要求他们综观各方、博采百家，及时、可靠、准确地传达信息。

王以铸说："翻译工作者至少得具备三个基本条件。第一是对原文必须真正理解，这是外语水平问题。第二是对所译的东西（文史、科技……）必须是内行……这是专业素养问题。第三是中文要能运用自如，有高超的表达能力。这是中文造诣问题。"这三点是搞好科技翻译的基本条件。中外文素养自不必说，专业素养对于科技翻译工作者来说尤为重要。不能想象不懂医学的人会搞好医学翻译，不懂物理的人能翻译好物理方面的文献。

叶笃庄的见解与王以铸不谋而合，认为科技翻译水平高，就是指外语、母语、专业知识都好，在外语水平普遍提高的今天，专业知识尤为重要。在三个条件中，他比较突出专业，把专业放在最重要地位。像达尔文《人类的由来》这样一部科学巨著，对译者的专业知识水平要求很高，因为"从业务上说，达尔文的博学多才，广征博引，牵涉到自然，人文，社会的各门学科，要能一字一句地理解原意，又要能用中文正确表达出来，不是一般专业人才所能胜任的。"叶笃庄曾谦虚地说："让我搞工程翻译，我就翻不出来。"并说："要在专科大学培养科技翻译""普通外语院校毕业做专业翻译要补课。"在叶笃庄看来，语言是思想的物质外壳，是工具，它只有同某种具体内容结合起来才能存在。作为科技翻译工作者，只有双语好、专业通才能做好工作。

　　叶笃庄从自身的经历和翻译实践中悟出科技翻译工作者应具备的以上三个条件。他本人既是翻译家，也是农学家，是科技翻译工作者的典范。在叶笃庄的生命长河中，虽然翻译占了大部分，但从青年时代起就矢志农业的他，在农学方面也有贡献。"他的著作还有《华北棉花及其增产问题》《华北农作物的栽培制度》等论文多篇。"在8年牢狱之后，叶笃庄被遣送到安徽白湖农场劳动。他渴望学有所用，发挥农学专长，为农业增产带来效益。1975年，农场的甘蓝型油菜连续两年"花而不实"。叶笃庄通过简单的化学试剂及简陋的仪器，持续对"花而不实"的病因进行研究，发现该病是由植物碳氮比失调造成，并且提出了防治措施，从而推翻了过去认为该病是因土壤缺硼造成的旧理论。后来，在安徽省怀远县荆山渔场当渔工期间，叶笃庄参加糖化饲料养鱼试验，获得初步成功，该项目成为安徽省科技大会表彰的项目。随后开始蛋白酶"荆1号"的试验，亦获成功。

五、勇立潮头

　　1983年，中国翻译工作者协会（现名中国翻译协会）成立，年届七旬的叶笃庄当选为该会副会长兼科技翻译研究委员会主任。20世纪80年代，我国外语界掀起科技英语和科技翻译研究的热潮，许多著名高校纷纷建立科技外语系或科技英语系，全国性和地区性翻译研讨活动络绎不绝，翻译界曾有科技翻译队伍"异军突起"之惊叹。叶笃庄勇立潮头，在国内举起科技翻译交流和研究的大旗，与中国译协科技翻译委员会的同志们一起创建了两年一次的全国科技翻译研讨会这一学术平台，团结国内专家学者，共襄"译"举，探索创新，带出了一支高规格、高水平的研究队伍，有力推动了我国科技翻译研究的快速发展与繁荣。在叶笃庄生前，共举办过 9 次全国性的科技翻译研讨会和 4 次大中型企业翻译研讨会，叶笃庄大多亲临主持，指导会议的召开。

随着改革开放的深入发展，中外科技交流日益频繁，科技翻译渗透到各个技术、经济部门和学术领域。1986 年，旨在繁荣科技翻译事业，提高科技翻译水平的《上海科技翻译》（《上海翻译》前身）创刊；两年后，《中国科技翻译》季刊问世并公开发行。此外，各地科技译协也先后创办会刊，标志着我国的科技翻译研究已具有独立的学术园地。叶笃庄关注科技翻译研究，除了定期组织各类学术活动之外，还对学刊倍加关心，并身体力行，将平生的翻译经验、心得写成文字供学刊发表。

在历次会议上，叶笃庄强调科技翻译要为经济建设服务，号召科技翻译工作者积极投身经济建设，为国家科学技术进步提供养分。为此，必须大力加强科技翻译研究工作。"现在我国每年都有数以万计的科技成果问世，不少领域形成了规模化的生产能力，我们应该和科技界、企业界密切合作，共同提高高新技术产业的商品化、产业化和国际化步伐。这里，有把我国先进科技成果推向国外的翻译问题，也有把国外的先进科技成果介绍和应用到国内来的翻译问题。"

叶笃庄在不同场合为科技翻译工作者职称的评定"鼓"与"呼"，为他们的付出与所得鸣不平。1989 年，当《中国科技翻译家辞典》(叶为编委会顾问) 的编者要他谈谈对这本辞典的看法时,他说:"解放后翻译界的地位有了很大提高。但是,现在也有对翻译不够重视的地方,甚至我们队伍本身,有人自惭形秽,在评职称时,愿意靠研究系列或工程系列,而不愿评翻译系列的职称,……出这样一本辞典,把历代的和当代的有成就的科技翻译家介绍出来,弘扬他们的业绩,很有必要。"

叶笃庄青年时期投笔从戎,以翻译为业。他曾经受抗日烽火的洗礼,辗转南北,为革命奔波,总算迎来解放。但好景不长,人到中年,被打入另册,入狱 8 年,后又发配安徽农场、渔场,劳其筋骨 10 年有余。无论屈当囚徒,还是充当农民、渔工,叶笃庄始终乐观向上,翻译之心未泯,只要条件许可,仍以笔耕为乐,以科研为荣。年过耳顺,终于迎来曙光,得以沉冤昭雪,洗尽不白之冤,乃奋力工作。耄耋之年,终于亲眼目睹 13 卷本皇皇巨著《达尔文进化论全集》陆续问世,了却平生心愿,为后人留下一笔宝贵的财富。

参考文献

[1] 达尔文. 人类的由来[A]. 费孝通等译. 费孝通. 费孝通自选集[C]. 北京：首都师范大学出版社，2008.

[2] 方梦之. 锲而不舍 精益求精——访中国译协副会长叶笃庄研究员[J]. 上海科技翻译，1991(1).

[3] 方梦之. 系统而完整地传播达尔文思想的翻译家——纪念叶笃庄先生百年诞辰[J]. 中国翻译，2014(6)

[4] 李大庆.《物种起源》第2版中文版出版还原真实的进化论[DB]. http://www.wokeji.com/read/xstj/201401/t301403_618942.shtml. 2014–02–04.

[5] 林辉. 中国翻译家辞典[Z]. 北京：中国对外翻译出版公司，1988.

[6] 马祖毅. 中国翻译通史 (第三卷)[Z]. 武汉：湖北教育出版社，2006.

[7] 苗振亚. 叶笃庄与潘光旦[DB]. http://mt.rednet.cn/Articles/09/02/4/942432.HTM. 2014–02–04.

[8] 王以铸. 外语学习·翻译工作·翻译工作者——谈谈在翻译工作中看到的一些问题[A]. 翻译研究论文集[C]. 北京：外语教学与研究出版社，1984.

[9] 闻殊. 自甘辛苦为人甜——访中国译协副会长叶笃庄教授[J]. 中国科技翻译，1990(4).

[10] 叶笃庄. 达尔文著作在中国的翻译和出版——在第五次全国科技翻译研讨会上的讲话[J]. 上海科技翻译，1991(3).

[11] 叶笃庄. 共同奋斗繁荣全国科技翻译事业——第八次全国科技翻译研讨会开幕词[J]. 中国科技翻译，1997.

[12] 周建人，方仲熙，叶笃庄译. 物种起源[M]. 北京：商务印书馆，1995.

[13] Kohler, Michèle, and Chris Kohler. The 'Origin of Species' as a Book [A]. Ruse, Michael, and Robert J.

[14] Richards. eds. *The Cambridge Companion to the 'Origin of Species'* [C]. Cambridge: Cambridge University Press, 2009.

文以载道的翻译家杨宪益

辛红娟

杨宪益，著名翻译家、外国文学研究专家、诗人，与夫人戴乃迭翻译了《古代寓言选》《宋明平话选》《唐宋传奇选》《长生殿传奇》《关汉卿杂剧选》等10余部作品，被英美一些大学列为教材，成为西方汉学家普遍重视的英译中国古典著作。他的其他英译作品还有《楚辞选》《文心雕龙》《魏晋南北朝小说选》《唐宋诗歌散文选》《牡丹亭》《宋元话本选》《三国演义》《西游记》《儒林外史》《老残游记》，中国现代文学作品英译本有《鲁迅文集》《边城》《太阳照在桑乾河上》《青春之歌》等。上世纪60年代初，杨宪益、戴乃迭夫妇开始翻译《红楼梦》，最终于1974年完成，为西方世界认可的《红楼梦》英译本之一。

1915年1月10日，杨宪益出生于天津花园街8号大公馆内，其祖上是清朝官员，曾出任高级地方官，堪称簪缨之家。杨宪益的父亲和几位叔叔都曾出洋留学，对西方国家，尤其是英、法、德、美等国钦慕不已，算是当时比较有代表性的西方文明拥趸。在祖辈和父辈中西学养融合的影响下，杨宪益开始了他的启蒙学习。大家庭为他延请的塾师魏汝舟学识渊博、思想开通，不仅带领他精研国学，还教授给他国家存亡之际的做人道理。魏汝舟除了讲授唐诗宋词、二十四史之外，还通过中西方历史故事让刚刚启蒙的杨宪益意识到，在当时的中国，"西学"才是救国之路。到杨家担任塾师之前，魏汝舟是位饱经忧患的不幸举人，身上保留着中国读书人的良好传统：自尊、大度、不卑不亢。他不仅将儒家思想中的"民本思想"，以及"众人皆醉我独醒""哀民生之多艰"等观念传输给杨宪益，还向他讲授谭嗣同《仁学》、康有为《大同书》与梁启超《饮冰室文集》中的著名篇章。杨宪益从魏汝舟先生身上感受到一种中国读书人正直、真诚、豪放、进取、忠于民族社稷的情怀，以及渴望祖国独立富强，摆脱"列强"控制与压榨的热切愿望。杨宪益晚年回忆说，"魏老师影响了我一生的人生观，他是一个真正意义上的 Gentleman。"

一、以身济民，少年奇志

20 世纪二三十年代之交，中国青年学生对帝国主义压迫怀有强烈的反抗情绪。1925 年五卅惨案之后，中国学生和平民几乎每年都会举行活动，纪念这一举国蒙耻的日子。在天津新学书院读初中时，杨宪益曾经在初三和高一两度带头组织同学们罢课，拒绝去听英国教员的课程，使整个学校陷于瘫痪状态，从此在学生中建立了威信。1931 年9 月 18 日，日军进攻东北，沈阳城失陷，全国掀起反日怒潮，天津新任的军人市长、"西北军"出身的于学忠下令全市中学生军训，以振奋民情，天津各校中学生被国难震醒，纷纷走上街头。新学书院在租界内，不受其辖，学校拒绝搞军训，杨宪益被公推为学生代表与校方交涉。校方最后让步，但只准在课余时间进行，且校方不提供聘请军训教官的经费。杨宪益向同学们建议自筹经费，不足部分由他包揽。他们聘请了一位"黄埔五期"的退休军官担任教练，还买了一批木制枪，组织班上的几十位同学每天早晨上课前在校内操场上进行军事训练，整整练了一个冬天。此外，杨宪益还在教师、学生中广泛动员，为北方的游击队募捐。

为了表达把生命与鲜血献给祖国和人民，承担救国济民大任的决心，年仅 17 岁的杨宪益写下一首题为《雪》（1932 年初春）的长诗，全诗如下：

> 寒流来西北，积气化凝铅。
>
> 天风忽吹堕，飞下白云端。
>
> 化身千万亿，一落一回旋。
>
> 回旋复回旋，瞬息乘风逝。
>
> 浩浩漫荒原，寒色虚无际。
>
> 大地洁无尘，无复人间世。
>
> 前落后相连，纷纷力未殚。
>
> 惟欲掩尘浊，不知从事难。
>
> 畏难深不解，岂觉有辛酸。
>
> 有若诗人思，纷纷霜华靡。
>
> 欲绝造化奇，冥索发心髓。
>
> 妙语本天成，应共天地死。

又若弦上曲，乐律华以繁。

缤纷乱华蕊，无得极其原。

繁音忽纷坠，落地灭无痕。

又若战士刚，百战了无畏。

去恶务尽除，素衷何用慰。

碎骨未足忧，岂惧汤鼎沸。

又若士先觉，为众作先驱。

欲以善与美，治世化愚驽。

蒙垢且不惜，岂复惜微躯。

积雪满空庭，皎皎质何洁？

安得雪为人，安得人似雪？

安得雪长存，终古光不灭？

愿得身化雪，为世掩阴霾。

奇思不可践，夙愿自空怀。

起视人间世，极目满尘埃。

在诗中，杨宪益将纷纷飘落的雪片比作华丽的乐章，比作天上的仙女，比作千军万马的战士和为革命殉难的烈士，面对日本帝国主义的欺凌，少年杨宪益立下"愿得身化雪，为世掩阴霾"的宏愿。吴海发在《二十世纪中国诗词史稿》中评述说，"这里的义士冲锋陷阵，一往无前，愿为时代献上他的'善与美'的春风，化开愚驽的混乱的坚冰，为此目的，志士不怕蒙垢，不怕牺牲自己的生命。……回头读此诗，翻开诗人生命的回忆目录，此诗诚然成为他毕生付之实践的宣言"。

　　九一八事变后不久，全国各地掀起一场反日、抗日、抵制日货的浪潮，杨宪益的同窗好友廉士聪家中经营的百货商店主动将所存日货（如洋布、化妆品、胶鞋）当街焚烧，加之当时在津门横行无忌的日本浪人以"打、砸、抢"的手段搞破坏，廉家被迫宣告破产。出于正义感与义愤，杨宪益请求母亲出资3000元法币（当时已非微小数字）救助，使这位爱国同学免于失学。抗战胜利后，杨宪益在南京投身政治工作，开展地下活动，与这位老同学廉士聪一家意外重逢，廉家父子开设的"绛舍"古玩店成为杨宪益当时负责的党和民革组织的地下工作联络处，此为后话。

二、文以助战，英伦赤子

　　家国蒙难之际，杨宪益满怀热烈的爱国之情，对政治产生了浓厚的兴趣。阅读拜伦的著名长诗《哀希腊》，诗人对希腊命运的哀叹引起他对祖国命运的联想；阅读18世纪意大利伟大的爱国者朱赛贝·马志尼[1]《人的责任》英文译本，杨宪益似乎找到了人生的楷模。马志尼以新体咏物诗致敬意大利共和国的建立，深深感动了杨宪益。后到伦敦留学，杨宪益又从罗素广场、契林十字街和托特纳姆院路附近的旧书店买来英译本《马志尼全集》，如饥似渴地阅读。疏延祥在《皖籍学人杨宪益》一文中谈及杨宪益英伦留学及回国那一段时曾说，"他是一个以意大利爱国志士马志尼为英雄的人，马志尼为民族的解放、

1　又译朱塞佩·马志尼（Giuseppe Mazzini, 1805—1872），意大利作家、政治家、民主共和派左翼领导人和思想家，在争取建立统一的意大利民族国家的斗争中起到过重要作用。

意大利的统一甘愿献出自己的一切，杨宪益虽然从来没有说他是中国的马志尼，但是我读了他自己讲述的抗战时期为抗日而在异乡奔波的义举故事时，我想，杨宪益未必没有以马志尼自许而私下发愿过。他之所以在1940年回国效力又何尝不是中华民族无数仁人志士自古以来就有的报国之心的驱使呢？"

　　留学期间，杨宪益兴趣广泛，积极参加各种活动，牛津的学术传统进一步滋养了他热爱正义与自由的精神。1935年，他从英国给大妹妹杨敏如的未婚夫罗沛霖寄了一本照相本，在照相本扉页上用"古风"体写了一首好几百字的长诗，想象自己如同唐代小说中的义士虬髯公那样在海外建立了一个复兴中华的强国。1937年夏末，中日战争爆发，在伦敦的中国学生都为反日宣传工作奔忙。杨宪益担任牛津大学中国学会主席，除了上课以外，大多数时间都在伦敦热心组织抗日宣传活动，发表公开演讲，组织爱国集会，举办专题讲座，介绍中国文明，声讨日本法西斯对世界和平的威胁等，赢得英国公众的广泛同情与支持。当时，牛津大学的日本留学生也组建了日本学会，该学会因为受到日本官方资助，经费充足，常高薪聘请一些外国名流为其支撑门面，对中国学会嗤之以鼻。杨宪益义愤填膺，决心要抓住有利时机，在牛津大学积极展开抗战宣传，打击日本学会的嚣张气焰。他曾经在一场上千人的大型集会上，眼见日本学会斥资招徕西方人士，大肆鼓吹中国政局不稳，大放中国若想战胜日本无异缘木求鱼等厥词，杨宪益当即登台演讲，引用英国著名女作家、战时记者弗雷达·阿特丽在《日本的泥脚》中的观点作为他的证据，赢得了在场许多人的赞赏。

　　在杨宪益的努力下，中国学会的影响力越来越大，由起初的百余人渐渐增加到近千人，当时在牛津大学求学的钱锺书和杨绛夫妇以及吕叔湘、杨人楩、俞大絪、俞大缜等也纷纷参加了中国学会。经过不懈努力，中国学会最终不仅在会员数量上，而且在气势上战胜了傲慢无礼、狂妄自大的日本学会。抗战爆发后，中国学生的抗日宣传活动如火如荼，为了让更多在英国的华人了解抗战局势，杨宪益决定办一份中文新闻简报《抗日时报》，这一想法获得著名爱国诗人王礼锡夫妇和吕叔湘、向达等人的支持。该报由杨宪益与杰出的民主革命先驱李烈钧将军之子李赣鹏联合创办，具体分工为：杨宪益从英国报纸、外国报纸上收集并翻译相关消息，组编稿件，吕叔湘和向达负责刻印蜡版，李赣鹏与爱国华侨王礼锡的夫人陆晶清负责发行。新闻简报只在中国居民中发放，每天晚上报纸刚从油印机中印出来，陆晶清等人就立即拿去发给居住在伦敦东区的800多名从事餐饮业、洗衣业和其他工作的中国人。1937年至1938年，《抗日时报》发行了一年多，在伦敦华侨中产生了广泛的影响。

为了办好报纸，1937年冬天，杨宪益与朋友一起利用假期访问了当时在巴黎的中国留学生，并开展交流活动，向他们学习创办、发行《救国时报》的经验。《救国时报》是20世纪30年代中国共产党在国外创办的机关报，1935年12月9日在法国巴黎创刊，此报以海外华侨为主要对象，着重宣传中国共产党建立抗日民族统一战线的政治主张，经常刊载中共中央文件和毛泽东、斯大林的著作，报道国内抗日救亡运动和抗日民主根据地的情况等，受到国内群众和海外华侨的欢迎。在巴黎期间，杨宪益与负责该报的共产党代表直接交谈，了解国内的政治形势，坚定了中国人民必须与中国共产党一起战斗，共同抵抗日本侵略的决心。为了表示对法国同行的支持，他特地捐了20英镑。回到伦敦后不久，杨宪益独自着手创办英文杂志《复兴》[1]，每期的篇幅约为 10—20 页，社论和一些文章均出自杨宪益一人之手。他在文中谴责日本的侵略，对战争形势加以分析，笃信中国尽管虚弱，但一定能够赢得最后的胜利。杨宪益把这些充满爱国热情的杂志寄往英国各个友好机构，甚至还寄送至伦敦的日本组织和天津的日军司令部。

身在万里之遥的异国他乡，杨宪益密切关注国内局势，为战争取得的每一个胜利欢欣鼓舞。1937 年 9 月 25 日，八路军在平型关取得首战大捷。次年春天，杨宪益以此次大捷为原型，创作英文独幕剧《平型关》，配合油印的抗日宣传报纸《复兴》，在英国民众中进行广泛宣传。他在自传中写道："从 1937 年夏末到 1938 年初春，我把大部分时间都用在抗日宣传工作上。……当时我对从事学术工作已经完全失去了兴趣，我知道回到中国我不会有机会过平静的书斋生活。我是中国人，我知道自己必须回去为中国效力。如果我放弃中国国籍，留在国外，我将对自己的行为感到十分羞耻。"

三、初心不改，译以言志

在整个牛津留学期间，杨宪益都将主要精力用于组织爱国活动和抗日宣传上，这在很大程度上影响了他的学业，虽然最后只拿到三等

1　该英文杂志仅发行 3 期。名称系由杨宪益英文自传 *White Tiger* 中的陈述 *Resurgence* 翻译而来，薛鸿时译《杨宪益自传》和《漏船载酒忆当年》中翻译为《再生》，目前国内不少文献据此而出，采用"《再生》"的译法，但结合 1935 年杨宪益在寄送给罗沛霖照相本扉页上的"古风"体长诗，表达想要复兴中华的意愿，本文借鉴雷音、李辉等人著述中的表述，使用《复兴》译名。

学位，他毕生却从未因此有过丝毫遗憾。1940 年，未等到参加毕业典礼，杨宪益就携未婚妻戴乃迭辗转回到满目疮痍的中国，想要为战乱中的祖国尽自己的一份力量。回国之初，杨宪益拒绝国民党政要的邀请，积极与延安方面联系。在大妹夫罗沛霖的引荐下，见到了中共中央南方局文化宣传委员会秘书兼文化组组长徐冰。徐冰建议他们进入大学任教，多翻译点"有进步思想"的狄更斯的作品，等待革命胜利后担当起中西文化沟通的工作。徐冰勉励杨宪益"为了中国的解放，要和中国的革命力量一起工作"，同时还为他写了两封推荐信给左派历史学家翦伯赞和吕振羽，但不幸的是这两封信后来并未如愿送达。虽然没有去到延安，但杨宪益和地下党的外围联系密切，思想上极为一致。由于家庭的原因，杨宪益、戴乃迭夫妇放弃既定的西南联大教职，选择与家人同在一城的中央大学柏溪分校。其间，杨、戴夫妇与学生相处融洽，从学生们那里了解了许多国内的政治局势，并与他们畅谈对时局以及国民党政府迫害进步青年学生事件的看法，很快引起学校当权者的不满。学校当局搜查杨宪益、戴乃迭住处时发现"杨宪益订阅了左翼的《新华日报》，还收藏了鲁迅的'颠覆性'著作"，合同未满他们就找借口将夫妇二人排挤出了学校。

　　杨宪益于是携戴乃迭前往新成立的贵阳师范学院就职。在此期间，杨宪益模仿《离骚》写了一首长达 1500 余字的赋体叙事诗《远游赋》[1]，讲述自己在国外漂泊的经历，抒发自己怀才不遇的思绪，描绘世道艰辛、世风日下、当局无道、荆棘遍地的现实，得到中文系尹石公教授高度评价，引为同道，常常邀请杨宪益参加他与当地一些爱

1　一说《远行赋》。

好写诗的老先生们的诗歌聚会。杨宪益很快融入当地诗人的圈子"花溪诗社"，时常聚会，相互作诗唱和，在《贵阳日报》文学副刊《小雅》上发表饱含忧国忧民思想的文章和诗作。此间他曾用"鲁退"的笔名发表过杂文讽刺欧洲和中国的大独裁者，选用"鲁退"的笔名一则体现了他的自惭自省、自我砥砺的精神，同时也很可能跟他少年时期就景仰鲁迅有关。

在贵阳的这些诗歌集会上，杨宪益认识了他职业翻译生涯的重要助推者——诗人兼学者卢冀野。杨宪益在《冀野文钞：卢前笔记杂钞》序言开篇写道："冀野同我在半个世纪前是非常要好的老朋友。"卢冀野以"天下兴亡、匹夫责在"的豪情壮志和"诗有史，词亦有史"的文体观，创作出抗战文学史上的重要词集《中兴鼓吹》。该词集深刻完整地刻画了抗战时事，通过歌颂中华民族抗日英雄事迹来开拓新词境，使词承担起发扬民族精神、激起抗战情绪的时代使命；在艺术风格上，词集"以新材料入旧格律，用旧技巧写出新意境"，一洗词坛严守四声、靡弱不振的病态，掀起慷慨悲壮的稼轩雄风。卢冀野对诗词内容和意境的论断，对杨宪益起到莫大的鞭策与鼓舞作用，他后来在卢的推荐下，与戴乃迭共同入聘国立编译馆，从此开启夫妇二人的职业翻译生涯。

国立编译馆时期是杨宪益一生最为高产的时期之一，他不仅翻译了大量中国古典诗书文献，还翻译了不少英国诗歌，特别值得一提的是，他选译了25位英国著名诗人，包括 A. E. 豪斯曼、埃德蒙·布伦顿[1]、W. B. 叶茨（后常译为"叶芝"）、T. S. 艾略特、W. H. 奥登等人作

1　埃德蒙·布伦顿，英国诗人，现代英语诗选一般都选有他的诗。20世纪50年代曾在香港大学执教，香港学人多将其名译为"白伦敦"。除了写诗，布伦顿还是著名的兰姆研究学家，著有 *Charles Lamb and His Contemporaries* (Cambridge University Press, 1933/1967)，与董桥、蔡思果等学者交情甚笃。

的 49 首诗歌，辑定而成《近代英国诗钞》，1948 年在上海中华书局刊印发行。兹举杨宪益所译爱尔兰诗人叶芝《雪岭上的苦行人》以飨读者：

Meru[1]

by William Butler Yeats

Civilisation is hooped together, brought

Under a rule, under the semblance of peace

By manifold illusion; but man's life is thought,

And he, despite his terror, cannot cease

Ravening through century after century,

Ravening, raging, and uprooting that he may come

Into the desolation of reality:

Egypt and Greece, good-bye, and good-bye, Rome!

Hermits upon Mount Meru or Everest,

Caverned in night under the drifted snow,

Or where that snow and winter's dreadful blast

Beat down upon their naked bodies, know

That day brings round the night, that before dawn

His glory and his monuments are gone.

1　根据程文博士提供信息：中国社科院外国文学研究所傅浩教授后来译叶芝的这首诗，将诗题音译为《迷卢》，实指梵语"须迷楼"，即"须弥"，意思是"妙高"。佛经中的"须弥卢"，现实中是西藏冈底斯山脉主峰冈仁波齐峰。

雪岭上的苦行人

（杨宪益译）

文化是被多端的幻觉圈起，

在一范围内，和平的外表下。

但人的生命是思想，虽恐怕

也必须追求，经过无数世纪，

追求着，狂索着，摧毁着，他要

最后能来到那现实的荒野。

别了，埃及和希腊，别了，罗马。

苦行人在金山雪岭上修道，

深夜时，在山窟中，在积雪底，

或雪与寒风击他们的裸体，

知白昼带来夜，在破晓时候，

他的乐观与华炫将成乌有。

从这首选译的叶芝诗中，不难看出杨宪益自少年时期的救国济民情怀，译笔的精妙更是广受赞誉。诗人桑克说杨宪益翻译的《近代英国诗钞》"值得反复端详"，杨译叶芝的《象征》诗"典雅诙谐，气度雍容"，堪称"得了英诗的精髓"。事实上，单就那一篇篇诗作的标题，无论是"爱尔兰的空军驾驶员""北征的纵队""在西班牙被炸死的儿童""空袭"，还是"雪岭上的苦行人""梭罗门与巫女""东方的朝圣者""和声歌辞"等，无不彰显着杨宪益对战争的斥责和对人民安定生活的向往。关于选译情由，杨宪益后来在诗作再版前言中说，所选的英国诗歌"反映了本世纪¹前半这个极重要时代的西方青年的精神面貌，也在一定程度上反映了我这个中国青年当时的心情。过去中国和欧洲国家处境不同，但当时中国青年也同欧洲青年一样，经过迷惘、失望和追求，对祖国和世界人类前途保持了美好的理想和希望"。

四、英译《离骚》，寓情屈子

于牛津留学期间，杨宪益四处奔走呼号，创办爱国报纸、杂志，以实际行动表达对祖国命运与未来的关切。事实上，他人生第一次涉足中国古代文学英译，同样也出于对祖国与祖国文化的爱与担当。英国著名战时诗人埃德蒙·布伦顿是杨宪益攻读英国文学期间的指导教师。布伦顿性情温和、谦逊，从不摆导师架子，在阅读英国诗及与导师讨论英国诗的过程中，为向布伦顿表明中国也有丰富的诗歌资源，杨宪益在戴乃迭的帮助下，将自幼熟读的中国长诗《离骚》翻译成英文。在杨宪益看来，《离骚》与英国 18 世纪的英雄偶句诗的形式有相似之处，于是就模仿"桂冠诗人"约翰·德莱顿的风格完成了《离骚》英译²。这是杨宪益第一次把中国古典文学翻译成英文，也是他向布伦顿和西方世界展示中国文化的重要成果。杨译《离骚》时，中国正遭受外敌践踏和蹂躏，《离骚》中那些直接或间接表达爱国忧民思想的诗句译文，也正反映出杨宪益对祖国人民生活的关怀和担忧。如

1　此处指的是 20 世纪。

2　*Li Sao and Other Poems of Chu Yuan*，该译本 1953 年由北京外文出版社刊印。

"日月忽其不淹兮，春与秋其代序"，这是屈原有感于日月空流，自身政治抱负无法施展而写下的伤时名句。杨译为"Without delay the sun and moon sped fast, In swift succession spring and autumn passed."，保留了《离骚》原文的几个意象——sun、moon、spring、autumn，看似客观描写，实际上潜蕴着主观情志，含而不露、耐人寻味。又如"长太息以掩涕兮，哀民生之多艰"一句，杨译为"Long did I sigh and wipe away my tears, To see my people bowed by grieves and fears."，用直白、外化的手段表达了心中的忧愁苦闷，凸显了人民生活的艰难困苦。"亦余心之所善兮，虽九死其犹未悔"一句则译为"But since my heart did love such purity, I'd not regret a thousand deaths to die."，采用夸张的方式，以"a thousands deaths to die"对译"九死"，较之汉学家大卫·霍克思的"for this it is that my heart takes more delight in, And though I died nine times, I should not regret it"和许渊冲的"My heart tells me it's good and meet, oh! I won't regret to die nine times"两种译文，杨译表现出了更强的戏剧性张力，直陈为了心中理想可以毫不犹豫献祭生命的意愿。

杨宪益毕生始终认为《离骚》是首伪作，真正的作者是比屈原晚几个世纪的汉代淮南王刘安，认为既然原作者不可考，翻译起来自然不应有太多束缚，他后来在自传中说：

这首诗据说是由中国的第一位著名诗人、公元前 4 世纪战国时期的传奇人物屈原写的，我却一直认为它是一首伪作。它的真正作者是几世纪后汉代的淮南王刘安。这种情形就象莪相的诗，按照推测是一位古代盖尔人诗人所写，实际上却是 18 世纪的诗人麦克佛苏冒充的。我用英文的英雄偶句体来翻译《离骚》，为了好玩我模仿了德莱顿的风格，对此我很得意。那是我第一次将中国文学译成英文。后来，解放后 50 年代初我把这首译诗交给北京外文出版社出版了。当著名的汉学家大卫·霍克斯看到这首诗时大吃一惊，他发表了如下幽默的评论：这部诗体《离骚》译文在精神上与原作的相似程度，宛如复活节巧克力蛋之于煎蛋的相似程度。大卫是我们的好朋友，我们俩都认为他的评论很有趣。但不管怎么说我至今仍认为著名诗歌《离骚》是一首伪作，我用略带嘲弄的英雄偶句诗体来翻译它是恰当的。

为了向导师埃德蒙·布伦顿呈现中国古代的文学成就，杨宪益在《离骚》翻译过程中，不仅注重原作精神的跨语际传递，还尤其注意诗作中艺术手法的再现，因此，注重节奏和韵律的五音步抑扬格就成为杨宪益的首选，全文几乎没有偏离。如：

昔三后之纯粹兮，	Three an/cient kings/there were/so pure/and true,	A
固众芳之所在。	That round/them eve/ry fra/grant flo/wer grew.	A
杂申椒与菌桂兮，	Cassia/and pep/per of/the moun/tain-side,	B
岂惟纫夫蕙茞！	With me/lilo/tus white/in clus/ters vied.	B
彼尧、舜之耿介兮，	Two mo/narchs then, /who high /renown /received,	B
既遵道而得路。	Followed/the king/ly way/, their goal/achieved.	B
何桀纣之猖披兮，	Two prin/ces proud/by lust/their reign/abused,	B
夫惟捷径以窘步。	Sought ea/sier path/, and their/own steps/confused.	B
惟夫党人之偷乐兮，	The fac/tion /for il/licit/pleasure/longed;	B
路幽昧以险隘。	Dreadful/their way/where hid/den pe/rils thronged.	B
岂余身之殚殃兮，	Danger against myself could not appal,	C
恐皇舆之败绩。	But feared I lest my sovereign's sceptre fall.	C

以上表格用 "/" 划分音步， "AA, BB, CC……" 表示尾韵。

杨译本中呈现出非常整齐的五步抑扬格：每句有十个音节，五个音步，且每个音步的第一个音节为轻音，第二个为重音，押尾韵对偶句。杨译《离骚》运用英雄偶句体这一独特的诗歌形式，再现了原诗的意美、音美、形美，完成了跨越国界、超越时空的审美转化，促进了中西文化的交流，取得了很高的艺术成就。"杨宪益第一次翻译中国的古典文学作品就选择了这首连本国人都难于理解的古诗巨著《离骚》，显示了他的起点之高和胆略之过人。他的译作大气磅礴而又流畅，略带夸张和嘲弄的口气。……这首译诗作为他青春时代的一个永久的纪念品屹立在欧洲各大学的图书馆书架上。"

在自传和访谈中，杨宪益多次详细介绍过 20 世纪 50 年代初他与毛泽东主席就《离骚》英译的短暂交谈：

1953 年或 1954 年初，我和其他科学家、作家、艺术家共计二十人，应邀去会见毛主席。会见的地点是中南海，……我至今仍清楚地记得当时的情景。我们全体人员被领进一个大厅，屏息敛气地在那里等着伟人的到来。首先进来的是周恩来总理，他和我们无拘无束地谈话。……接着我听到有人宣布：毛主席来了。我们站成一排等待接见。毛主席从我们面前的一扇门里走进来。他以缓慢的步伐向我们走来，面露微笑，显得羞涩。他身体早已发福，但看上去非常健康。他走过来，一个一个地和我们握手，周恩来跟在他身边，依次把我们向他一一介绍。当他走到我跟前时，周总理说我是一位翻译家，已经把《离骚》译成英文。毛主席热爱中国古典诗歌，《离骚》是产生在中国南方的一篇古诗，正是毛主席最喜爱的作品之一。他伸出汗津津的手掌和我热烈地握了握说：

　　"你觉得《离骚》能够翻译吗，嗯？"

　　"主席，谅必所有的文学作品都是可以翻译的吧？"我不假思索地回答。

　　他停住脚步，像是想就此问题再说些什么。但他转眼间又不想说了，他微微一笑，再次和我握手后就去和其他人打招呼了。后来我想，他显然不相信像《离骚》这样的伟大诗篇能够翻译成其他语言，当然，他怀疑得有理。尽管我为翻译《离骚》花了心力，但是，就连我都怀疑，翻译诗歌是否能够做到逼真。毛主席本人就写诗，他又不是不懂。真可惜，他那天没有详细说出他对这个问题的想法。他和全体人员都握过手后就离开了，我没有机会和他讨论这个问题。

　　不难看出，毛主席的话显然透露出对诗歌可译的怀疑态度，然而从青年时期翻译《离骚》开始就秉承着向西方人展示中国文学、文化成就的杨宪益宛如文化场上的勇士，一往直前，不假思索地回应毛主席关于"可译性"的哲学之问——"谅必所有的文学作品都是可以翻译的吧"。杨宪益用简单、直接的方式回答毛泽东主席的提问，并不完全因为会面时间短而仓促，"实乃杨宪益本即不愿将译事复杂化，而主张简单地看问题。"事实上，杨宪益在此次会面之后，历经困顿始终不曾放弃翻译实践，本身也证明了他始终抱持的翻译认知——"什么东西都可以翻"。这一论断虽然朴素，却彰显着翻译的本质与本真。

　　文学经典的翻译能够为目标语族群中的读者提供了解他者文化的丰富素材，能够在一定层面展示一个民族的整体形象，但对其采取趋近目标语读者的改译或阐释，势必会剥夺原文化的光辉。如何使我们传统文化的精华为西方理解和接受，使我们的文化经典穿越交流之墙，闪烁出熠熠光辉，在跨文化的交流活动中，如何做到平等自信，在翻译中采取何种文化立场，这些一直都是杨宪益关注的问题。早在世界范围内的翻译研究文化转向之前，杨宪益对翻译承载的文化责任、译者的文化立场、意译与直译彰显的翻译态度等问题就有着十分明确的思考。可以说，杨宪益的翻译思想是超前的，从译事伊始就蕴含着对文化交流的承诺。

五、纵译古今，言说中国

初译《离骚》，杨宪益即用实际行动把翻译定义在文化输出的更高层面上，将之视为弘扬民族传统文化的责任，而非简单的语言转换。入职国立编译馆，开始翻译生涯后，杨宪益与戴乃迭是时任负责人梁实秋把中国经典著作翻译成英文、介绍给西方这一伟大规划的理想实施人。随后的 3 年是杨宪益夫妇一生中的高产期，他们共同翻译了几十卷《资治通鉴》和一部《中国戏剧简史》，翻译了晚清小说《老残游记》、陶渊明、温庭筠和李贺的诗、唐代变文《燕子赋》《维摩诘所述经变文》……中华人民共和国初期，刘尊棋有一个宏伟的对外文化出版计划，想要从《诗经》《楚辞》到清末的古典文学作品中选 150 种、从鲁迅开始的当代文学中选 100 种译成英文，以期把中国独有的文化介绍到西方，促使东西方文化真正交流和融合。这个计划令杨宪益为之心动，毅然举家迁居北京，开启人生的外文出版社时期，也同时开启了杨宪益夫妇毕生与《中国文学》割剪不断的缘分。

　　1951 年 10 月，在时任对外文化联络事务局局长洪深的热心倡议和文化部副部长周扬的支持下，刚刚从英国回来的作家叶君健受托筹备、创办英文版《中国文学》，成为此后半个世纪向国际世界介绍中国文学的唯一窗口，许多外国人了解中国文学就是从阅读英文版《中国文学》开始的。杨宪益、戴乃迭与沙博理是《中国文学》最初几期的主要译者。《中国文学》创刊号发表沙博理译孔厥、袁静长篇小说《新儿女英雄传》和杨宪益、戴乃迭译李季长诗《王贵与李香香》。之后的 10 余年是杨宪益、戴乃迭合作译介活动的高潮期和丰收期，他们的译介成果均刊发在《中国文学》上，特别值得一提的是，《中国文学》1964 年第 6、7、8 期上接连刊载了彼时他们已基本完工的《红楼梦》英译部分译稿。

　　在"文化大革命"之后，杨戴夫妇虽饱受身体和心灵的巨大伤痛，但仍矢志不移地完成了《红楼梦》的全译工作，并继续以全副精力投入中国文学译介事业，共同推动了《中国文学》第二个黄金期的到来。1979 年至 1986 年，杨宪益先后担任《中国文学》的副主编、主编和顾问，负责对外文学推介的选题、编辑和定稿等，他是此期中国文学走出去的总策划师和有抱负的推手。杨宪益对《中国文学》的内容和形式均进行了大刀阔斧的改革，在此之后，英、法两个语种的《中国文学》总印数达到 6 万份以上；订户和读者主要分布区从亚非等第三世界国家逐渐覆盖欧美地区，发行到 100 多个国家和地区。杨宪益与戴乃迭"在《中国文学》这块园地上躬耕近半世纪，在汉籍外译事业中尽力向世界传达出一个真实的中国文化形象，以及中国人鲜活的喜怒哀乐，为大量不同层次的对中国文化抱有兴趣、却苦于无法直接阅读中文文本的世界读者，提供了走近中国、感知中国的有效门径。"《中国文学》作为沟通中外文学的重要媒介，极大地激发和满足了国外读者阅读、理解、体味中国文学、文化的诉求，使一个真实而富有时代感的中国得以呈现。被美国著名作家厄普代克喻为中国现当代文学"接生婆"的翻译家葛浩文回顾自己研习汉语之路时说，他在印第安纳大学攻读博士学位时，能够读到的中国文学英译本，几乎全是杨戴夫妇刊发在《中国文学》上的译文，坦陈自己走上中国文学译介道路跟《中国文学》英文版有着很深的渊源。

受"企鹅丛书"启发，杨宪益发起并主持了旨在弥补西方对中国文学了解空白的"熊猫丛书"，重新打开中国文学对外沟通的窗口。一经推出，丛书立即受到国外读者的广泛欢迎和好评，许多书重印或再版。截至 2009 年[1]，丛书共出版英文版图书 149 种，法文版图书 66 种，日文版图书 2 种，德文版图书 1 种和中、英、法、日四语种对照版图书 1 种，共计 200 余种。介绍的古今作家近 100 位之多，如果将再版译本算在内，丛书出版的英文版图书共计 219 种。

作为一个视野开阔的文化学者，杨宪益在选择翻译书目方面表现出高度的文化战略眼光，"只要把他所翻译的那些作品串联起来便具有了文学史甚而文化史的价值。"

杨宪益曾有《自勉》诗（1993）："每见是非当表态，偶遭得失莫关心。百年恩怨须臾尽，作个堂堂正正人。"他本人跌宕起伏、充满传奇色彩的一生为"堂堂正正人"做了最好的诠释。纵观杨宪益一

1　2000 年底，中国文学出版社被撤销，杂志停刊，丛书转由外文出版社出版。2009 年，德国法兰克福书展上，中国外文局所属外文出版社重新亮出"熊猫丛书"的金字招牌，首批推出 40 种英文版中国现当代作家作品，所有图书统一采用国际流行的开本及装帧风格，熊猫标识重新修改设计，故不在本文统计之列。

生，无论处于人生的哪一个阶段，无论个人境遇如何，他始终保持对祖国的热爱。英伦留学时，他把读书之余所有的时间用来组织爱国活动，为抗日宣传出钱出力；牛津毕业后，他毅然谢绝哈佛大学聘请，带着他的英国爱人，越过德军封锁线和日军重重检查，回到战火纷飞的祖国；中华人民共和国成立前夕，他拒绝国民党教育部部长共赴台湾的约请；抗美援朝时期，他倾其所有为国家买飞机，即便他与戴乃迭在"文化大革命"期间受冤枉被当作嫌疑分子关进监狱4年，儿子受牵连精神失常自杀，他也没有因此对国家失去信心。杨宪益毕生从不把"爱国"当作口号挂在嘴边，却无时无刻不在用行动阐释着自己的爱国情怀。"翻译工作对他而言不仅仅是一份职业，也是他爱国之情的表达。"一本本高质量的译作中真实流露出翻译家杨宪益的拳拳爱国之心，持续不断地向西方世界弘扬着中国文化。

参考文献

[1] 耿强. 中国文学走出去政府译介模式效果探讨——以"熊猫丛书"为个案[J]. 中国比较文学，2014(1).

[2] 何琳，赵新宇，"卅载辛勤真译匠"；杨宪益与《中国文学》[J]. 文史杂志，2010(4).

[3] 雷音. 杨宪益传[M]. 香港：明报出版社，2007.

[4] 李辉. 杨宪益：这些浪漫、伤感、悲哀与得意的往事[A]. 绝响谁听[M]. 上海：上海文艺出版社，2010.

[5] 李伶伶，王一心. 五味人生——杨宪益传[M]. 哈尔滨：北方文艺出版社，2015.

[6] 李燕. 文化心理学观照下的鲁迅小说英译研究——主要关注杨宪益译本[D]. 上海外国语大学，2013.

[7] 桑克. 翻译家的生与死[N]. 南方都市报，2009–11–25.

[8] 疏延祥. 文人与著作印象[M]. 合肥：合肥工业大学出版社，2004.

[9] 王泽京. 杨宪益在牛津大学擎起抗日旗[J]. 北京档案，2006(3).

[10] 魏邦良. 杨宪益：做个堂堂正正人[J]. 粤海风，2016(6).

[11] 吴海发. 二十世纪中国诗词史稿[M]. 北京：中国文史出版社，2004.

[12] 杨宪益. 漏船载酒忆当年[M]. 薛鸿时译. 北京：北京十月文艺出版社，2001.

[13] 杨宪益. 去日苦多[M]. 青岛：青岛出版社，2009.

[14] 杨宪益. 我有两个祖国——戴乃迭和她的世界[C]. 桂林：广西师范大学出版社，2003.

[15] 杨宪益. 杨宪益自传[M]. 薛鸿时译. 北京：人民日报出版社，2010.

[16] 杨宪益. 银翘集——杨宪益诗集[M]. 福州：福建教育出版社，2007.

[17] 张昌华. 名士风流，岂止诗酒——杨宪益的百年流水（上）[J]. 人物，2009（11）.

[18] 邹霆. 永远的求索——杨宪益传[M]. 上海：华东师范大学出版社，2001.

[19] Yang, Xianyi. *White Tiger: An Autobiography of Yang Xianyi* [M]. Hong Kong: The Chinese University of Hong Kong Press, 2002.

钱春绮：从医家到翻译家

孙琴安

钱春绮(1921—2010)1946年毕业于上海东南医学院，行医多年。著有《中耳炎》《小儿脑膜炎》《组织疗法》《简明小儿耳鼻咽喉病学》《组织疗法概说》《喉结核及其化学疗法》《白喉的诊疗和预防》《睡眠疗法》《无痛分娩法》等医学书籍10种。1956年起，先后翻译出版有席勒、海涅、歌德、尼采以及波德莱尔等法国象征派诗人诗集等50余种。其一生行止以20世纪60年代为分水岭，分属医生和翻译两个职业，而以翻译达到人生成就的顶峰。他通英、法、德、日、俄5门外语，翻译时经常参照不同语种译本，为解决疑难问题提供了很大便利。在诗坛和翻译界中，钱春绮一直享有很高的声誉。

上海素有外国文学翻译摇篮之称。清末民初上海翻译初兴之时，便已聚集了一大批优秀的外国文学翻译家，至今薪尽火传，其中傅雷、戴望舒、孙大雨、草婴、方平等都曾名重一时，钱春绮也是其中之一。上海曾表彰9位德高望重、从事翻译事业达40余年之久的上海翻译家，钱春绮赫然居中，他还获得过全国"资深翻译家"荣誉称号。

的确，在诗坛和翻译界中，钱春绮一直享有很高的声誉，歌德、海涅、席勒、波德莱尔、尼采等许多德、法诗人的美丽诗篇，都是通过他的译笔传到中国来的，许多青年人就是背诵着他所翻译的西方诗人的名句长大的。比如我，就曾熟读和背诵过海涅《新诗集》里的许多诗，那些清新活泼、美丽动人的爱情诗，曾伴随我度过了难忘的青春岁月和爱情时光。

掐指算来，我与钱春绮的交往有好几十年了，而他去世也将近10年了。

一、弃医从文

中国现代文学家中弃医从文的例子很有几个，像鲁迅、郭沫若等本来都学过医学，后来都因各种原因而弃医从文，走上文学创作的道路，并取得了辉煌的成就。许多人都知道钱春绮是翻译家，并因读他的译诗而走上诗坛，却没想到他也有一个弃医从文的过程。

钱春绮祖籍江苏泰州，从小在上海生活，后来也一直在上海工作定居。1994年，在他来我家聚谈的一天下午，我曾问起他早年的读书生活，他坦诚地对我说："我之所以能从小在上海读书求学，主要是靠我哥哥在经济上的帮助。"

钱春绮小时候就读于上海万竹小学，这是一所市立的名牌小学，在小北门附近。由于他读书刻苦勤奋，后来考入了上海中学。"那时的上海中学算是江苏省立的中学，"钱春绮回忆道，"师资力量比较强，教我们英语的老师叫王纪林，很有教学经验，仅一年时间就让我的英语大有长进。当时老师很强调外语学习，认为多学一门外语就多打开一个窗口。我就听老师的话，学各种外语，珠林书店那时出版的《日语自习》《俄语自习》等，我都曾饶有兴趣地学习过。"

我说："您后来翻译作品，似乎都是从法文或德文这边来的吧？"

"这没错，"钱春绮点头承认，"不过，法语和德语都是以后学的。"

我不解地问："您除了外语，难道就没有其他兴趣爱好了吗？"

"有，"他毫不犹豫地回答，"我读书时爱好绘画，也画了不少东西，可后来搞翻译，工作忙，就没继续坚持下去，的确有些可惜。"接着，他还对我说，"我在上海中学读书时，校内的读书环境很宽松，校方对学生读书的范围和内容没有很多的限制。如果学生在外面书店看到一本感兴趣的书，只要把书名写在条子上交给校方，学校就会把这本书买来，这样你就可以经常阅读了。"

"我读书的范围比较广，"钱春绮说，"除外文以外，哲学、政治经济学、文学等方面的书都读。不过，我们当时年纪轻，思想比较激进，所读的书刊也以进步和左翼作家的为多，比如蒋光赤的《少年漂泊者》、艾思奇的《大众哲学》等。最有意思的是，我当时就已阅读周学普翻译成中文的一些歌德作品，如《一个冬天的童话》等。没想到几十年以后，我自己也翻译起歌德的作品来了。"说到这儿，他笑了起来。

我问他："您后来翻译的几乎都是诗人的作品，如歌德、席勒、海涅、波德莱尔等，那您当时对诗已经产生兴趣了吗？"

"应该说有点兴趣了，"钱春绮想了一下说，"我那时读书还比较用功，总是名列前茅，就用一些课余时间写散文，投寄给《大公报》，居然也刊登了。那时大概读初一吧。此外，我还写了一些新诗，自己装订成册，后来抗战爆发，在'八一三'淞沪抗战的炮火中，这本诗集丢失了，我原来想考交通大学的美梦也破灭了。"

钱春绮从上海中学毕业以后考入了医学院，这个医学院要求学生必须掌握相关外语，于是钱春绮在原有英语的基础上又勤学德语。他当时学的医学专业是五官科，毕业以后即在一家医院担任耳鼻喉科的医生。我听了他回忆的这些情况，就对他说："您本来做医生不是挺好的嘛，为何要弃医而从事翻译工作呢？"

钱春绮淡然一笑，简单答道："各人有自己的兴趣，我也是因为喜欢诗所以才改行的。"我不无遗憾地对他说："您不应该弃医从文，而应该一边做医生一边搞翻译，那该多好！"

"这个想法我也有过，很难办到，"他向我摆摆手，"搞翻译必须聚精会神，边从医边翻译几乎不可能，精力也不够，必须两者取其一。"接着他又坦诚地对我说："如果我的医学专业是外科，也许我并不会放弃，但耳鼻喉科我不太喜欢，所以才放弃了。"

二、钱春绮的翻译作品

当我后来把他这些话告诉冯至先生时，冯至曾感叹地说："我认识钱先生，真没想到他竟是学医出身。钱先生在德国文学翻译方面做了许多工作，你代我向他问好。"

钱春绮这么一改行，竟成了中国德语诗歌翻译方面的权威，先后出版了近 50 种译著。1956 年起，先后翻译出版了席勒诗剧《威廉·退尔》，海涅《诗歌集》《新诗集》《罗曼采罗》，德国中古史诗《尼伯龙根之歌》《德意志民主共和国诗选》《德国诗选》。钱春绮从小喜爱文学，至老写诗不辍，积累有大量未刊诗稿。20 世纪 60 年代弃医从文后，专事文学翻译工作。翻译出版有席勒、海涅、歌德、尼采以及波德莱尔等法国象征派诗人诗集等 50 余种。我与他相交数十年，可他从来不谈自己翻译工作的艰辛，即使谈到，也都轻轻掠过，转到其他话题。英诗翻译家黄杲炘对我说："钱先生朴实谦虚，其实他在德国诗歌翻译上可以说是'一手遮天'，无人可比。"

三、金秋诗会

钱春绮是以外国诗歌的翻译为主。其实，上海在外国诗歌翻译方面的力量相当强大，除钱春绮外，像孙家晋（吴岩）、冯春、吴钧陶、黄杲炘、王智量、薛范等，都是这方面的著名专家。正因为如此，上海翻译家协会每年都举办一次"金秋诗会"。

1995 年秋天的一个上午，突然有人敲门，我开门一看，原来是钱春绮，他特邀我一起去参加下午的金秋诗会。钱先生年近八十，精神尚好，穿一件深藏青的中山装，挎一老式背包。聊至中午，我请他至门外餐馆用饭，他摇摇头："不必了，我已把饭带来了。"说罢，即从旧包里取出一个塑料盒，里面果然饭菜俱备。我说："您这么大年纪，又走了这么远的路，何必呢？"他微微一笑："我这样可以少给别人添麻烦，只要微波炉一转，即可食用。"结果，他只喝了我一碗隔夜清汤，便高高兴兴地与我一起开会去了。

由于我与钱春绮相熟，所以每次"金秋诗会"我几乎都与他坐在一起，听他介绍各方前来参加诗会的翻译人士，不住地握手，不停地招呼，真可谓"群贤毕至，少长咸集"。

1997年的"金秋诗会"在上海文艺会堂如期举行。那天我坐在钱春绮与草婴之间，他们彼此寒暄之后，冯春忽然走到钱春绮面前，问他译诗带来了没有，叫他准备上台朗诵。原来这年恰好是德国诗人海涅200周年诞辰，"金秋诗会"除了请诗人和翻译家朗诵各自的诗作和译诗以外，还特地请钱春绮朗诵一首他所翻译的海涅诗歌。可钱春绮嫌自己朗诵效果不好，便委托我代为朗诵，我执拗不过，后来我们两人携手共同上台，由他先作介绍，然后由我朗诵。海涅的那首诗表达的是战士保卫祖国的爱国热情，由于钱春绮的译笔雄壮流畅，现场朗诵的效果特别好，赢得了热烈的掌声。

记得还有一年"金秋诗会"，屠岸正好从北京来上海，也受邀来参加诗会，宫玺、黎焕颐、黄杲炘等这些老朋友都与他围坐在一起交谈。钱春绮向我介绍屠岸的翻译成就，说他对诗的研究很深，并凑到我耳边说："你也许想不到，他原来是上海交大的学生，是学工科的，也是后来才走上翻译道路的。"

在"金秋诗会"上碰到的每一位翻译家和诗人，只要我问起，钱春绮便向我介绍他们的成绩和贡献，朴实而中肯，从不带虚假的夸饰溢美，更没有贬抑别人的微词。

四、听他谈诗

钱春绮是闻名全国的翻译家，他翻译起诗歌来简直可以说是呕心沥血、精益求精，但他的衣着穿戴却十分简朴随意，一年到头便是那几件中山装、夹克衫和白衬衫，只有开会才会穿西装。家里布置也极其简单，放眼望去，桌子、椅子、床、沙发、茶几，到处都堆满了书，德文的、英文的、法文的，虽凌乱不堪，但他却了如指掌。

20多年前的一个寒冬，几位年轻的朦胧派诗人因拜读了钱春绮所翻译的席勒、波德莱尔等诗集，为其美丽的诗句所打动，慕其大名，一定要我引他们去拜访他。我们在外左叫右喊了大半天，钱春绮才穿着单裤来为我们开门，冷得瑟瑟发抖。原来他习惯晚上工作白天睡觉，当时正在梦乡。平时傲气十足的朦胧派诗人们一见钱老，个个毕恭毕敬，直说抱歉。而他却毫不在乎，反而连向我们赔不是，穿衣叠被，泡茶让座，好不容易才把沙发上那一大堆外文书搬走，与大家一起谈诗。当朦胧派诗人们心满意足地告辞离开时，他坚持要把我们送下楼，结果一直送到大院门口方才罢休。在归途中，几位朦胧派诗人都不约而同地赞叹道："想不到歌德、海涅那些美丽动人的诗句，竟都是这么个朴素的普通老头给翻译出来的。"

钱春绮不但精熟西欧诗人的作品，而且也喜欢中国的传统诗词，尤其喜欢听人用方言吟唱唐诗。一次，我与他从上海作协开会回来，听说我会吟两句，他不由分说将我拉到马路边的僻静处，非要我吟两句给他听。我只好勉为其难地照办了。他一边听一边不住地摇头晃脑，兴趣甚浓，随后还与我大谈唐诗，直至分手。

钱春绮本来住在南京西路静安寺附近，离我的住处很近，我们时相走动，因他年龄大，自然以我去他家的次数居多。他一般都在晚上工作，所以我几乎都是下午到他家，每次去多半都是谈诗和翻译。有一阵，他正埋头翻译法国象征派大师波德莱尔的诗作，我便问他："都说波德莱尔是法国象征派诗歌的鼻祖，有人说中国古代也有象征派诗人，如果比较起来，您看中国哪位诗人与他的诗风比较接近？"

钱春绮想了一下，说："中国李贺的诗与波德莱尔的诗比较相近，他们都喜欢用颜色和形状来说明事物的性质。如波德莱尔写钟声的洪亮，不是直接写钟声，而是通过钟的巨大形体和大红的颜色来暗示，这和李贺的有些描写手法很相近，如李贺描写马蹄的声音也是采用这种手法。他们是在不同的时代和国度中不谋而合。"

有一次，我们谈起古希腊的史诗《伊利亚特》。我说："中国缺少史诗，所以只好把《诗经》中的《公刘》《生民》诸诗暂时作为史诗看待。到了现在，随着整个诗坛的不景气，史诗更难产生了。"

他说："你怎么知道现在没有史诗呢？报上不见发表，不等于不存在。也许有人写了史诗，自己存放着，暂时不发表，或许不愿发表，但很可能以后会公诸于众。这个情况一时还很难说。"

当时我听了觉得很惊讶，猜谜似地望着钱先生，怀疑他就可能写有史诗；直到今天——20多年过去了，我仍猜想他可能写有史诗。不过，我只看到过他创作的一本十四行诗集。

钱先生的老宅是一座三层楼的小洋房，沿街还有围墙保护，内有小院。他曾跟我说过，这座小洋房已有100多年历史，是个医学界的名流建造的，因为他当时是医生，才分配给他住，已住了50多年。由于环境优雅、闹中取静、交通便利，所以他对自己的老宅怀有很深的感情。

不巧的是，市政府设想的地铁二号线将通过静安寺，这么一圈划，把他的老宅也划进去了。在他临搬迁前，我帮他在老宅前拍了几张照片；他则在清理图书的过程中，送了我一些对我专业有用的书，并在我家长谈了一个晚上。

当他搬入新居收到我寄去的照片以后，曾给我写来一封信，其中写到他曾去看望故居的情景，他说：

"寄来照片四张，已收到，谢谢。

你给我的故居留下了纪念的摄影，很可贵，将来你写文章，谈到南京西路，附上此照，一定是珍贵的资料。

那天，在华山医院配好药后，我去故居凭吊，房子已经拆了，一片废墟，感慨无量，口占一绝：

五十余年住此楼，一朝拆毁化荒丘。徘徊不忍多留恋，为怕伤心老泪流。"

钱先生搬至大华新村以后，曾多次约我去玩，并写了一份详细的线路图给我。我曾与几位诗人和翻译家约好，一起去看望这位德高望重的老人，却始终未能成行。如今旧友相逢，每谈及此事，便感叹不已，引以为憾。好在钱先生的译著依然大受欢迎，大放异彩，也足以告慰他的在天之灵了。

原载《文汇读书周报》2019–12–02

草婴：译笔求道路漫漫

金波　司徒伟智

在从事文学翻译的几十年间，草婴(1923—2015)以强烈的使命感焚膏继晷、精耕细作，翻译出版了托翁等作家的一大批充满人道主义思想的作品，其中包括约400万字的《列夫·托尔斯泰小说全集》、肖洛霍夫长篇小说《新垦地》(《被开垦的处女地》)第一部和第二部。一个真正的文学翻译大师往往又是思想家，草婴以自己的译笔向历经磨难的同胞传播反抗侵略、伸张正义、平等博爱的思想。随着《战争与和平》《安娜·卡列尼娜》《复活》等经典著作"草婴译本"的普及，他当之无愧地成为"托尔斯泰在中国的代言人"——对于一位文学翻译家而言，这是至高无上的荣耀！

一、穷经皓首架设桥梁

从少年时期接受中外优秀文学作品的影响，立志学好俄文、报国报民，到年过半百仍坚持翻译完成 400 万字的《列夫·托尔斯泰小说全集》，草婴孜孜以求、矢志不渝，在俄罗斯经典文学作品与中国广大读者间架起了一座永恒的桥梁。

1. 国破家徙自发奋

草婴原名盛峻峰，1923 年 3 月 24 日出生于浙江镇海（今宁波市）骆驼桥。盛家是当地望族，近两三百年来考取功名做官的就有 400 多人。草婴的曾祖父是著名的盛滋记酿造厂创始人。其父悬壶济世，早年留学日本，回国后担任宁波铁路医院院长，母亲则是慈溪县的大家闺秀，家中留洋求学的人很多，风气开放，使草婴从小就具有较宽阔的视野。

1931 年 10 月，宁波各界举行大规模的抗日募捐活动。草婴的父亲拿出 30 元大洋，吩咐儿子到学校捐献。1937 年抗日战争全面爆发，14 岁的草婴随父母辗转数月，来到上海避难，从此定居申城。

在雷士德工学院附中和松江中学求学期间，草婴开始接触并大量阅读《鲁迅全集》《萍踪寄语》《苏联见闻录》等书籍。面对日寇的侵略暴行，他在愤懑中把希望的目光投向了苏联，进而产生了"一定要学好俄文，把优秀的俄苏文学作品翻译过来，传播出去"，"让我们也一样发展、壮大，让中国老百姓不再受苦"的强烈愿望。他还利用课余时间，一周一次到一位苏联女教师那里学了近两年的俄文。靠着自学的俄语，草婴多年后在莫斯科能够与友人们用俄语谈笑风生。当有人问他，是毕业于列宁格勒大学还是莫斯科大学时，草婴开玩笑地说道，自己的俄语是在上海的俄罗斯大学学的。

对草婴早期影响最大的作家是鲁迅。抗战初期，国内首次出版了20 卷的《鲁迅全集》，草婴省下零花钱订购了一套。他不仅反复读，而且在同学中传阅。《鲁迅全集》后 10 卷是鲁迅的翻译作品，草婴坦言：他走上文学翻译的道路，最早是受了鲁迅的影响。因为鲁迅站得高、看得远，作为中国 20 世纪最伟大的文化巨人，鲁迅要以自己的作品去改变中国社会的现状，改变中国人的命运，这一点深深触动了草婴。此外，巴金、茅盾等人的作品，也对草婴产生过很深的影响。

草婴在雷士德工学院附中担任班长，并参加了"拉丁化新文字研究会"，由此遇到了自己走上翻译道路的"领路人"，也是他"这辈子永远感激的良师益友"姜椿芳。姜椿芳是中共党员，新中国著名的翻译家、编辑出版家、社会活动家。当时上海懂俄文的人不多，草婴深受姜椿芳的赏识。姜椿芳不但热情辅导草婴学习俄语，还鼓励 18 岁的草婴为在上海出版的《时代》周刊、《苏联文艺》翻译稿件。1941 年，草婴就在课余为《时代》周刊翻译苏联通讯，报道二战情况。

1942 年，草婴文学翻译的处女作——普拉多诺夫的短篇小说《老人》在《苏联文艺》杂志第 2 期上发表。紧接着，他又翻译发表了肖洛霍夫的小说《学会仇恨》。第二年夏天，草婴高中毕业，考取南通农学院。但因患肺结核，他不久即中止学业养病。

1945 年 5 月，草婴被聘为《时代》周刊编辑，从此开始了职业翻译生涯。此后几年，他翻译了大量介绍苏联国家制度、公民权利、家庭婚姻、男女平等、劳动竞赛、儿童教育等方面的文稿。其间，他翻译生涯中的第一部长篇小说——巴甫连科的《幸福》由时代出版社出版。

2. 甘当"三无"翻译家

中华人民共和国成立后，姜椿芳于1952年被调到北京负责中央编译局的工作，草婴随姜椿芳一同北上，但不久由于健康原因不得不返回上海。1954年，华东作家协会在上海成立，草婴积极参加筹备工作，并成为首批会员。华东作家协会有100多名会员，其中以巴金为首的专业会员不到10人，而不占国家编制、没有行政级别、没有工资，仅靠翻译稿费维生的"三无"翻译家就包括罗稷南、傅雷、满涛、梦海和草婴。这一时期，草婴的文学翻译作品大都反映苏联经济建设，如长篇小说《顿巴斯》、短篇小说《胜利》《清风》等。他还曾任上海作家协会副主席兼外国文学组组长、《辞海》编委、外国文学分册主编。

上世纪50年代中期，草婴迎来了其文学翻译生涯的全盛期。他翻译的苏联女作家尼古拉耶娃的小说《拖拉机站站长和总农艺师》、肖洛霍夫的长篇小说《被开垦的处女地》第二部、中篇小说《一个人的遭遇》等一系列作品，在国内引起了巨大反响。进入60年代，中苏关系恶化，俄苏文学的翻译也受到影响。尽管如此，1964年草婴仍完成了莱蒙托夫《当代英雄》的翻译，并出版了托尔斯泰中短篇小说集《高加索故事》。"文化大革命"开始后，肖洛霍夫被视为"苏修文艺的鼻祖""人民的死敌"，草婴也因此莫名成为"肖洛霍夫的吹鼓手""肖洛霍夫在中国的代理人"而受到牵连和冲击，身心遭受严重摧残。在"劳动改造"期间，他因十二指肠大出血、胸椎压缩性骨折两次徘徊于死亡边缘。

3. 以一己之力译完《托尔斯泰小说全集》

"文化大革命"给中国带来的惨痛的教训，使草婴坚信中国需要呼吁人性的回归，学者有义务唤起人们的人道主义情怀。从 1978 年开始，他决心要把托尔斯泰的全部小说翻译出来，为此，他婉言谢绝了有关部门请他出任上海译文出版社总编辑的建议。这项前无古人的浩瀚工程长达整整 20 年，从 1977 年到 1997 年，草婴以一己之力翻译了《托尔斯泰小说全集》12 卷，包括 3 部长篇《战争与和平》《安娜·卡列尼娜》《复活》、60 多篇中短篇小说等，总计 400 万字。1997 年 8 月，北京外文出版社和上海远东出版社联手推出 12 卷《托尔斯泰小说系列》，终于为草婴 20 年的艰辛跋涉画上了圆满的句号。2004 年 7 月，《托尔斯泰小说全集》由上海文艺出版社出版，巴金先生当年精心收藏的托翁文集珍本中的 200 多幅精美原创插图，第一次被收录在这套全集中。

在中国文学翻译史上，草婴是一座令人仰视的里程碑。几十年来他致力于在俄罗斯文学与中国读者间架起桥梁，他的成就令世人为之慨叹，其译作也在翻译界享有崇高声誉。1985 年和 1987 年，草婴应邀访问苏联，并在莫斯科国际翻译会议上荣获"高尔基文学奖"。1999 年，草婴获俄中友协颁发的"友谊奖章"和奖状。2004 年，他再度获得俄罗斯政府颁发的中俄友谊奖，2006 年获俄罗斯"马克西姆·高尔基奖章"，被俄罗斯作家协会吸收为名誉会员。

二、潮涨潮落大家风范

在时代的风口浪尖上，草婴肩负历史使命，以自己的译作引领读者。任凭潮涨潮落，草婴没有迷失方向，更没有迷失自我，始终保持着一个正直知识分子的良知与气节。改革开放后，中国进入历史发展的新时期，草婴同样显示出高瞻远瞩的大家风范。他 20 多年前提出的"文化上同样也需要高楼大厦，需要借鉴""物质建设固然重要，但更重要的是提高人的精神。没有高尚的情操，物质条件只会培养人的贪欲，社会上只会增加尔虞我诈的情况"至今仍振聋发聩。

1. 跌宕起伏的"娜斯嘉"

在苏联文学史上，有个著名的"奥维奇金流派"。该流派的产生，源于 1952 年 9 月作家奥维奇金在苏联《新世界》杂志发表的农村特写《区里的日常生活》，以及他之后完成的多篇揭露农村官僚主义题材的作品。由此，敢于揭露矛盾、关注民生疾苦的农村题材作品相继涌现，其中包括女作家迦林娜·尼古拉耶娃的《拖拉机站站长和总农艺师》。评论家认为，"奥维奇金流派的农村特写，揭开了当代苏联文学的序幕"。

《拖拉机站站长和总农艺师》描写了刚刚离开学校的姑娘娜斯嘉·柯夫莎娃，被分配到偏僻落后的茹拉文诺拖拉机站当总农艺师。她到任后发现诸多问题，并依靠职工群众改变积重难返、不思进取的现状，终于使这个拖拉机站一跃成为先进。1954 年冬天，草婴读到当年 9 月发表在苏联《旗帜》杂志上的这部中篇小说，感动之下当即决定翻译。第二年春天，译文完稿。8 至 10 月，《拖拉机站站长和总农艺师》被中国作协主办、茅盾主编的《译文》杂志分 3 期连载。

1955 年 11 月 22 日，青年团中央宣传部发出《关于推荐苏联中篇小说〈拖拉机站站长和总农艺师〉的通知》，要求全国范围内"向高中以上学生和具有相当水平的机关青年干部、青年职工推荐这部小说"。时任共青团中央第一书记的胡耀邦也大力推荐这部小说，并号召全国青年向娜斯嘉学习。当时发行量高达 300 万册的《中国青年》杂志也连续 2 期转载《拖拉机站站长和总农艺师》。在各种社会力量的助推下，这部小说的单行本第 1 版就发行了 124 万册，打破了翻译小说的印数纪录。"关心人民疾苦，反对官僚主义"的娜斯嘉，成为广大青年学习的偶像。

《拖拉机站站长和总农艺师》等苏联作品的影响，还催生了中国文学界的一个创作流派——"干预生活文学"，其中的代表性作品有王蒙的小说《组织部新来的青年人》。1958 年 1 月 23 日，《人民日报》公布了每年度的苏联"列宁文艺奖金"获奖作品，80 余件作品中，《拖拉机站站长和总农艺师》赫然在列。然而，随着反右派斗争严重扩大化，俄苏文学被束之高阁，"娜斯嘉"在异国他乡由热到冷，竟然变得命途多舛起来。很多宣扬过娜斯嘉精神的个人和单位纷纷受到牵连。不过，在文学评论界看来，经典作品的光辉是不朽的，20 世纪 80 年代后分外耀眼的中国改革文学正是接续了 50 年代"干预生活文学"所蕴含的人道主义光辉，当年不少的优秀作家依然活跃在新时期的文坛。

2. "文化大革命"中遭受迫害

草婴在第一波反右派斗争中躲过一劫，但随着"文化大革命"来临，肖洛霍夫被视为"苏联修正主义文艺鼻祖"，草婴最终因翻译肖洛霍夫的作品而难逃株连。

1953 年，斯大林去世，苏联作家们开始大胆表现社会生活中的矛盾及黑暗面，"解冻文学"渐成潮流。1956 年 12 月 31 日和 1957 年元旦，《真理报》全文连载了肖洛霍夫的中篇小说《一个人的遭遇》，那两天的报纸一上市就被抢购一空。为满足读者需求，莫斯科广播电台全文广播这部小说，很多人在寒风扑面的街头流着泪驻足收听。小说突破了"高大上"的英雄主义框架，塑造了一个普通而又坚韧的平凡人形象，通过讲述他在战争期间的悲惨遭遇，既控诉了法西斯的残酷罪行，又反映了人与人的情感，千千万万因战争家破人亡的苏联读者被深深打动。

草婴在《真理报》上读到《一个人的遭遇》，为作品所弘扬的人道主义思想感动不已，遂决定以最快速度翻译这部作品。他时常一边翻译，一边因流泪停下笔来。他的译作发表在《译文》杂志上，距离小说在苏联发表仅 4 个月，这样的速度在当时的翻译界十分罕见。肖洛霍夫的作品继承了托尔斯泰现实主义的写作技巧和人道主义的思想光芒。20 世纪 50 年代，草婴翻译的肖洛霍夫作品还有长篇小说《被开垦的处女地》、短篇小说集《顿河故事》等。

然而好景不长，1960 年前后中苏关系破裂，苏联文学被封杀。"文化大革命"初期，肖洛霍夫被"旗手"江青视为"苏联修正主义文艺鼻祖"，其作品成了"修正主义的大毒草"。草婴也被定性为"肖洛霍夫的吹鼓手""肖洛霍夫在中国的代言人"。

草婴随后经历了一年多的关押和之后的"劳动改造"，两次面临死里逃生的险境。尽管境遇凄凉，但草婴始终坚守自己在历次政治运动中的信条：不讲假话，清清白白。在 1955 年"反胡风集团"的运动中，满涛成了批斗对象；1957 年反右派斗争扩大化后，傅雷也被戴上"右派分子"的帽子。有关部门曾要求草婴写文章批判他们，但草婴坚持认为满涛和傅雷都是好人，因此他一个字也没写。草婴这样解释自己的做人原则：人活着，不能说违心话，做违心的事。一个知识分子最重要的是应有良知。不论什么事、什么问题，都要用自己的头脑思考、分析、判断，不能弯腰曲背，随风摇摆。

3. 首任上海翻译家协会会长

1979 年以前，中国并没有严格意义上的全国性翻译团体。"文化大革命"结束后，姜椿芳在北京成立了中国翻译工作者协会，并鼓励草婴和上海的老翻译家们创建上海翻译家协会。这个新的群众团体，为什么要取名"翻译家协会"呢？这与草婴的翻译观念有关。草婴认为，翻译者和翻译家是两码事。翻译有口语翻译、外事翻译、科技翻译等，这些技术性的翻译，将来都可以由计算机来做，但是文学翻译一万年后，还要由人来做。"翻译家协会"中的翻译家特指术有专攻的文学翻译专家，入会者必须有至少两本公开出版的译著。

在草婴的组织和推动下，上海翻译家协会经过两年筹备，终获有关部门批准，于 1986 年 3 月 15 日正式成立，挂靠于上海市文联，草婴任首任会长。目前，"上海翻译家协会"已成为国内知名的文学翻译团体，现有会员 500 多人，涉及英、俄、法、德、日、西班牙、阿拉伯、朝鲜语等 10 余种语种，其中受到协会表彰的"中国资深翻译家"有施蛰存、包文棣、钱春绮、草婴、任溶溶、陈良廷、汤永宽等。

三、呕心沥血磨砺精品

从 1942 年第一篇文学翻译处女作发表，到 1997 年《托尔斯泰小说全集》12 卷出版，草婴选择精品、奉献精品，把 30 多部俄苏文学中的经典著作译成了中文。正如一位俄罗斯外交官所言："草婴，这两个汉字表现出难以估计的艰苦劳动、文化上的天赋以及对俄罗斯心灵的深刻理解。""草婴"这个笔名的由来，源于白居易诗《赋得古原草送别》。草婴先生这样解释："小草是渺小的，很容易被人践踏，也很容易被火烧掉，但是春风一吹，又会重新恢复生命力。'婴'呢，比草更小，草的婴儿。我觉得我应有这样的精神，尽管我是一个很普通很渺小的人，但我的性格很坚强，不会屈服于任何压力。因此我就用'草婴'这两个字作为我的笔名。"

1. 倾力开垦"处女地"

肖洛霍夫的长篇小说《被开垦的处女地》第一部于 1932 年发表，作品以苏联农业集体化为背景，呈现了集体化进程中顿河地区农民新旧思想的冲突、苏维埃政权与颠覆势力两个营垒之间的生死较量，展现了尖锐复杂的阶级矛盾，反映出农民的痛苦生活。《被开垦的处女地》第一部在中国有多种译本，其中 1936 年出版的、周立波通过英文版转译的译本较完整。1960 年，《被开垦的处女地》第二部出版，其中的情节与人物接续了第一部的内容，但创作构思发生了变化。第一部着力描写宏观的阶级斗争，第二部则更多表现人们彼此间的真情，小说前后两部的风格存在明显差异。这既是肖洛霍夫长期思考的结晶，也是苏联文坛 50 年代人道主义思潮有力推动的成果。

草婴早年曾翻译过肖洛霍夫的短篇小说《学会仇恨》。肖洛霍夫敢于通过作品和言论来宣扬人道主义思想，并且毫无顾虑地反映生活的真实，不回避矛盾，这在斯大林时期的苏联作家中并不多见。20世纪50年代，草婴紧随肖洛霍夫的创作，翻译《被开垦的处女地》第二部，1955年12月起发表于《译文》月刊。原作第二部直到1960年才完成，草婴的译作也跟着收笔。随后，草婴又将第一部按照自己的风格翻译了一遍。由他翻译的《被开垦的处女地》第二部单行本于1961年、第一部单行本于1962年先后由北京作家出版社出版。1984年2月21日，肖洛霍夫逝世，草婴随即将《被开垦的处女地》第一、二部重新修订，改名为《新垦地》第一、二部，同年4月由安徽人民出版社出版。

2. 志高气短"多余人"

1962年，草婴开始翻译莱蒙托夫的《当代英雄》，这部长篇小说描写了青年军官毕巧林空虚无聊的生活。毕巧林的处境，是19世纪上半叶流行于俄国的一种"时代病"，患这种"时代病"的青年就是所谓"多余人"。草婴的译稿于1964年完成，但尚未交稿就毁于"文化大革命"。直到1978年11月，草婴才再次修订《当代英雄》的译文，并由上海译文出版社付梓。这部译作的质量受到译苑专家好评，一些篇章被赞为"范文"。

徐振亚也曾翻译过《当代英雄》，他如此评价草婴译本的第一章："草婴老师是将原著的高加索风光融会贯通后，再来翻译加工，用的是一种汉语的表达方式。我也曾经将它一句一句地翻译出来，然后对照草婴老师的译本，发觉他翻得真高明。我是将他的译作作为不见面的老师的。"曹维国对草婴版《当代英雄》的语言特色也深有感触："草婴先生的出发点是尽量接近原文，或说紧扣原文，无论是句型、词类的选择，还是词序、节奏……然而，在具体的用词上，草婴先生是非常注意归化的，即符合中国人的思维方式和表达习惯……即便在尽量接近译语的时候，草婴先生也遵循着紧扣原文的准则，尽量保持作品的原汁原味。但这又不是一成不变的。"

3. 原汁原味《安娜·卡列尼娜》

前后耗时 4 年、修改 12 次的《安娜·卡列尼娜》是列夫·托尔斯泰继《战争与和平》之后又一部登峰造极之作。1977 年春，草婴动笔翻译《安娜·卡列尼娜》。其实，周扬很早就翻译过这部小说，不过他是从英译本转译的，而草婴更倾向于原著翻译，力图保持经典著作的"原汁原味"。托尔斯泰的作品不采用华丽的辞藻，不卖弄技巧，而是真诚、朴实地塑造人物。在托尔斯泰的所有小说中，草婴最喜欢《安娜·卡列尼娜》，因为作者生动地展现了安娜痛苦矛盾的内心，以饱含同情的笔触讲述了她的悲剧。1980 年，在托尔斯泰逝世 70 周年前夕，草婴完成了 70 多万字的《安娜·卡列尼娜》译本。1982 年 4 月，该译本由上海译文出版社出版，翌年再版，印数达到 20 多万册。1990 年 8 月，上海译文出版社推出两卷合一的新版《安娜·卡列尼娜》，到 1995 年 1 月，共加印 14 次，总印数高达 77.5 万册。

4. 十年演绎"百科全书"

《战争与和平》场面浩大、人物繁多，被称为"世界上最伟大的小说"、当时俄国社会的"百科全书"。这部卷帙浩繁的巨著以史诗般广阔与雄浑的气势，生动描写了 19 世纪早期俄国社会的重大历史事件和各个生活领域。小说以 1812 年拿破仑侵俄战争为中心，叙述了三个俄国贵族家族，在战争与和平的年代里经历生活中无数的苦痛后，终于体验出人生真谛的故事；同时主角的命运轨迹展现出 19 世纪初期俄国社会与政治的变迁。书中人物达 500 多人，为世界文学作品之最。

草婴翻译《战争与和平》前后历时 10 年。为了译好这部"百科全书"，草婴想方设法搜集当时俄国社会方方面面的书籍、资料，仔细阅读、分析、整理，以求尽可能熟悉俄国的哲学、宗教、政治、经济、军事、风俗人情、生活习惯等。为求最大限度地保留托尔斯泰笔下这些人物形象的生动性，草婴给小说中出现的 559 个人物做了卡片"档案"，写上他们每个人的姓名、年龄、身份、性格特点等等。只要一看到名字，这些人物的形象就会立刻出现在草婴的眼前。

在翻译过程中，巴金始终对草婴寄予热切的希望，而且还不止一次地提供自己珍藏的托尔斯泰俄文原著给他参阅。1993 年，《战争与和平》4 卷于上海译文出版社出齐。8 月 29 日，70 岁的草婴手捧崭新的《战争与和平》，特意去看望一直关心着《托尔斯泰小说全集》翻译进程的巴金。这天，巴老心情特别愉快，他笑容连连地说："好，好。不容易，不容易。"

四、一个有灵魂的大师

对一个文学翻译者而言，出色的外文水平和翻译技巧、厚实的母语功底与精准的文字表达能力等，都是从事翻译必不可少的要素。而在历史磨砺和时代变迁中练就的敏锐、深刻的思想和心系天下的责任感，更是造就翻译大师的首要条件。

草婴是以笔为武器的"二战老兵",是在国家、民族危亡之际有信念、有理想、有抱负的一代中国知识分子的代表,他始终不渝地像小草依恋大地般关注着国家的前途、人民的困苦,是一位有思想、有灵魂的文学翻译大师。

1. 平民意识的萌芽

一个人要有爱心,要懂得同情穷人,这是父亲给儿时草婴的谆谆教诲。草婴的祖父是位老中医,家境较宽裕,父亲盛济舻早年留学日本,因患肺结核不得不中断学业。回国后,盛济舻到上海同济医学院(今同济大学)学习西医,毕业后回到宁波,任铁路医院院长。盛济舻正直、善良,同情穷人,经常给辖区内各路站职工看病,到农村为农民义诊,草婴也常常随父亲同行,他人道主义的思想就来源于此。草婴中学毕业后报考南通农学院,也与从小形成的希望改变贫穷农民生活的想法不无关系。

上世纪四五十年代,从《老人》《拖拉机站站长和总农艺师》《一个人的遭遇》《被开垦的处女地》等译作中可以发现,草婴选择翻译的大都是描写普通民众、反映百姓生活疾苦,又与时代脉搏息息相关的作品。他对翻译对象的选择,充分体现出其人文情怀。"文艺作品首先要关心人,关心人们的苦难,培养人对人的爱。"这是草婴选择文学作品进行翻译的主要标准之一。在"政治标准第一"盛行的年代,草婴作为体制之外的"三无"翻译家,仍坚守着"不弯腰曲背、随风摇摆"的良知,秉持着朴素的平民思想,由此才成就了一番译介伟业。

2. 人道主义的光芒

　　草婴一生主要译介了两位文豪的作品：肖洛霍夫和列夫·托尔斯泰。列夫·托尔斯泰不仅是 19 世纪世界文学的高峰，还被誉为"19 世纪全世界的良心"。在草婴的眼里，托尔斯泰是伟大的人道主义者，他的作品用感人至深的艺术手法唤起人的博爱精神，反对形形色色的邪恶势力和思想。草婴之所以用 20 年时间翻译《列夫·托尔斯泰小说全集》，正是希望通过托尔斯泰的作品呼吁人性的回归，避免"文化大革命"悲剧的重演。此外，草婴还认为，在俄苏文学中，肖洛霍夫是托尔斯泰的继承人，是当时最伟大的俄苏作家，他的作品应该首先介绍给中国读者。

　　草婴的人道主义情怀还体现在他对当代苏联历史所进行的深刻思考中。2000 年前后，草婴开始陆续在报刊上发表有关俄苏文学的文章。2000 年 3 月 4 日，《文汇读书周报》发表了草婴的《给蓝英年的信》一文，草婴在文中谈到了高尔基：

　　我们过去对高尔基的崇敬之情也是发自内心的，我们总是把高尔基看作苏联文学的绝对权威……而对他在十月革命前后的处境和真实思想却缺乏了解，即使知道一些，也往往是片面的，经过包装的……读了您写的《高尔基出国》《高尔基回国》《真实的高尔基向我们走近》《霍达维奇回忆高尔基》《老年高尔基之烦恼》《高尔基研究中的空白》等几篇有关高尔基的文章，真如拨开重重迷雾看到了一段未被歪曲的历史和一个未被包装的高尔基。

随后，草婴又给蓝英年写了另一封信——《文学不要弄潮儿》。他在其中重申了文学，尤其是严肃文学，应该真实反映广大人民的生活，有良知的作家应该表达人民的思想感情，尤其是人民的苦难的观点。他认为，在文学领域，弄潮儿肯定不能经受住历史的审判。2003年，这些文章收入他的文集《我与俄罗斯文学——翻译生涯六十年》，由文汇出版社出版。

3. 翻译界要恪守译德

草婴曾连续几届当选人大代表或担任政协委员，他总是在各种场合为文化建设和发展爽直建言。早在1988年，草婴与罗竹风、杜宣等上海文化界人大代表就呼吁重视精神文化上的滑坡。与经济滑坡相比，前者所酿成的隐患，可能会影响几代人。作为文化重地的上海，也正在经历"水土流失"。上海必须改革现状，在文化上跻身于世界！

2002年6月，针对我国翻译作品质量下降等诸多问题，草婴同复旦大学陆谷孙教授等12位学者联合倡议翻译界要树立诚信、敬业、奉献的精神，恪守译德，提高翻译质量，反对不顾质量、追名逐利的错误态度与形形色色的抄袭、剽窃、侵权等违法行为。

"我只翻译自己熟悉的作家和作品。"这是草婴从事文学翻译的另一个基本宗旨，也构成其翻译思想的重要部分。草婴认为，文学翻译家只能够翻译他所熟悉、理解、精通的某个作家的作品，因为翻译家不是全能的，每个翻译家都有其局限性。

草婴选择翻译作品的标准有如下三则：一是自己是否喜欢，二是其思想内容是否与自己的观念相合，三则是看自己是否有能力通过翻译尽可能完美地传达原作的风格。只有符合上述标准，草婴才会考虑开始翻译，反之哪怕出版社的稿酬再高，他也不会接受；即使很喜欢某部作品，但如果草婴认为翻译难度超出了自己的驾驭能力，他也同样不会接受。因此，他着重选择列夫·托尔斯泰、肖洛霍夫的作品。

2004 年 11 月 19 日，"草婴文学翻译学术研讨会"在上海召开，俄罗斯高尔基世界文学研究所研究员、著名汉学家李福清说："一个人能把托尔斯泰小说全部翻译过来的，可能全世界也只有草婴一个人。" 60 余年来，草婴遵循目标始终如一、长期坚持不懈的信条，恪守先哲"焚膏油以继晷，恒兀兀以穷年"的遗训，在文学翻译这条荆棘丛生的羊肠小道上百折不挠地跋涉，不畏劳苦地攀登，终于达到光辉的顶点。今天，草婴译本已成为优秀译本的象征。费数十年之功锤炼而出的草婴译本，与在俄苏文学译坛精心耕耘培育出的草婴精神，是我国文学翻译事业和文化建设值得骄傲的突出成就。

马祖毅——开我国翻译史研究之先河

潘佳宁

马祖毅(1925—)，字士弘，号惠庵，祖籍江苏建湖。6岁入私塾，读儒家经典开蒙，国学功底深厚。1954年考入复旦大学外语系，毕业后在芜湖师范学院、合肥师范学院任教，1969年调至安徽大学外语系直至1996年离休。马祖毅编撰的《中国翻译简史——"五四"以前部分》和《汉籍外译史》开我国翻译史研究之先河。除了在翻译史研究领域的重要贡献，马祖毅还在上世纪70年代末在安徽大学创立大洋洲文学研究所，主编、出版《大洋洲文学丛刊》20辑，译介大洋洲文学作品，其中包括大量诗歌、小说和散文，如萨摩亚长篇小说《榕树叶子》、澳大利亚长篇小说《无期徒刑》和《瞭望塔》等。此外，马祖毅自幼喜爱旧体诗，先后出版《皖诗玉屑》和《皖诗钩沉录》两部诗歌研究专著；离休后相继出版《四爱局韵语》《击缶小唱》《惠庵诗话二种》《啸风楼吟稿》《听色见声集》《东腔西调集》和《碧玉轩杂咏》等多部诗集。

一、早年求学

1925 年 6 月，马祖毅出生在江苏省建湖县建阳镇马厂村北马厂。马氏为当地名门望族，书香门第。祖父马为瑗 22 岁与兄长"同膺乡荐"，在当地传为佳话；为官后因廉政爱民，被赵尔巽写入《清史稿》，著有《苏斋诗文集》3 卷。父亲马锡川，中学毕业后考入唐山交大（笔者注：今西南交通大学），后在建湖和东山做过教员，著有诗集《鲁山遗草》。良好的家庭氛围对马祖毅影响很大，5 岁起，父亲就让马祖毅背诵《诗经》和唐诗。因是家中长房长孙，家里人对马祖毅的学业要求非常严格，父亲经常把他关在书房，背不完就不许出去。据马祖毅回忆，有一次父亲让他背《诗经·关雎》，因当时年幼贪玩，没背好就溜出去玩。第二天父亲考他时，马祖毅就根据自己的理解背："小水鸟，关关叫。在哪里？河滩上。"结果被父亲狠狠地揍了一顿。6 岁，马祖毅跟同族几个孩子一起入私塾，读《三字经》《百家姓》《幼学琼林》等儒家经典开蒙。有一位叫薛宗元的塾师，因擅写旧体诗闻名乡里，言谈举止间经常露出不羁的才气，马祖毅特别喜欢这位老师。在薛老师的影响下，马祖毅开始对旧体诗产生浓厚兴趣，家中长辈对此也非常支持，父亲为了鼓励马祖毅学作诗，特意从家里藏书中挑选出几十部诗集，供儿子翻阅摹仿。

到了初中，马祖毅开始学写新诗，并给《苏报》副刊投稿。当时在苏州编《新学生》月刊的散文家吴易生向他约稿，还将马祖毅的新诗《今天》和散文《登莫厘峰》登在杂志的显著位置，这对十几岁的孩子来说是莫大的鼓励。于是马祖毅继续创作了不少诗歌散文，陆续在上海的《新申报》发表。通过吴易生，马祖毅结交了很多诗人朋友，其中就有上海的应寸照[1]。马祖毅经常将诗作寄去上海，请应寸照批评指正。高中阶段，马祖毅加入中国文学研究会，协助《苏州明报》办副刊《菁菲》。1954年，他以调干生[2]身份报考南京大学德语专业，希望毕业后能做些笔头翻译工作，后被复旦大学英文系录取。大学期间的马祖毅开始翻译短篇小说，并在上海当地报刊上发表译文。

二、译学领域初露锋芒

"文化大革命"期间，马祖毅被定为"反党反社会主义分子"和"大右派、大地主的孝子贤孙"。那段时间，马祖毅经常被人拉出去接受批斗，也挨过打。多亏马祖毅政治上还算清白，大学毕业后参加过农村土改运动，还曾经协助江阴炮台地下党和太湖游击队做过一些外围工作，就没有被关进"牛棚"，只是派到农场接受"两集中"改造，即上午集中学习，下午集中劳动。到了晚上，马祖毅可以自由活动，因无事可做，就看从家里带去的英文小说打发时间。在阅读过程中，马祖毅发现英语中有许多同义现象存在不同的表达方式，除词汇外，还有短语、词组和句子结构，这正是许多英语学习者面临的最大困扰——无法使用丰富地道的英文表达。比如"说"这个动作就可以有"大声地说""结结巴巴地说""娓娓道来""插嘴"等，全用

1　应寸照，上海沦陷时期诗人，与路易士同为诗领土社诗人，被称为"战后诗坛最明亮的星"。写诗之余，应寸照还研究诗歌理论，著有《诗论百题》，由人间书店出版。

2　从1953年起，国营企业、事业单位、机关团体以及中国人民解放军系统的正式职工，经组织上调派学习或经本人申请、组织批准离职，报考中等专业学校和高等学校的，统称为调干生。

speak 和 talk 表示显然是不够的。于是，马祖毅选取了"喜怒哀乐、说笑哭骂、跑跳走站、愤怒、惊愕、恐惧"等 25 种常见动作，从小说中收集这些动作的英文同义现象表达法。他在墙上挂满纸袋，每个纸袋代表一个动作，将自己在阅读中遇到的相关英语表达法誊抄在卡片上，投进相应的纸袋里。纸袋装满了，马祖毅就把卡片倒出来，统一誊抄在笔记本上，然后继续读小说，继续收集。凭借这种原始的"储蓄罐"办法，马祖毅共收集了 300 多个英文同义现象表达法。接下来，马祖毅再按照单词、词组和句子进行分类编目，又经过多次补充和整理，最终汇编成书，取名《英语常用同义现象表达手册》，由中国科学技术大学出版社出版。

"文化大革命"后期，马祖毅调回安徽大学，指导学生翻译联合国文件。为了帮助学生尽快掌握基本的翻译技巧，他专门编写了一本翻译指导手册，供学生参考。手册共分 25 章，通过大量例句介绍了翻译的标准和流程、词类转换以及增译、减译、补译、充译、拆译、倒译等常见翻译策略，并以专题形式详细讲解了定语从句、状语从句、被动语态和长难句的翻译技巧。该书最大的特点是引文的权威性和时效性，书中大多数例句来自 1970 年至 1975 年间亚、非、拉、美、欧、澳国家的政府首脑或领导人来华访问时的权威媒体报道。其中，英文例句来自《北京周报》和《新华电讯稿》稿件，中文例句引自同期的《人民日报》。这本翻译手册后由江苏人民出版社出版，取名《英译汉技巧浅谈》。这是马祖毅编写的第一部翻译类专著，也是他日后投身于中国翻译史研究的重要转折点。

三、中国翻译史研究的开山之作

在撰写《英汉翻译技巧浅谈》的过程中，马祖毅开始对中国翻译史研究产生兴趣。他发现我国翻译活动源远流长，至今已有两千多年的历史，其间翻译著作浩如烟海，翻译名家踵起辈出。于是马祖毅在教学工作之余，陆续在《翻译通讯》《中国翻译》和《安徽大学学报》等刊物上发表介绍玄奘、彦琮、徐光启、严复等历史上著名翻译家的翻译活动和翻译思想的论文。1976 年中国对外翻译出版公司联系马祖毅，邀请他写一部关于中国历代翻译活动的书。马祖毅欣然接受了出版社的邀请，一是出于个人的学术兴趣，二是考虑到国内此前确实没有系统介绍翻译史的专著。多年后，当马祖毅再次谈起当年的决定时说："中国翻译史到底应该怎么写，要先有个样品，哪怕只是个不成样的样品。那我就做一块引玉之砖，以便大家可以进一步讨论。"

当时国内资料严重匮乏，许多图书、报刊都需要单位开介绍信才能借阅。为了收集详实的一手资料，马祖毅利用周末和假期的休息时间到安徽省各大图书馆从早到晚地翻阅资料，经常为了多查一点资料，连吃午饭的时间都舍不得。他从《资治通鉴》《二十五史》等史书入手，旁及《高僧传》《续高僧传》《出三藏记集》《大唐西域记》相关著作，同时借鉴梁启超、季羡林、汤用彤、任继愈等人的研究成果，最大限度地遍访群书，网罗史料。在没有互联网和现代检索手段的年代，马祖毅以"译"字为检索内容，快速翻阅浏览；遇到翻译相关内容就放慢速度认真分析，仔细求证；将其中有价值的内容誊抄在笔记本上，并详细标注引文的出处。就这样，马祖毅凭借"水滴石穿"的精神和毅力，从大量的史书和文集中将与翻译活动相关的宝贵资料逐一遴选出来，光是收集资料就用了将近 7 年时间。接下来，马祖毅将收集的资料按照时间顺序整理为 5 个部分，分别是"从周朝到东汉桓帝前的翻译活动""从东汉桓帝末到宋代的翻译活动""元代的翻译活动""从明代到鸦片战争前的翻译活动"和"从鸦片战争到五四运动前的翻译活动"，对各阶段中的重要译家译作、各位译家提出的翻译理论与方法以及相关翻译组织与规章制度等进行评述。1984 年，耗时 8 年完成的中国首部翻译史专著——《中国翻译简史——"五四"以前部分》（下文简称"《简史》"）由中国对外翻译出版公司出版。

　　《简史》出版后，学界好评如潮。刘重德评价《简史》"具有较高的学术价值，是我国迄今为止出版的一部比较系统的翻译史，填补了我国学术史上的一项空白"；杨自检称赞："马先生这部专著史料非常丰富，这是史书的根基，做到这个程度是很难得的；再一点就是翻译事业发展的脉络清晰，重点突出，这是史书的脊梁"；张映先、仲文明在《中国译学大辞典》中称该书"是我国第一部比较系统的翻译史，填补了翻译史学研究的空白，系我国翻译通史的开山之作。……对于开展翻译史研究、翻译名家的研究有着重要的意义，同时也为中国翻译学的确立打下了坚实的基础"。对于大家的赞扬，马祖毅却表现得非常谦虚，认为《简史》是一项未完成的工作，他说："坦诚地讲，《简史》是一部尚未写完、极不成熟的作品。尽管已经竭尽全力，但依然存在不少缺憾。"马祖毅口中的"缺憾"是指"从五四运动到中华人民共和国成立前的翻译活动"和"中华人民共和国成立后的翻译活动"两阶段，他认为这两个阶段虽然时间不长，但翻译作品却非常丰富，并希望自己能在有生之年完成《简史》的续写。

四、合编《汉籍外译史》

马祖毅在翻译史研究领域的另一个贡献是他与任荣珍合编的《汉籍外译史》（下文简称"《外译史》"）。20世纪90年代初，湖北教育出版社计划出版一套"中华翻译研究丛书"，邀请了多位翻译领域的专家学者，从多方面探讨、记述中国翻译的渊源与发展、成就与不足以及翻译对中国文化事业的影响和贡献。这套丛书对我国翻译研究的发展具有重要影响，是"第一套总结、研究我国翻译诸多方面问题的全面、完整、系统的大型学术丛书"，促进了中国翻译事业的新发展。1991年，出版社邀请马祖毅负责编写一部专门介绍中国典籍外译的专著，他一方面非常荣幸受邀参加编写，同时也非常清楚自己将要面临的困难。据丛书总策划、湖北教育出版社副社长唐瑾回忆："许多选题富于原创性，属填补空白之举……写作者没有三年五载写不出来；有些选题内容非一般人所能涉足，且资料难寻，又无同类书籍可资借鉴。"

在马祖毅看来，中国典籍外译与外国文献汉译活动、少数民族间翻译活动一样，都是中外文化交流传播史上重要的组成部分，也是中国翻译史的重要研究领域。但由于典籍的对外传播涉及国家和语言众多、翻译历史悠久，要想收集中国与各国之间翻译交流的完备材料，绝非易事。于是马祖毅邀请了安徽大学的同事任荣珍合作，二人经过反复研究，最终决定按照社会科学著作和自然科学著作两类收集资料。历史不能杜撰，既然要写翻译史，就必须掌握详实的史料。马祖毅和任荣珍查阅了大量国内外期刊、报纸和图书，光在收集资料这个环节就花费了数年。此外，大量的文献资料如何编排、全书篇章结构如何设计，也是编写《外译史》面临的另一个难题。与之前只专注国内的翻译活动有所不同，《外译史》要介绍中国与世界各国之间的文化交流史。为此，马祖毅打破此前《简史》断代史的书写惯例，按照"译著种类"和"国别"进行分类，全面系统地对我国典籍对外传播活动进行了梳理和介绍。鉴于哲学、社会科学翻译著作类材料比较丰富，马祖毅将其分编为上、中、下三部分（即成书后的第二、三、四章），详细介绍哲学、历史、宗教、经济、社会学、语言学、艺术作品及理论的对外翻译情况。其中第四章以较大篇幅专门介绍了中国文学作品的对外译介情况，共涉及 47 个国家和地区。由于自然科学著作类的资料有限，而且大多属于"一书一译"的情况，于是马祖毅将这部分资料汇编为第五章，章内以书名为节，对《天工开物》《梦溪笔谈》《本草纲目》《中国造纸技术史稿》等自然科学类著作的海外传播情况逐一进行介绍。第六章为中国翻译家外译汉籍概况，时间跨度从南北朝到当代，重点介绍了彦琮、玄奘、辜鸿铭、林语堂、熊式一等将我国典籍文献译介到海外的中国籍翻译家及其翻译活动。《外译史》于 1997 年由湖北教育出版社出版，这是我国最早系统介绍汉籍外译历史的翻译史专著。马祖毅在《外译史》卷首以诗代序，其中"辛酸如水饮能知，西探东勘采矿时。捧出一窠猫眼石，任君把玩论妍媸"几句足见编撰的艰难不易。

　　陈明玉在《中国译学大辞典》中高度评价该书的史学价值，并总结该书的三大特点。陈明玉指出：首先，该书内容时间跨度大。从北魏到中华人民共和国成立后，跨越了千余年。其次，涵盖地域跨度广。从国内到国外，从欧洲到美洲，从东亚到西亚，几乎囊括了世界上所有研究汉学的国家。第三，书中材料丰富，史论结合。不仅有丰富的史料作为证据，而且讨论了汉籍外译对世界的影响。该书描绘出一幅逼真、细腻的汉籍外译的历史画面，对构建完整的中国翻译史具有重要意义。

五、5 卷本《中国翻译通史》

1996 年，年逾七旬的马祖毅正式从安徽大学离休，但他并没有像其他老人一样开始享受安逸的晚年生活，而是马上着手另一项工作——编撰《中国翻译通史》（下文简称"《通史》"），这是马祖毅多年未偿之夙愿。早在 1985 年《简史》出版后，马祖毅就陆续收到学界朋友和读者的来信，希望他可以续写五四运动以后部分的翻译史。1998 年中国对外翻译出版公司推出《简史》增订版时，马祖毅感叹时光飞逝，在"以诗代序"部分许愿说："十年荏苒未完篇，坐不心安债尚缠。绵力可捐天肯假，人间毕竟爱团圆。"在湖北教育出版社唐谨的反复敦促下，马祖毅离休后立即投入《通史》的编撰，希望在有生之年圆了这个艰难的梦。

按照最初的设计，马祖毅想在《简史》的基础上进一步补充材料，以五四运动为分界点，写成《中国翻译史》上、下两卷。3 年后的 1999 年，《中国翻译史（上卷）》出版，于是马祖毅开始整理五四运动后的现当代部分。在整理的过程中，马祖毅发现尽管现当代部分只有不到 100 年的历史，但这段时间内，尤其是新中国成立后的 50 年里，翻译事业日益繁荣、高速发展，出现了一大批翻译名家和翻译作品。为了能尽早完成编撰工作，马祖毅组建了一个 18 人的编写组，其中包括安徽大学的同事、校外专家学者以及几位优秀的研究生。马祖毅负责设计提纲、统审定稿，各位成员分头收集资料，分别负责各部分的初稿撰写。在编写组成员的通力合作下，收集整理的现当代部分文献资料多达 300 余万字。考虑到上、下两卷的字数差距太大，马祖毅与出版社商议并最终决定：将《中国翻译史》的内容改为古代部分 1 卷，现当代部分 4 卷。其中现当代部分第 1 卷包括"马克思主义在中国的传播篇"和"哲学社会科学的翻译篇"两部分，第 2 卷专门介绍"外国文学在中国译介"的情况，第 3 卷是"自然科学著作的翻译篇"，第 4 卷汇总了"海外谈中国的译本篇""国人的外译汉籍篇""国内各民族的语文翻译篇"和"国内现当代翻译研究理论的概述篇"几个部分。最终，5 卷本《中国翻译通史》于 2006 年推出。回顾当年的编撰过程，马祖毅说：

　　史学研究不得不面对的一个现实，就是年代越久远的史料就越稀有难见，这是搞史学研究工作的无奈，也恰恰是研究的意义和价值所在。我从 1976 年起专注于中国翻译史研究，到 2006 年 5 卷本《通史》出版，整整用了 30 年。在为《通史》收集资料时，我一方面想尽量涵盖各个领域的翻译活动，避免疏忽和遗漏；同时又力求各部分的资料详尽丰富，避免蜻蜓点水式的介绍。但遗珠之憾、厚此薄彼之讥，实属无奈。

　　《通史》以史为主，资料详实，史论结合，脉络清晰，对我国 3000 多年的翻译史做了最好的总结与概括，出版后立即得到翻译界和出版界专家学者的高度赞扬。许钧、朱玉彬指出："《通史》是我国第一部详实阐述历代翻译活动、解释翻译发展规律的重要史学著作。它主要采用描述性历史叙述的手法，在部分章节也融入了西方'新历史学'研究的方法。"湖北教育出版社唐瑾称赞该书"不但填补了翻译研究领域的一大空白，也是外国汉学家和翻译工作者研究、了解中国翻译历史文化的重要书籍，更是当今出版界对翻译学术界做出的新贡献"。2016年，《通史》出版十周年，马祖毅在接受采访时指出："翻译史研究是翻译学的重要组成部分，应当给予足够的重视。对我国翻译活动进行分阶段分层次的深入研究，不但意义重大，而且任重道远。从事翻译史研究必须要有严肃认真的治学态度，对历史负责是史学研究的根本。同时还要坐得住冷板凳，翻译史研究并不是一件讨巧的差事，一定要有淡泊名利的心态。"

六、创建大洋洲文学研究所，创办《大洋洲文学丛刊》

马祖毅除了在翻译史研究领域做出贡献外，还在安徽大学成立了大洋洲文学研究所，创办《大洋洲文学丛刊》，向国内大规模译介大洋洲作家和作品，"对我国大洋洲文学研究的发展做出重要贡献"。20世纪70年代末，马祖毅到南京大学参加一个高校恢复外国文学研究工作的会议，当时国内已经有几所高校在做英国文学和美国文学的研究，而拉丁美洲和大洋洲文学却没人关注。于是，马祖毅回到学校后立即打报告，申请在安徽大学成立研究所，得到了学校领导的大力支持。1979年，安徽大学"大洋洲文学研究所"正式成立。研究所成立伊始，最大的困难就是缺少资料。当时安徽大学图书馆关于大洋洲文学的图书寥寥无几，只有新西兰和澳大利亚的几部小说，南太平洋岛国的资料完全空白。为了解决这个问题，马祖毅和研究所的同事尝试给澳大利亚领事馆写信求助。1979年8月，澳大利亚文化委员会文学局主席在澳驻华使馆文化参赞的陪同下专程来安徽大学考察，代表澳洲政府赠送了研究所一大批文学书籍，还邀请研究所的成员赴澳参加两年一届的澳大利亚文化节。通过与领事馆以及当地文学团体的通讯联系，研究所不但解决了资料匮乏的首要问题，还在第一时间了解到大洋洲文学的最新动态。马祖毅曾经自豪地说："以前大洋洲所里全部的南太平洋岛国的书都没有花钱买，全是凭借'通联工作'依靠大洋洲那面赠送或邮寄过来的。"

20 世纪初伴随各国的民族独立运动，大洋洲作家开始在世界文坛崭露头角。1973 年澳大利亚作家帕特里克·怀特荣获诺贝尔文学奖，世界开始关注大洋洲地区的作家和作品。在马祖毅的带领下，研究所出版《大洋洲文学丛刊》。其中，1981 年到 1994 年发行 17 辑，加上之前内部发行的 3 辑，先后共发行 20 辑。在选择译介的作家作品时，《丛刊》首先关注重要作家，如新西兰的奥斯曼·米德尔顿、澳大利亚的亨利·劳森、萨摩亚的艾伯特·温特和库克群岛女作家玛乔里·克罗科姆等；其次，优先译介大洋洲土著文学，像新西兰的毛利文学、澳大利亚后殖民文学以及南太平洋岛国的新兴文学；第三，兼顾大洋洲各国的作家作品；第四，关注大洋洲文学最新动态，《丛刊》译介了许多在当地刚刚出版而国内还没有介绍的作家作品。《大洋洲文学丛刊》极大地拓宽了我国大洋洲文学研究的视野和范围，一方面为外国文学研究保留了大量的珍贵史料，另一方面也对后来的澳大利亚、新西兰和南太平洋文学研究产生了一定的影响。

除了组织研究所的文学研究活动外，马祖毅本人还翻译了大量大洋洲诗歌、散文和小说。其中，由马祖毅和马霞（马祖毅女儿，笔者注）翻译的《榕树叶子》是国内首部南太平洋岛屿的文学翻译作品。

同年出版的《无期徒刑》是澳大利亚作家马库斯·克拉克的成名作，由马祖毅和陈正发合作翻译，小说全方面、多角度地描述了英国流放制度下被放逐澳洲的罪犯长达 20 余年的血泪历程，奠定了克拉克在澳大利亚文学史和世界文坛的地位。

七、马祖毅的翻译观

谈到自己的翻译观，马祖毅强调：翻译绝不是教出来的，只有通过大量翻译实践的积累，翻译质量和速度才能提高。他在合肥师范学院和安徽大学的翻译课上，给学生布置不同文体和篇幅的段落让学生翻译，并在课上讨论修改，收到良好的效果。此外，对于诗歌翻译，马祖毅认为诗歌创作和翻译相互促进、互为补充。在他看来，诗人更容易准确把握原诗作者的创作意图，也更擅长用诗的语言和诗的形式去传达原诗的意境和精髓；而通过翻译外国诗，诗人可以拓宽想象力，丰富语言，吸收外国诗的意象，进而提高自己的创作水平，诗人应该将翻译外国诗看作提高诗歌创作的有效手段。翻译诗歌时要在形美、音美和意美三个方面尽量与原诗契合，要在节奏、韵律、美感等方面反复推敲。关于小说翻译，马祖毅指出：优秀的译文应该是通顺流畅、符合译文读者的阅读习惯的，不能有明显的"翻译腔"，要让读者感觉是在读中文的小说，而不是翻译；同时，译者的母语水平在很大程度上决定了译文的质量和水平。以英译汉来说，扎实的英文基础可以保证吃透原文，降低产生误译的可能性，但这只是翻译的下限，真正决定译文上限的是译者的中文水平，它决定译文的语言是否精准地道、层次丰富。

参考文献

[1] 方梦之. 中国译学大辞典[M]. 上海: 上海外语教育出版社，2011.

[2] 刘重德.《中国翻译简史》评介[J]. 安徽大学学报(哲学社会科学版)，1985(5).

[3] 马库斯·克拉克. 无期徒刑[M]. 陈正发，马祖毅译. 长沙：湖南人民出版社，1985.

[4] 马祖毅，任荣珍. 汉籍外译史(修订本)[M]. 武汉: 湖北教育出版社，2003.

[5] 马祖毅. 中国翻译简史——"五四"以前部分(增订版)[M]. 北京: 中国对外翻译出版公司，1998.

[6] 潘佳宁，马祖毅. 筚路蓝缕，以启"译"林——马祖毅教授访谈实录[J]. 东方翻译，2017(5).

[7] 唐瑾. 四百万言巨作演绎中国翻译通史三千年——写在《中国翻译通史》出版之际[J]. 中国翻译，2007(1).

[8] 许钧、朱玉彬. 中国翻译史研究及其方法初探——简评五卷本《中国翻译通史》[J]. 外语教学与研究，2007(6).

[9] 詹春娟 编. 大洋洲文学研究(第5辑)[M]. 合肥: 安徽文艺出版社，2018.

[10] 周芳林. 20世纪八九十年代南太平洋英语文学在中国——"大洋洲文学丛刊"的整理和研究[A]. 詹春娟编. 大洋洲文学研究(第5辑)[M]. 合肥: 安徽文艺出版社，2018.

文洁若的翻译人生

潘佳宁

文洁若(1927—)，著名文学翻译家，毕业于清华大学外国语言文学系英语专业，历任人民文学出版社编辑、编审，日本文学研究会理事。从20世纪50年代起，文洁若译介了包括井上靖、水上勉、夏目漱石、幸田露伴、川端康成、芥川龙之介、三岛由纪夫、谷崎润一郎在内的诸多日本作家作品，代表译著有《日本的黑雾》《夜声》《春雪》《天人五衰》《高野圣僧：泉镜花小说选》《罗生门——芥川龙之介小说集》《杂忆录》《五重塔》《黑白》等。此外，文洁若还与丈夫萧乾合作翻译了意识流小说开山之作——《尤利西斯》。2012年，凭借在文学翻译领域的突出贡献，文洁若荣获中国翻译协会"翻译文化终身成就奖"。

文洁若祖籍贵州贵阳，1927年7月生于北京。祖父文明钦，号静川，而立之年考中举人后离开家乡，赴京应考，一共考了三次，最终于光绪十五年（1889年）中进士，曾在广西、山西任县官。祖父在京城生活多年，觉得老家贵阳太过闭塞，考虑到子女未来发展，在北京上斜街和剪子巷桃条胡同买了两处房产。文洁若的父亲文宗淑，23 岁赴日任中国驻日本的外交官，曾做过驻横滨总领事。在文洁若眼中，父亲"性格威严、脾性暴烈"，所以她对父亲既怕又爱，称其"二爷"，而不叫"父亲"。文父"重男轻女"的封建思想严重，认为"不孝有三，无后为大"。因为前三个生的都是女孩，所以在妻子第四次怀孕时专门请来算命先生，当他听说"第四胎还是闺女"后，一心想要个儿子的文父买来堕胎药让妻子打掉这胎。不想苍天弄人，胎儿没打下来，生下来发现居然还是个男孩，但因为先天体弱，不到三岁就夭折了。文父为此懊悔不已，再也不折腾了，让妻子将养几年身体，又连续生了四个孩子——两女两男，文洁若就在其中，在家中排行老五，上面有四个姐姐，下面有两个弟弟。

　　1933 年 9 月，6 岁的文洁若入孔德学校，即北京二十七中学的前身。鼎盛时期的孔德校园很大，分幼儿园、小学部、初中部和高中部，沈尹默、周作人、钱玄同等人都曾在孔德任教。1934 年 7 月，刚刚读完一年级的文洁若随全家移居日本。其实文洁若的父亲从 1916 年起就在中国驻日本大使馆任外交官，早有举家移居日本的打算，因为嫌搬家麻烦，就一拖再拖。1934 年 4 月，文洁若的二姐文树新与时任孔德校长杨晦的恋爱关系被发现，二人避走上海，此事一出立即引起轩然大波。孔德学校作为名校，竟然出现校长与女学生私奔的事情，被不少旧派的"道德"人士讽刺谴责，多家报纸大肆宣扬，引起了社会广泛关注。远在日本的父亲听说自己女儿居然做出这样有伤风化的丑事后立即赶回北京，通过各种渠道寻找女儿。盛怒的父亲宣布与二女儿断绝父女关系，随即带着妻子和剩下的六个孩子迁居东京。

一、初涉翻译

1935 年 1 月，文洁若（当时叫文桐新）插班到东京麻布小学读一年级。初到日本，为了让孩子尽快学会语言，父亲特意从幼儿园请保育员海卓子到家里上课。孩子们都很喜欢这位老师，只要她来了，便一拥而上，听她讲故事，跟她学儿歌。后来父亲又请来一位姓今野的家庭教师，每晚辅导孩子学习两个小时日语，这位今野老师教学经验丰富，懂得儿童教育心理学，循循善诱。他鼓励几个孩子在课前完成学校布置的家庭作业，只要能提前完成作业，今野老师就给他们讲故事。文洁若最爱听世界名著，例如莎士比亚的戏剧、荷马史诗和《天方夜谭》。父亲发现这个小女儿特别喜欢读书，因此一到周末休息，就带着文洁若逛书店。有一次，父亲指着书架上的五册袖珍本《尤利西斯》（岩波文库版）对文洁若说："你看，日本人把这么难懂的书都翻译出来了。如果你刻苦努力，将来也在书上印上自己的名字，那该有多好！"这件事在文洁若幼小的心里留下了深刻的印象，为半个多世纪后与萧乾合译《尤利西斯》埋下了伏笔。

1936 年 2 月，东京发生"二·二六武装政变"，这标志着日本进一步法西斯化。父亲被使馆免职，全家人于 7 月回到北京。由于父亲没有工作，一家人靠变卖家产维持生活，文洁若和四姐文檀新被送到东单头条胡同的日本小学。1937 年 7 月，日军发动卢沟桥事变，北京沦陷，文家的生活更加困难。为了给家里减少开支，文洁若每天要步行两个多小时上学，放学回家后再把白天学校教的内容讲弟弟听。文洁若后来回忆说："我在东单的日本小学读书时，班里的同学都是日本孩子，我认为他们都是侵略者的孩子，心中暗暗想一定要在功课上比他们强。"父亲为了培养女儿的阅读兴趣，送给文洁若一套 10 卷本日译《世界小学读本》，共 100 多万字，鼓励女儿将书中的日文翻译成中文。于是，文洁若每天晚上坐在父亲的对面，跟父亲共用一盏台灯，用了 4 年将整套书翻译成中文。她在 2019 年接受采访时说："这是我最早的翻译，翻译过程中不但提高了我的日语和中文水平，还让我对翻译有了更加深刻的认识。"这套书后来因家中经济拮据，被父亲送到东安市场的旧书店变卖，但 4 年的翻译经历却对文洁若影响深远。

1940 年 3 月，文洁若到东单三条的圣心学校读书，她知道家里为了供自己读外国学校要多交不少学费，所以加倍努力，功课始终在班里名列前茅。每个月学校评奖，文洁若都能上台领奖，还跳了两级。1941 年年底，家中实在交不上学费，文洁若被迫辍学回家。直到 1942 年 9 月，大姐毕业找到了工作，替妹妹交了学费，文洁若才继续读初三，次年考入辅仁中学女校。高中期间，文洁若是班级里的"学霸"，因为出众的英语、日语水平，每次交作业前，同学们都要请文洁若先帮着改一遍才交给老师。1946 年，抗战胜利第二年，清华、北大和南开联合招生，报考者多达 3 万人，最后只能录取 1000 人，竞争相当激烈。文洁若至今还清晰记得当年的英文作文题目是《解剖一只麻雀》。最终，文洁若如愿被清华大学英文系录取。大学期间的文洁若依旧刻苦努力，除了上课、一日三餐和睡觉外，整天都泡在图书馆里。尽管穿戴都是父亲和姐姐的旧物，但文洁若的功课始终在系里拔尖。

二、译结良缘

　　读书期间的文洁若一直成绩优异，19 岁就能考上竞争激烈的清华大学；走上工作岗位后，文洁若依然认真努力，下班后经常加班到十点多才回家，屡屡得到领导和同事的认可和表扬。这使文洁若觉得身边同龄的男生都很"弱"，很难让自己钦佩，直到她遇到萧乾。

　　1950 年大学毕业后，文洁若考入三联书店做校对，1951 年 3 月又调到刚成立的人民文学出版社整理科。有一天，编辑部主任跑到办公室跟人家说："萧乾调到文学出版社了，但他手头正在修改一部电影剧本，暂时不来上班，如果有稿子想请他修改，可以通过秘书送去。"当时文洁若正负责《百万富翁》中译本的校订，她发现译文中有多处不通顺的地方，自己改了几稿也不满意，于是建议社里请萧乾帮忙指导。几天后，萧乾的修改稿返回来，文洁若惊喜地发现许多琢磨了很长时间都没有解决的句子，经萧乾一改，立即甩掉了翻译腔，读起来更像是用中文创作的小说。文洁若钦佩萧乾的文笔，在校样返给校对科前，将自己和萧乾的译文连同原文一起抄下来，空闲时就拿出来反复研究。后来，萧乾来出版社上班。有一天，文洁若捧着蒋天佐译的《荒野的呼唤》向萧乾请教。萧乾态度很温和，除了给文洁若耐心地解答问题，还谈了不少自己对翻译的看法。他借用斯诺的观点解释翻译过程中"理解"和"表达"的关系，他说："他（斯诺）告诉我们（萧乾和杨刚），译者一定得把原作所描写的事物完全弄懂才可着笔，译的时候要用最准确无误的语言把自己所理解的传达给读者。"萧乾本人与斯诺同样看重译文的表达，强调译文最好要合乎中文语法，要把洋文消化掉，再用本国的语言、艺术的语言生动流畅地进行再现。文洁若后来回忆说："萧乾是大作家，能对一个年轻的助编如此耐心地解答，这的确感动了我。"1953 年 7 月，《世界文学》杂志的前身《译文》创刊，萧乾被调去筹备《译文》。文洁若经常给杂志投稿，与萧乾的接触也越来越多，每次见面二人聊得最多的除了翻译和写作，就是各自的经历和生活。萧乾的为人、阅历和学识深深地吸引了文洁若，她认为自己不但找到了一位向导，更找到了一个知音。文洁若决定嫁给萧乾，母亲最开始是坚决反对的。因为萧乾有过三段婚姻，还带个孩子，但是最终选择尊重女儿。结婚第三年，萧乾被错划成"右派分子"，被打成"帝国主义的忠顺奴才"，他的文章也变成了"歌颂帝国主义的毒箭"。从此，"右派分子"的帽子犹如一把达摩克利斯之剑，始终悬在萧乾、文洁若夫妇的头上。

1958 年 4 月，萧乾来到唐山柏各庄国营农场，因为是"右派分子"，每个月只有 26 元的生活补助，一家人的生活开销全靠文洁若一人支撑。当时文洁若每月只有不到 90 元的工资，除了要给三个孩子交学费和住宿费外，还要供养母亲和患有腿疾的三姐，多亏了她的翻译稿费才让一家人渡过难关。据文洁若回忆，自己当时的翻译速度惊人，最多时每天能翻译千字。一次，《世界文学》的编辑让文洁若和北京编译社合译日本女作家中本高子的长篇小说《光凤凰》，全文有 3 万多字，要求 8 天内交稿。北京编译社提出"时间太紧，赶不出来"，文洁若却告诉那位编辑"那就我一个人全包了"。在接下来的几天里，文洁若周一到周六每晚下班后翻译 6 小时，两个星期日每天翻译 14 个小时，硬是在 8 天内赶译出了 1.5 万字。译文最终发表在《世界文学》1960 年 6 月号上，这次的稿费就相当于文洁若两个月的工资。

1966 年"文化大革命"爆发后，萧乾彻底失去了对生活和未来的希望，决定离开这个世界。9 月 3 日深夜，萧乾写下遗书后在自家小厨房门口的大缸里放满水，打算先服安眠药，再握着通电的电线扎到水缸结束自己的生命。文洁若劝萧乾说："咱们没犯罪，凭什么死？We must outlive them all，我们必须得活过他们。"萧乾后来在回忆录中写道："我总归是幸运的，因为我最后找到了洁若——我的索尔维格。结婚三年，我就背上了'右派'黑锅，倘若她那时舍我而去，也是人情之常，无可厚非。但是她'反了常'，使得我在凌辱之下有了继续活下去的勇气。"

三、翻译《尤利西斯》：一生最难忘的时光

1990 年 7 月，文洁若从人民文学出版社正式退休。8 月初，南京译林出版社的李景端登门，约萧乾、文洁若夫妇翻译《尤利西斯》。作为意识流小说的开山之作，詹姆斯·乔伊斯的《尤利西斯》在世界文坛具有极大影响。此前人民文学出版社已经约了金隄翻译，但金说要 10 年完成。李景端认为中国读者等不了 10 年，打算另请大家翻译，他先后邀请王佐良、周珏良、赵萝蕤、杨岂深、冯亦代、施咸荣、董乐山、梅绍武、陆谷孙等诸位国内名家，但均遭婉言谢绝。叶君健先生曾开玩笑说："中国只有钱锺书能译《尤利西斯》，因为汉字不够用，钱先生能边译边造词。"李景端听了以后便约钱锺书翻译，钱锺书在回信中写道："八十衰翁，再来自寻烦恼讨苦吃，那就仿佛别开生面的自杀了。"而萧乾在得知李景端来意后，同样一口回绝，他说："我比钱锺书还大一岁呢，如今 80 多岁了，去搬这么一

座大山，我可不想没罪找枷扛。"坐在旁边的文洁若却被李景端说动了。由于工作原因，文洁若翻译过大量日本文学作品，而自己寒窗苦读 10 年的英语却没有机会发挥，始终觉得很遗憾。文洁若考虑到当时三个孩子都已经出国，自己刚刚退休，家里大小事务也有三姐打理，找一点事做总比闲着强。于是文洁若跟李景端约定：翻译合同先由自己签，之后再让萧乾补签，合同上写"文洁若译，萧乾校"；另外，交稿时间尽量长一些，不让萧乾感觉压力太大。李景端走后，文洁若对萧乾说："我俩在大风大浪中浪费了 30 多年，翻译《尤利西斯》就当作我们结婚 40 周年的礼物吧。"

在文洁若的劝说下，萧乾很快同意合译。1990 年 8 月 16 日，他在给儿子萧桐的信中写道："我和妈妈已答应为译林出版社翻译奇书《尤利西斯》了……大功告成之日，会是我和妈妈近半个世纪的文学姻缘中，最值得大书一笔的事。"他跟李景端说："既然签了约，我就要对读者负责，豁上老命也得把它干好。"开始动手翻译前，文洁若和萧乾就定好翻译目标：要尽最大努力，将原著中晦涩难懂的语言化解，让译文尽可能流畅通顺、易于理解。考虑到萧乾的身体不好，文洁若主动承担翻译初稿、收集资料、编写注释和译文誊抄工作。具体分工上，文洁若是编辑出身，严谨认真，强调翻译中"一个零件都不能丢"，所以负责初稿，保证译文完全忠实于原文；萧乾文采风流，负责润色译文，努力再现原著的艺术风格。此外，在翻译中遇到的困难也由萧乾联系朋友解决。

翻译的过程也是对小说进行深度阅读的过程。萧乾夫妇发现，作为乔伊斯的代表作，《尤利西斯》在语言、文体和表现手法方面都给译者设置了重重困难。首先是语言方面，全书夹杂了法文、德文、意大利文、西班牙文、土耳其文等多种语言，还经常使用希腊文、拉丁文、阿拉伯文和梵文等多种古文字，甚至一句话中混杂多种语言。为了解决这些问题，萧乾夫妇先后请教过杨宪益、季羡林、金克木、吴小如、吕同六等朋友。此外，乔伊斯还经常使用生僻词、古语和方言，即便是爱尔兰人也不得其解。比如，rawmeah 是柏林的土话"胡扯"；Old foggot 是 17 世纪的方言，即"老太太"的意思。乔伊斯还经常创造新词，比如第 8 章曾经出现过一个很长的单词 Smiledyawnednodded，其实就是"微笑""打哈欠"和"点头"三个单词的过去式连在一起，表示三个动作同时发生。诸如此类的文字游戏，全书比比皆是。文体方面，乔伊斯借用英国文学史中多位作家的不同文体风格来描写第 14 章婴儿的诞生过程：他首先使用古盖尔文、古拉丁文、古英语等多种语言开篇，接着又模拟了班扬、笛福、斯特恩、谢里丹、昆西、狄更斯和卡莱尔等 20 余位英国文学大师的文体风格；而且随着小说情节的发展，文体变得愈加通俗，到最后还掺杂了方言和俚语。为了充分体现原著文体上的变化，萧乾夫妇特意细读了中国历代文选，尝试用不同时代的中文去呼应乔伊斯复杂多样的英语文体。总之，二人在整个翻译过程中始终小心翼翼、如履薄冰，担心自己稍不留神，就掉入乔伊斯精心设计的文字陷阱里。

为了在规定时间内完成翻译，萧乾和文洁若每天早上 5 点就起来开始工作，连大年三十和初一都在赶稿。萧乾在 1994 年 1 月 21 日给李今的信中写道："我们正在冲刺中，今年已第四个年头。我爱人已熬了几个通宵，我这 84 岁的老头子除了天还黑着就从热被窝中爬起，晚上也时常到深夜，所以什么都顾不及了。"文洁若在整个翻译过程中每天工作十几个小时，甚至一连几个月都不下楼，全力以赴翻译书稿，终于在约定时间前完成了这项艰巨的任务。萧乾在译者序中这样写道："在这项工作中，洁若是火车头。她为此书稿放弃了一切休息和娱乐，还熬过多少个通宵。从1954年5月我们搭上伙，她就一直在改造着我：从懒散到学着勤奋。译《尤利西斯》是这个改造过程的高峰。"文洁若在回忆起这段经历时幸福地说："翻译《尤利西斯》的那些日子，是我们45年婚姻生活中最美好的回忆。"

四、提高翻译水平的不二法门

从1950年进入三联书店到1990年正式退休，文洁若在日本文学编辑岗位工作了整整40年。其间，她校审、译介了大量日本文学作品，许多日本现当代著名作家，如夏目漱石、幸田露伴、谷崎润一郎、芥川龙之介、川端康成、井上靖、水上勉、三岛由纪夫等人的作品，都是由文洁若最早翻译并介绍给中国读者的。在2012年12月北京召开的"全国翻译工作座谈会暨中国翻译协会成立30周年纪念大会"上，文洁若凭借在文学翻译领域的杰出贡献，荣获中国翻译界最高殊荣——"翻译文化终身成就奖"。

对于翻译日本文学作品，文洁若有自己特殊的标准：着重翻译那些谴责日本军国主义对我国发动侵略战争的作品。文洁若在访谈中曾表示，自己儿时在东京度过的两年中，最刻骨铭心的就是日本孩子骂自己是"支那人"。在幸田露伴《五重塔》的译者序中，文洁若这样写道："黩武者在同年七月就发动了全面侵华战争。战争期间，露伴甘愿过清贫的生活，绝不肯做任何讨好军国主义政府的事。"文洁若表示，推崇渡边淳一很大程度上是因为渡边曾经在《一百种理论不如一份良心》一文中强烈谴责日本政府对二战缄默不语、拒不认错的行为，体现了一位文学家对历史应有的责任和担当。此外，文洁若还在20世纪60年代翻译过日本作家松本清张的《日本的黑雾》。据文洁若口述，翻译《日本的黑雾》是人民文学出版社许觉民社长交给她的任务。1963年11月，许觉民与冰心、巴金、严文井等人访问日本期间见到了松本清张，得到松本先生签赠的《日本的黑雾》。回国后，许觉民便委托文洁若将这部小说译成中文。在文洁若看来，作为日本社会派推理小说的开创者，松本清张的小说用推理分析现实，揭示了现代日本社会的矛盾，使日本推理小说达到前所未有的高度。

关于如何处理不同风格的作家作品，文洁若指出，自己在动手翻译前会尽量多读一些与之文风相接近的中文作品，尽快进入语境，力求在译文中再现原作的风貌。比如她在翻译新西兰女作家凯瑟琳·曼斯菲尔德的短篇小说前，特意读了一些风格与之相近的作品，如冰心、凌淑华和林徽因；在翻译加拿大作家斯蒂芬·里柯克的幽默讽刺小品时，曾找来鲁迅的杂文和林语堂的幽默小品来读；在翻译幸田露伴的《五重塔》前，文洁若就曾经翻看了"三言""二拍"等明清小说；翻译芥川龙之介和井上靖之前，文洁若又认真阅读了郁达夫、沈从文、老舍、巴金等作家的作品，力求使译文语言符合芥川和井上靖的气质和风格。

谈到翻译经验，文洁若认为，翻译没有捷径，只有勤学苦练。理想的文学翻译工作者不但要对两种语言驾驭自如，对两国文学史，特别是古典文学有所了解，还要熟悉两国社会习俗和风土人情。此外，文洁若还强调要想翻译好一部作品，应该对作者的生平经历、思想观点以及文学渊源做一个深入、系统的研究，做到知人论世；作为翻译工作者，要想提高翻译水平，必须坚持不懈地阅读，阅读才是提高翻译水平的不二法门。

参考文献

[1] 李景端. 翻译编辑谈翻译[M]. 武汉：湖北教育出版社，2009.

[2] 潘佳宁. 译路漫漫 谨为终身摆渡人——访著名文学翻译家、"中国翻译文化终身成就奖"得主文洁若[N]. 中国社会科学报，2019–06–13(02).

[3] 文洁若. 萧乾、文洁若谈翻译[M]. 呼和浩特：内蒙古教育出版社，2012.

[4] 文洁若. 译海寻踪[M]. 南京：江苏凤凰文艺出版社，2016.

[5] 文树新. 一个民国少女的日记[M]. 北京：九州出版社，2010.

[6] 萧乾，文洁若，许钧. 翻译这门学问或艺术创造是没有止境的[A]. 文学翻译的理论与实践——翻译对话录[M]. 南京：译林出版社，2001.

[7] 萧乾. 斯诺与中国新文艺运动——记《活的中国》[J]. 新文学史料，1978(1).

[8] 萧乾. 萧乾回忆录[M]. 北京：中国工人出版社，2005.

[9] 萧乾. 萧乾全集(第七卷书信集)[M]. 武汉：湖北人民出版社，2005.

[10] 幸田露伴. 五重塔[M]. 文洁若译. 北京：现代出版社，2019.

[11] 詹姆斯·乔伊斯. 尤利西斯[M]. 萧乾，文洁若译. 南京：译林出版社，1994.

走进王智量的翻译世界

计亚男

王智量（1928—2023），笔名智量，著名翻译家、学者，1928年6月出生于陕西汉中，1952年毕业于北京大学西语系俄语专业，后留校任教，1954年转入中国社会科学院文学研究所，从事研究工作。1978年调入华东师范大学，任中文系教授，1993年退休。历任上海比较文学学会副会长、全国高校外国文学研究会常务理事、上海作家协会理事、上海翻译家协会理事、中国作家协会会员。他是中华人民共和国成立后普希金代表作《叶甫盖尼·奥涅金》第一个诗体译本译者，主要译有《叶甫盖尼·奥涅金》《上尉的女儿》《安娜·卡列尼娜》《黑暗的心》《我们共同的朋友》《前夜》《贵族之家》《屠格涅夫散文诗》等30余部译著；主要著作有《论普希金、屠格涅夫、托尔斯泰》《论十九世纪俄罗斯文学》等；主编《俄国文学与中国》《外国文学史纲》《比较文学三百篇》等；创作长篇小说《饥饿的山村》。2013年出版《智量文集》14种，分为翻译编、创作编、文论编和教学编。

2006 年 9 月，中国翻译协会设立"翻译文化终身成就奖"。14 年来，获此殊荣的包括翻译《罗摩衍那》的季羡林、翻译《红楼梦》的杨宪益、翻译《社会契约论》的何兆武、翻译《莎士比亚十四行诗集》的屠岸、翻译《诗经》的许渊冲、著有《法国文学史》的柳鸣九和翻译《尤利西斯》的文洁若等学界名流和译界专家。

2019 年 11 月 9 日，一位来自上海、已 92 岁高龄的俄文翻译家荣膺这一称号。他的名字叫王智量。

己亥初冬的一个下午，轻风拂面，上海华东师范大学一村，教工老宿舍区，庭院幽静，树木茂盛。王智量先生就住在这里，一幢普通楼房的四层，只有 41 平方米的旧公寓，简朴又整洁，一间书房，一间卧室，一间客厅。落座后，王智量与其夫人吴妹娟热情地叙谈着他们的翻译事业、教学研究和人生经历，其中的甜与苦、荣与辱、直与曲，让人唏嘘。

一、初识

但是，我们的北方的夏天，
只是南方冬天的模拟画，
谁都知道，它只是昙花一现，
虽然我不承认这种说法。
天空中已经弥漫着秋意，
很少有阳光灿烂的天气，
白昼一天比一天地短促，
树林中发出凄凉的哀呼，

　　不忍将神秘的绿荫推掉，

　　一层薄雾笼罩在田野上，

　　大雁已经开始飞向南方，

　　排成了长阵呱呱地啼叫；

　　眼下已是十一月的天气，

　　开始了十分枯燥的冬季。

　　　　　　——《叶甫盖尼·奥涅金》第 4 章 40 节

　　　　　　　　　　　　　　（王智量译，下同）

　　1928 年 6 月，王智量出生在陕西汉中一个书香世家。祖父王世镗，是清末民初的章草大师。父亲王霞五，为北平中国大学经济系毕业生。母亲尉宜宣，是一所女子贵族教会学校——上海圣玛利亚女校首届毕业生，英语造诣颇深。

　　两岁时，母亲说一个英语字母，王智量就跟着学一个，开始对英语有了朦胧的感觉。渐渐地，伴随着成长，在母亲的鼓励下，他喜欢上了学习语言。

　　1941 年，王智量在陕西城固西北师范学院附中（北京师范大学附中迁移到后方时使用的名称）读书时，被一本韦丛芜先生翻译的陀思妥耶夫斯基的《罪与罚》深深吸引，从此便爱上俄国文学。

　　1947 年，王智量考上北京大学法律系。1949 年 2 月，由于当时国内俄语人才缺乏，中共地下党组织安排了一批北大学生，到创建于延安、后迁至老解放区哈尔滨的俄语干部学校（当时称为哈尔滨外国语学校）去学习。王智量就在其中。

　　王智量至今仍清晰地记得，他们几十个同学从北京出发，挤在一节没有窗子的铁皮闷罐车里，身下是一堆稻草，两天两夜才到达哈尔滨。

新的学习生活开始了。这对王智量来说，新鲜且充实。有一天，他在秋林公司，用身上仅有的一点生活费，不顾一切地买下了一本普希金《叶甫盖尼·奥涅金》的插图单行本和一套三大本的《别林斯基选集》。

虽然当时他的俄语水平很低，眼前这本插图不很清晰的《叶甫盖尼·奥涅金》还读不太懂，但王智量坚信，他以后一定能读，也一定要读。正是这个想法，决定了王智量一生的选择和命运。

1949 年 7 月，王智量关节炎复发，不得已回京，继续在北大深造。幸运的是，那时为适应国家迫切的政治需要，从 1949 年 9 月起，北大西语系开办俄语组（即后来的俄语系）。王智量从法律系转了过去，成为北大俄语组的首届学生，还担任系团支部书记。

从此，在北京沙滩，北大老校区红楼和灰楼之间的民主广场上，无论春夏秋冬，同学们每天清晨都能听到有人高声朗读《叶甫盖尼·奥涅金》。他就是王智量。

二、皇冠

但你瞧，目的地已经不远，
白璧的莫斯科城已在望，
金色的十字架亮光闪闪，
矗立在教堂的圆屋顶上，
钟楼、教堂、花园还有官殿

突然间在我的眼前展现，

看到这一切构成的弧形，

啊，弟兄们，我是多么高兴！

当我因别离而忧伤悲哀，

当我迫于命运，颠沛流离，

莫斯科啊，我总想念着你！

莫斯科……对俄国人心说来，

多少东西在这声呼唤里

得到反响，并交融成一体。

——《叶甫盖尼·奥涅金》第 7 章 36 节

《叶甫盖尼·奥涅金》成为王智量的宝书。遇到读不懂的地方，他就去请教俄语系的几位启蒙名师，如刘泽荣先生、曹靖华先生和余振（李毓珍）先生，他们都是我国俄语界和俄国文学界的老前辈。

不到一年时间，王智量就利用课外时间，把普希金这本诗体小说中的 400 多个十四行诗节全都背了下来。那时，他才 20 岁上下。

随着俄语能力的提高，王智量开始为北京和上海的报纸副刊翻译一些俄语文章和材料，一来提高翻译水平，二来可以挣钱改善生活。

比起小说和散文题材，王智量更喜欢翻译诗歌。在他心目中，最心爱的、最具有崇高地位的，非普希金的《叶甫盖尼·奥涅金》莫属。"心中几乎奉为神圣的《叶甫盖尼·奥涅金》，一直不敢翻译它。"

1952 年，王智量读大三，因为成绩优异提前毕业，成为北大俄语教师。1954 年又调至中国社科院文学所。当时，中国作家协会酝酿创办散文和诗歌两种刊物，散文刊物的创办任务交给何其芳先生。何先生时任中国社科院文学研究所所长，他把办刊的具体工作交给文学所里三位年轻人来做，王智量正是其中之一。

何先生是一位学术大家，在文学界地位也很高，把文学事业看得比什么都重要。他还是一位诗人，做人、处事、工作都带有很浓厚的感情色彩。虽然何先生不是专门学外语的，但对世界诗歌史非常熟悉，尤其喜欢俄罗斯诗歌，喜欢普希金，喜欢《叶甫盖尼·奥涅金》。

所以，何其芳和王智量很谈得来。王智量经常要拿着组到的散文稿件，到北大燕东园何先生家中，向他汇报，听取意见。

有一天，在谈论一篇写普希金的文章时，何先生说着说着便背出《叶甫盖尼·奥涅金》的几行诗。这时，王智量也顺口用俄语把这几句背了出来。当何先生得知，几年前王智量就会背诵这本书的全文时，非常惊奇和赞赏。

其中，有几行诗何先生要王智量再用俄语背一次——

> 莫斯科……对俄国人心说来，
> 多少东西在这声呼唤里
> 得到反响，并交融成一体。

这是《叶甫盖尼·奥涅金》第 7 章 36 节末尾的几行。何先生对俄文诗句铿锵和谐的音韵赞叹不已，连声说：“真美！真美！听起来比英文译本美得多！”

何先生情不自禁地对王智量说："你把它，把《奥涅金》，从俄文翻出来嘛！"

普希金，俄国文学之父，他的主要贡献在于创建了俄罗斯文学语言，确立了俄罗斯语言规范。为此，高尔基誉他为"一切开端的开端"。长篇诗体小说《叶甫盖尼·奥涅金》，是俄罗斯第一部现实主义作品，塑造了奥涅金这个"多余人"形象。作品用奥涅金的冷漠、怀疑，连斯基的理想主义热情，达吉雅娜的纯洁、孤寂，生动反映了19世纪20年代俄国黑暗的社会现实和知识分子追求光明、自由时的困惑、迷惘。

这部诗体小说，是俄国文学的皇冠，是世界文学史上最重要的作品之一，也是全人类的一份珍贵的文化遗产。对于当时还只有20多岁的王智量来说，怎么敢去触碰它？

虽然，王智量心中暗自冲动，但还是没有把何先生的话认真听进去，以为先生只是随便说说而已。

没想到，何先生口气严肃地接着说："我是认真说的，你能翻，全国有几个能把它从头到尾背出来的人？你怕是第一个。你能翻！"

何先生还充满期待地说："胆子放大些，态度老实些，多花些功夫进去，你能翻得好，不要怕！"

三、苦难

春天的阳光从邻近山头

开始把积雪往山下驱赶，

雪水汇聚成混浊的溪流

注入那已被淹没的草原。

大自然面带明丽的笑容

迎接一年之晨，睡眼惺忪，

天空泛出蔚蓝，闪烁光芒。

树林中依然是稀疏透亮，

已现出毛茸茸一片绿意。

蜡质的蜂房里飞出蜜蜂，

飞去征收那田野的贡奉。

山谷雪水退尽，斑驳绚丽；

牲畜在田野上阵阵叫嚷，

夜莺在夜静时纵情歌唱。

——《叶甫盖尼·奥涅金》第 7 章 1 节

说干就干。王智量首先从书中选出 10 节，用它们当作试译，来确定翻译这整部书的方法和原则。几个月后，他已经翻到第 2 章的中间，一共译出 60 多个十四行诗节。

1956 年，何其芳先生写了一篇长达 8 万余字的名文《论〈红楼梦〉》。在这篇论文中，他不仅对《红楼梦》作了精细的思想和艺术分析，还对其中一些主要的人物给予了准确评价，对当时与以往红学研究中的一系列重要问题，如"市民说"、后四十回的真伪问题等都发表了自己的见解。这篇长文，充分展示了何先生的才情、学力、学风和品格。

何先生把王智量翻译的那 10 节《叶甫盖尼·奥涅金》中的 1 节作为引文，放入《论〈红楼梦〉》里。那是第 8 章的第 46 节——

对我，奥涅金，这豪华富丽，

这令人厌恶的生活的光辉，

我在社交旋风中的名气，

我时髦的家和这些晚会，

有什么意思？我情愿马上

抛弃假面舞会的破衣裳，

抛弃这些烟瘴、豪华、纷乱，

换一架书，换个荒芜花园，

换我们当年简陋的住处，

奥涅金啊，换回那个地点，

那儿，我第一次和您见面，

再换回那座卑鄙的坟墓，

那儿，十字架和一片阴凉，

正覆盖着我可怜的奶娘……

　　普希金在这节诗中出色表达了达吉雅娜的浓郁情感，何先生以此来阐释曹雪芹对林黛玉的情感描绘，使文章神采倍增，真是神来之笔。先生在文章中说，这节诗是"诗中之诗"，是最美的诗。

　　王智量深深领悟到，何先生对其译文的引用，是对他辛苦付出的莫大鼓励和亲切关怀。从这天起，他更加满怀信心，"大胆地、老实地、下功夫地"翻译《叶甫盖尼·奥涅金》。

　　但是，没过多久，便大难临头了。

　　1958年春天，王智量被错划成"右派分子"，随后的20年间，他先下放到河北山区改造，后被发配至甘肃农村，妻离子散。王智量饿病交加，数度陷入生命的绝境。

王智量记得，1958年5月，就要被送往河北东部太行山区的前一天中午，天气炎热，北京中关村中国社科院社会楼第三层，安静极了。孤独的他正在发呆，忽然何其芳先生走到他的身后。

当王智量转过身去，发现何先生正立在他的背后，他俩面对面，吓得王智量都不敢说话。而让王智量万万没有想到的是，何先生用浓厚的四川口音，低声而又严肃地对他说："《奥涅金》你一定要搞完咯！"

话音字句，音容宛在，王智量至今还记得清清楚楚。

王智量流出热泪，伏在桌上痛哭了一场。哭过之后，他回到宿舍，打开已经封存的书箱，取出了本来不敢带的那本已经被他翻烂的《叶甫盖尼·奥涅金》单行本和已经译出的稿子，把它们塞进行李中。

第二天，王智量被带到河北省建屏县（现为平山县）劳动改造，分配在西柏坡村附近的小米峪村，落户在老党员王良大伯家中，和其子海兵同睡在驴圈旁的一张土炕上。

那段时期，王智量每天不管干什么农活，总是一边干一边心里默默翻译《叶甫盖尼·奥涅金》。无论是蓝天白云，还是阴云密布，他总是一边双脚交替地踩着刚刚撒下旱稻稻种的田垄，一边借助这一动作的节奏，默念着《叶甫盖尼·奥涅金》中四音押韵规律，然后再一句句地把原诗，按照他预先定下的方法和原则，在心中翻译成中文。

伴着脚下的节奏，一句句诗文就这样均匀起伏地流淌出来。

待到晚上，等海兵弟弟睡着了，王智量不是在煤油灯下，继续细读一节节《叶甫盖尼·奥涅金》，心中琢磨着如何翻译，就是把白天想好的译文，写在从墙上撕下来的糊墙报纸、包装纸、卫生纸和一片片香烟盒上。

就这样，珍惜分秒，几乎一天都没有白过。

四、铜像

啊，我的读者，是敌或是友，

无论你属于哪一类，现在，

我都想和你友好地分手。

再见了。无论你上我这来，

是想从这潦草的诗节里，

寻找那激荡不安的回忆、

活跃的画面、工余的休闲，

寻找些聪明机智的言谈，

或是寻找些语法的毛病，

但愿你能在我这本书中，

为了消遣，或是为了幻梦，

为了心灵，为杂志上的争论，

找到点什么，哪怕一小点，

让我们就此分别吧。再见！

——《叶甫盖尼·奥涅金》第 8 章 49 节

1960 年年底，王智量从兰州出发，睡在硬座车座位底下来到上海。他的全部行李是几袋书和一个装满各种各样碎纸片和几个小本本的手提包，那是一节节《叶甫盖尼·奥涅金》的译稿。

王智量的哥嫂收留了他，给了他一条生路，也给了他继续翻译《叶甫盖尼·奥涅金》的条件。

1962年年底，王智量与恩师余振先生，在上海重逢了。之后，他每周都要到余先生家一两次，在先生的指导下研读普希金作品和有关参考书，不停对《叶甫盖尼·奥涅金》译稿进行修改。

余先生的家在汾阳路口，推开窗子，可以看到坐落在汾阳路、岳阳路和桃江路街心三角地带的一尊精致的普希金铜像。这是一尊胸像，胸前飘动的领带、精致的面容以及那双炯炯有神、凝视远方的双眸，生动刻画了普希金不屈的伟大形象。

这尊铜像，建于1937年2月10日，是旅居上海的俄国侨民为纪念普希金逝世100周年而集资建造的。日军占领上海后，于1944年11月被拆除。抗战胜利后，俄国侨民和上海文化界进步人士又于1947年2月28日，在原址上重建，由苏联雕塑家马尼泽尔创作。1966年，铜像在"文化大革命"中再一次被毁。1987年8月，在普希金逝世150周年之际，铜像第三次在原址落成，至今完好无损地矗立在街口。

在世界各地，普希金雕像数不胜数，但像这样一而再、再而三地建了拆、拆了建，可能也只有这一座吧，从中可以看出普希金这位"俄罗斯诗歌的太阳"，在人们心中的崇高地位。

同样，在王智量与余振心中，普希金是神圣的偶像。尤其在他们的苦难时期，仰望普希金，翻译《叶甫盖尼·奥涅金》，是师生二人精神最沉醉的时刻，不仅纯净心灵，还明晰理想信念的方向，更是支撑他们生活的力量源泉。

在上海无业的艰难日子里，王智量在几所中学做过代课教师，同时以每千字两块钱的价格给上海科技情报所翻译外文资料，以维持一家五口的生活。

余振见王智量生活困难，连买稿纸的钱也没有，竟然把自己心爱的藏书《四部备要》第二编，送到福州路卖掉，将换来的几百块钱送给王智量，让他安心养病和好好翻译。

五、硕果

你真美啊，塔夫利达海岸，

清晨在吉普里达微光中，

从船舷上望见你的容颜，

我仿佛第一次和你相逢；

我见你，浴着新婚的光华，

你一层层峰峦神采焕发，

衬托着蔚蓝透明的天空，

你点点溪谷、村落和树丛，

似一片锦绣，在面前展开。

而那边，鞑靼人的茅屋间……

我心头苏醒怎样的火焰！

怎样的富有魔力的愁怀

紧压着我的火热的胸膛！

而缪斯啊！请把过去遗忘。

——《叶甫盖尼·奥涅金》奥涅金的旅行片段

1960 年，王智量翻译完成《叶甫盖尼·奥涅金》，寄到人民文学出版社。此后没几年便进入"文化大革命"，译著随即石沉大海。

1978 年，经时任华东师范大学校长、教育家和哲学家刘佛年的慧眼识才和竭力相助，王智量终于从一个没有单位的人，破格成为华东师范大学教育系教师。那一年，他 50 岁。

为了找回被耽误的 20 年宝贵时间，王智量发奋工作，全身心投入翻译、教学和研究之中。

1982 年，《叶甫盖尼·奥涅金》历经 30 余载，终于由人民文学出版社排印出版。后来屡次重印，并收入到各种不同的文集和选集中。从此，《叶甫盖尼·奥涅金》——新中国的第一个诗体译本诞生了，这也成为俄罗斯所有普希金纪念馆均予以陈列的经典中译本。如今，国内虽然有 10 余个中译本，但是按照《叶甫盖尼·奥涅金》的原有韵律来翻译的，只有王智量的这一本。他的译本，让中国读者原汁原味地领略了"奥涅金诗节"的韵脚、韵味和节奏，被誉为"标志性的译作"。

王智量的翻译风格，被奉为直译派的代表。他认为，翻译工作，不仅是向读者介绍外国原作的内容，也应该介绍原作的艺术形式。诗歌翻译更应该如此，只有这样，读者才能通过译文领略到诗歌原著的特点。

服从原作风格和题材。这是王智量给自己定的翻译规矩，也是他反反复复地跟学生强调的重点。何其芳先生当年非常赞同这一想法，他说："翻译工作，就是在两种不同语言之间，架起一个尽可能宽阔的桥梁。"

王智量还用汉字的"义群词组"，来传达西方拼音文字诗歌中的音步，而同时再在翻译中，保持原作的押韵规律。比如，《叶甫盖尼·奥涅金》全书的 400 多个十四行诗，押韵规律是 ABAB，CCDD，EFFE，GG，而且每一行都是 4 个停顿，4 个重读，这就是"奥涅金诗节"。王智量译作的每一句都符合俄语的韵律，令作品具有一种工整、和谐、严密的艺术形式和效果。

法国诗人瓦雷里说："我的诗，甘愿让一个读者读一千遍，而不愿让一千个读者只读一遍。"王智量以此为座右铭，希望自己翻译的每一部作品都是完美的。他说，翻译就要翻最好的作品。这个作品在他国、在整个世界文学史上要站得住脚，而不是随便拿来看看，然后就随手丢掉的东西，这样翻译的力气就白花了。

1999 年，在普希金诞生 200 周年的纪念大会上，时任俄罗斯驻华大使罗高寿在致谢中，特别提到王智量，感谢他对俄国文学三大家——普希金、托尔斯泰、屠格涅夫深有研究，并译有大量的忠实于原作的著作和论文。

完成采访，走出王智量家门，夕阳和煦，行人悠然，华东师大一村家属区一片清静、有序。

文如其人。一个纯真坦荡、诗人气质和书生本色的王智量，让人印象深刻。采访中，王智量多次提及母亲的教诲："做人，衣裳破点、脏点不重要，重要的是事事、处处都要凭良心。你要记住：活在世上，一直到你死，都必须是一个没有私心的人，一个良心上干干净净的人。"如今已 92 岁的他，经历了冷冷暖暖、起起伏伏的人生后，为人为文，仍然朴朴实实、简简单单。

原载《光明日报》2020–01–06 (11)

原标题：王智量和他的《叶甫盖尼·奥涅金》

钱绍昌：弱冠借调外事处，
知天命弃医从译

方梦之

钱绍昌(1930—)，上海外国语大学英语教授，翻译作品有影视剧《鹰冠庄园》《大饭店》《钻石》《蒙特卡罗》《成长的烦恼》《冷暖人间》《根》《浮华世家》《迷人的香水》《荆棘鸟》《卡萨布兰卡》等600余部(集)，其中《成长的烦恼》《根》《荆棘鸟》等先后获全国电视译制片一等奖。他还将100余部(集)国产片译成英文，部分作品获国际金奖。他的人生跌宕起伏：职业生涯从翻译开始，在外科医生的岗位上大起大落，年过半百复在翻译事业上铸造辉煌。

钱绍昌，生于杭州，为吴越武肃王33世孙。父亲钱潮为著名儿科专家，早年留学日本九州帝国大学医学院8年，与郭沫若、郁达夫、成仿吾等为同学。钱绍昌中学就读于天主教教会学校上海圣方济中学，1948年入美国基督教教会在上海办的圣约翰大学医学院。

1950 年夏，年仅 19 岁的钱绍昌，刚念完圣约翰大学医科二年级，因缘际会开始了外事翻译工作。时值世界青年代表团访问上海，这是解放后上海第一次接待数量较多的外宾，上海市人民政府对此甚为重视，由当时的外事处长黄华负责，成立接待办公室，下设翻译组，分为英文、法文两个小组。由于上海解放不久，缺乏外事人才，英文翻译就立即由市政府从上海两所美国教会大学，即圣约翰大学和沪江大学英文系毕业生中挑选，法文翻译则从法国教会大学震旦大学和法商电车公司选调。英文组大部分由圣约翰和沪江英文系的女同学组成，只有钱绍昌是医科男生。英文组顾问是沪江大学的彭望荃教授，她约 50 岁，圆圆的脸，大大的眼，美国留学生，学问极好，慈祥亲切，对待这批初出茅庐的年轻人就像自己的孩子一样。

第一批任务是将 30 万字左右的有关上海历史、政治、经济的中文资料译成英文，约花了两个月的时间。接着，世界青年代表团抵沪。钱绍昌为英国代表内特尔登作陪同口译，陪他参观、访问，出席欢迎会、座谈会。外事活动丰富多样，使得初入译道的钱绍昌颇感新异，加上他年少气盛，在外事工作上热情洋溢、奋发进取，干得很出色。

翻译任务结束，4 位英文系毕业的女生都被留在市政府外事处工作。外事处领导和同志们也希望钱绍昌留下，征求他的意见，问他愿不愿意留下。钱觉得当翻译不自由，特别是在陪外宾吃饭的时候，宾主愉快地交谈，译员得聚精会神，经常放下筷子或刀叉，要保持工作状态，不得懈怠。何况钱绍昌选择医生这个职业承有家业渊源，并受范仲淹的影响："不为良相，当为良医。"因此，他又回到了圣约翰去念医科，暂时告别了译坛。钱绍昌心系医生的崇高职业，精神抖擞地重返课堂，补上功课，直至以优异成绩从医学院毕业。谁知与译坛一别三十年，待到重作冯妇，钱绍昌已是半百老翁矣。

钱绍昌对解放初期的校园生活流连忘返，许多事情至老不忘，他在《圣约翰的校花》一文中如是说：

最让我难以忘怀的是 1950 年的圣诞派对，因为那天我的舞伴是圣约翰排名第一的校花——鸿翔公司的八小姐金智玉，大家都称她为八妹。排名第二的校花是程乃珊的姑妈，我在《在绿房子里学跳舞》这篇文章里曾提到她。第三名是周信芳的女公子。这个排名并非正式选举出来的，而只是大家基本上公认的。

我怎么有幸能请到挂头牌的校花做舞伴？原来由于多年来金鸿翔全家总是找我父亲钱潮治病，我们两家算是世交。那一次我有点异想天开，竟然大胆请八妹做舞伴。见到我来请她，八妹大吃一惊，笑得花枝招展，她想不到我这个念医科的"书呆子"也会找上她。因为圣约翰医科功课极繁重，学生们很少参加娱乐活动，被其他院系的同学视为"书呆子"。不过她还是大方地接受了我的邀请。圣诞那天我去她家接她。她家离我家很近，也在吴江路，那是一栋有东西厢房的石库门大宅子。我轻轻地扣门，一位大姐替我开了门，我胆怯地说明来意，这位大姐高声地喊道："钱医生的儿子来接八妹跳舞了。"这时八妹的家人都在两边前厢房里好奇地争着看我，我站在天井里，羞涩得抬不起头来。那次 party 上我得意非凡，好不风光。

1954 年，钱绍昌毕业后被分配到广慈医院（今瑞金医院），医术进步很快。1958 年，医院收治大面积深度烧伤病人、上海第三钢铁厂炼钢炉长邱财康。这时，青年外科医生钱绍昌参加了抢救小组，在老专家的指导下努力工作。经过多天夜以继日的治疗，病人终于从死亡线上被抢救了过来（且康复后数十年生活良好）。这是我国第一例大面积深度烧伤病人治愈的病例，在当时医疗条件不很充分的情况下创造了奇迹。国内报纸都以特大新闻刊出，一时传为佳话。国际上也纷纷报道，认为我国烧伤医疗水平已赶上世界先进水平。为此，钱绍昌曾代表医疗团队先后两次赴京受毛主席、刘主席、周总理等国家领导人的接见，并与他们合影留念。多年后，钱绍昌由住院医生升至主任医生，虽然工作很累，待遇不高，但此后又治愈了一批危重病人，在烧伤医学科学领域功勋卓著。行医期间，他虽也搞一些翻译，不过是处理医学文献，供教学、科研之用。

　　"文化大革命"后期，钱绍昌突遭厄运，身陷囹圄，五载铁窗，几乎丢了性命。待 1980 年 5 月出狱时，已是将近知命之年，头上还戴着一顶"刑满释放分子"的帽子，瑞金医院拒绝接收。钱绍昌这样描述他当时的处境："路上见到的熟人也会转过头去，装作不认识。我妻离子散，孤身一人，甚少上街。偶尔上街，也总是低头而行，'破帽遮颜过闹市'。真所谓'茕茕孑立，形影相吊，引颈四望，无枝可依。'"人情冷暖，世态炎凉，可见一斑。

　　但天无绝人之路，是年 9 月，上海外国语学院（今上海外国语大学）由于"文化大革命"而致教师队伍青黄不接，故登报招聘英语高年级教师。钱绍昌为生计所迫，鼓起勇气报名应试。应聘者须经过笔试、口试。笔试那天，钱绍昌因学校离家路途较远，又坐错了车，竟迟到了一个小时。他急匆匆赶到考场，倒抽了一口冷气，只见梯形大教室黑压压地坐满了埋头疾书的应聘者。钱绍昌说明迟到缘由，监考老师将他安排在考场一隅坐定，并发给试卷。细阅卷面，他的心情由开始的紧张、焦虑逐渐趋于平静，甚至有点兴奋。原来试题是将陶渊明的《桃花源记》译成英文（不得查阅词典）。这是钱绍昌幼时就念过的文章，烂熟于心，对原文有透彻的理解。英文表达似也无梗阻，遂提笔疾书，译完还提前交卷。下午笔试是将一篇英文的文学评论译成中文。中午休息时，应聘者结伴成组，热烈交谈，他们有的是外语院校的老同学，有的同为中学英语教师。钱绍昌无有熟人可以攀谈，端着饭盒躲在墙边悄悄地吃饭，大概医生转行想当大学英语教师的别无他人。

钱绍昌在家中焦急地等待了一个星期，终于收到书面通知——笔试及格，过两天口试，不胜雀跃。口试者共 16 名，主试者是裘劭恒教授[1]。裘教授一上来就用英语问："你本来是个医生，怎么会来应聘英语教师？"钱绍昌也就以英语回答，滔滔不绝地谈自己坎坷的经历。按规定是每人口试 10 分钟，他一口气谈了 20 多分钟。考官听得出了神，也忘了打断。后来秦小孟教授一看手表，说："够了，够了。你回家去等着吧。"这次口试给钱绍昌带来了信心，因为自幼就有英语口语的环境。谁知此后在家中足足等了 10 天，却音讯全无。钱绍昌思忖，准是"政审不及格"。等呀，等呀，他开始心灰意冷，不愿多往好处想，只想着不得已还是随便找一份差事混口饭吃吃吧。就在几近绝望之时，钱绍昌接到传呼电话，是一个陌生人打来的，操北方口音。他说："我们是上外，你被录取了。"钱绍昌毫无思想准备，一时听不明白，弄不清是怎么回事，就问："你找我有什么事呀？"他

1　裘劭恒（1913—2009），著名教育家、法学家，1946 年 2 月至 12 月任东京远东国际军事法庭中国代表团秘书、检查组助理检查官，1985 年 4 月至 1990 年 4 月任香港特别行政区基本法起草委员会委员。

又说："我是上海外语学院人事处的。你口试及格，被录取了。恭喜你。请你明天上午就来人事处报到。我姓董，你直接来找我好了。"真是天降福音，绝处逢生，钱绍昌激动得几乎掉下泪来。

一到上外人事处，董老师告知，口试及格者只有3人，钱绍昌这个49岁的"半老头"是最"年轻"的，其他两位均已年近花甲，分别是沪江和燕京两所教会大学英文系毕业的。董老师立即为其办理录用手续，发给上外的红校徽（这红校徽在当时是很吃香的），然后带钱绍昌面见英语系系主任章振邦教授[1]，章教授满面笑容地欢迎说："我们决定请你教高年级的英语精读课。有一个班的任课教师突然病倒了，急需找人代课，你就辛苦一下吧。请你后天就上课。"钱绍昌听了有点着慌，立即推脱："我从没教过外语，怎么能一上来就教高年级？至少也得让我先学习一阶段吧。"钱绍昌说这话发自内心，绝非谦虚之词。章教授笑着鼓励说："你能行。我们知道的。今明两天你去旁听一下别的老师的课，到后天就可以讲课了。"从此，钱绍昌手中的手术刀换成了粉笔，后半生开启了全新的篇章。

但钱绍昌头脑中一直有个谜："我这个'刑满释放分子'怎么会被破格录用的？"直到3年后钱绍昌的错案得到正式纠正，上外的人事处处长王益康才告诉他："当时300多名应聘者中你的考分最高，可是你头上却有一顶'帽子'。在讨论是否录用你的时候有过激烈争论。让一个'刑满释放分子'登上大学教师教席，国内尚无先例。最后是由王季愚院长毅然亲自拍板的。"此事《文汇报》立即予以报

1　章振邦（1908—2009），英语语法专家，他编著的《新编英语语法》为我国几代英语学习者的必读教科书。

导，称赞上外领导有胆有识，敢于录用一个"刑满释放分子"为大学教师。此文一出，引起很大震动，多数人均认为这是重视知识分子的大好事。但在"乍暖还寒"的政治气候下，也有对之大加挞伐的。王益康说："当时我们受到各方面的压力可大呢。"令钱绍昌终生遗憾的是，王季愚这位可敬的革命老人和外语界前辈不幸在 1981 年离世，未能面谢知遇之恩。

钱绍昌当外语教师，自认为是鸭子被赶上了架，开始讲课心里不踏实。他只能从图书馆里借了不少英美经典著作来读，年龄大了，记性和悟性远不如年轻时，就挑灯夜战，拿出当年读医科时背解剖书的劲儿，拼命往脑袋里灌。

上外聘用资深外科医生为外语老师的消息不胫而走，各方邀约纷至沓来。上海科教电影制片厂来人找钱绍昌把科教片译成英文，上海电视台国际部也找他将记录片和专题片译成英文，出版社约他翻译小说。由于自己执教国际新闻写作课程，因此还给《中国日报》撰写文章，特别是编辑部要求的关于上海科技进展的专稿。钱绍昌应接不暇，疲于奔命，只恨时间不够用。

1985 年，在执教近 5 年之时，钱绍昌被评为副教授。《文汇报》资深记者郑重得悉后认为有新闻价值，采访后写了一篇特稿，题为《从医学专家到外语教授》，文中谈了钱绍昌年轻时在医学上的成就、苦难的经历和以后的种种变化。郑重的文笔好，文章写得很感动人。刊出的那天早晨，钱绍昌 6 时半离家坐校车去上课，尚未看到报纸。当他 8 时前走进国际新闻研究生班课堂时，全班同学热烈鼓掌。他愣住了，不知道是怎么回事。待见到他们的课桌上摊着《文汇报》，这才明白。钱绍昌还接到许多陌生读者的来信，信中的同情和鼓励使他深受鼓舞。

1988 年，上海电视台译制科科长黄其对他说："我这里有一部美国的长篇电视连续剧《鹰冠庄园》，很好看的。你愿意译吗？"钱说："让我试试看吧。"就动手译了起来。此剧情节曲折，跌宕起伏，冲突尖锐，悬念不断，演员阵容又甚强，使他最感兴趣的是对白精炼而流畅、幽默而含蓄，翻译起来极为过瘾。该电视剧在上海电视台"海外影视"栏目一播出，收视率极高。许多亲友纷纷打电话来问他："翻译《鹰冠庄园》的那个钱绍昌是你吗？"触"电"的影响大矣。钱绍昌顿时成了"影视新杇"——新进入影视界的老杇！自此片约不断，骑虎难下，欲罢不能。老牛的牛鼻子给牵住了，身不由己，只能向前。由《鹰冠庄园》而《大饭店》，而《钻石》，而《蒙特卡罗》，而《成长的烦恼》，而《冷暖人间》，而《根》，而《浮华世家》，而《迷人的香水》，而《荆棘鸟》，而《卡萨布兰卡》……10 年来共翻译了 600 余部（集）影视片。同期还将 100 余部（集）国产片译成英文。

20 世纪八九十年代，钱绍昌翻译的电视片在上海电视台的娱乐频道黄金时段独霸荧屏，播映时甚至万人空巷，钱绍昌的名字家喻户晓。他曾风趣地对女儿说："你的老爸成了影视界'新秀（杇）'。'新'者，新进入影视圈也，'杇'者，老杇也。"这是自嘲戏谑之言。其实，钱教授当年六十又五，身板硬朗，体态矫健，脸色红润，满头乌发，风趣幽默，乐观豁达，大有比同龄人更年轻之感，离"杇"字差得很远。当然，曾经作为职业医生的他，养生保健之功比常人略胜一筹。人们完全有理由期待他有更多的佳作问世。

钱绍昌翻译的作品在国内外屡获大奖。《成长的烦恼》《根》

《荆棘鸟》等先后获全国电视译制片一等奖，英译《冠心病》在意大利国际电影节上获金质奖，电视剧《逆火》在柏林获大奖。难怪在广电部的一次颁奖会上刘习良副部长要钱绍昌今后为全国的电视片翻译多出力。

电视剧《逆火》在柏林获奖后，制片人张戈对钱绍昌说，翻译质量高是重要原因之一。当地一位德国籍翻译是这样评价的："《逆火》的翻译是参赛电视片中译得最好的。"这位翻译还问张戈，该电视剧是不是请英国人译的？她之所以提出这样的问题，大概是西方人印象中我国的影视片翻译质量历来不高。钱绍昌接触较多从事新闻传播研究的国外学者，他们对大陆影视片知之甚少，有的坦率地告诉他，大陆影视片翻译水平普遍较低，看起来吃力，有时候根本看不懂，香港片译得较好，在西方拥有一定的市场。说着诚恳地希望他向有关人士呼吁，要提高国产片的翻译质量。

对于电视片译者的语言功底、翻译技巧以及翻译过程中的甘苦，钱绍昌在上海市科技翻译学会的几次学术报告中大有感慨，例子信手拈来，生动贴切，发人深思。例如，他以美国电视剧《根》为例说："剧中黑奴、白人奴隶主和英国贵族虽然说的都是英语，但在语法、用词、造句上有很大差别。"又说："《成长的烦恼》是一部令观众喜爱的美国电视连续剧，剧中充满笑料，每每遇到可笑的地方，电视剧伴有笑声，可是风趣的效果往往很难译。还有许多双关语完全是文字游戏，直译成汉语就索然无味，甚至使人莫名其妙。要把它们译得让中国观众也发笑，译者就不得不受些罪了。"至于将国产片准确译成外文的难度往往更高。他以《逆火》为例说："西方人十分缺乏对中国国情的了解。要让他们通过片上的字幕清楚地了解我国二三十年代一个封建大家庭内复杂的人际关系、恩恩怨怨，就得煞费苦心。我在翻译时总将自己设想成外国观众，不断地问自己能否完全领会译文中每一句话的意思，对白是否通顺流畅，否则就推倒重来。"

自 1950 年接触外事翻译后，钱绍昌再度与翻译"联姻"，乃在执教之后。短短的 10 余年间，他利用课余时间产出的译作之多足以使专职翻译家瞠目结舌！由于个人经历之独特，各种媒体常加以介绍。朋友们说钱绍昌是"老来红"，也有的说"因祸得福"，"你搞外语比做医生好"，钱绍昌对他们好心的评语只有报之以苦笑，心里却想的是一句古话："得失寸心知。"

钱绍昌是改革开放初期国内最享盛誉的电视剧翻译家。而他的正业则是执教英文新闻写作课，带研究生，学科方向是国际英语写作。在教学实践和学术研究方面，他也做出了出色的贡献。他为《中国日报》（英文版）写英文系列专稿，给上海市科技翻译学会会刊《上海科技翻译》（今《上海翻译》）写"科技英语写作讲座"[1]（创刊号起连载7 讲），发表过英语语言、新闻理论和翻译研究方面的论文，结合医学专业发表过关于中医术语的英语定名等论文。尤其是他在我国翻译学术权威期刊《中国翻译》2000 年第 1 期发表的《影视翻译——翻译园地中愈来愈重要的领域》一文，集理论与实践于一体，已成经典。据知网统计，该文在《中国翻译》40 年来所发论文中被引量位居第五，是翻译研究，特别是影视翻译研究者的必读文章。

译海沉浮，已有半个多世纪。1950 年钱绍昌初涉翻译时才 19

1　钱绍昌发表在《上海科技翻译》的 7 次讲座，略加增补，1993 年由上海远东出版社结集出版，书名为《英语科技论文写作概要》。

岁，血气方刚。他在回忆自己跌宕人生时写道："坎坷半生，黄粱一梦。回顾往昔，恍如隔世。窃思我之得以有今日幸福的晚年，皆感小平同志拨乱反正改革开放之赐。所憾者我已垂垂老矣，精力大不如前。茫茫译海，风光绮丽，搏击其中，尚有几何？但愿天假我年，庶几能多出一些译作，以弥补被剥夺的大好年华，则不虚此生矣。"钱绍昌年届耄耋，仍笔耕不辍，时见美文发于报端。2018 年 11 月积集百篇，出版了《钱绍昌散文集》。年过八旬，还参加同学聚会。会后他写道：

　　老年人最爱怀旧，怀旧虽然有一丝伤感，却也有很大乐趣。去年11 月初圣约翰大学在台北召开全球校友会，到会者最年轻的 80 岁，最年长的 93 岁，平均年龄 85 岁。不少人是坐轮椅来的，有一位"渐冻人"竟然是躺在担架上从美国飞越大洋来到台北的，他如此强烈的怀旧心情实在令人感动。老友相见，无比激动。主持会议的是圣约翰老校友 90 岁的辜严倬云，她已去世的夫君辜振甫就是"汪辜会谈"的那个"辜"，是一位大实业家。她本人是清末民初大思想家严复的孙女，宋美龄的好友。她十分热情地宴请校友们，宴会中，当音乐播放起来时，好多老头老太翩翩起舞，我和老伴也参加了进去，这让我回忆起当年在约大时每年举办的圣诞舞会。

参考文献

[1] 马信芳. 半路出家：钱绍昌弃医从译之路[J]. 东方翻译，2012(03).

[2] 钱绍昌. 钱绍昌散文集[M]. 上海：上海外语教育出版社，2018.

[3] 舟晓航. 45载：弃医从译之路——记硕果累累的钱绍昌教授[J]. 上海科技翻译，1995(04).

图书在版编目（CIP）数据

中国翻译家的故事 / 方梦之，袁丽梅主编 . — 上海：
上海译文出版社，2024.4
ISBN 978－7－5327－9528－4

Ⅰ.①中… Ⅱ.①方…②袁… Ⅲ.①翻译家—生平
事迹—中国—现代 Ⅳ.①K825.5

中国国家版本馆 CIP 数据核字（2024）第 041288 号

中国翻译家的故事

方梦之 袁丽梅 主编
责任编辑/徐玲 柯莉鹏 装帧设计/胡枫

上海译文出版社有限公司出版、发行
网址：www.yiwen.com.cn
201101 上海市闵行区号景路159弄B座
启东市人民印刷有限公司印刷

开本 890×1240 1/32 印张13.5 字数315,000
2024年4月第1版 2024年4月第1次印刷
印数：0,001－3,000册

ISBN 978－7－5327－9528－4/G·260
定价：68.00元